寬容

Tolerance

亨德里克・威廉・房龍 Hendrik Willem Van Loon ——— 著

吳奕俊、陳麗麗 ——— 譯

據 Boni&Liveright 1925 年英文原版譯出

導讀

亨德里克·威廉·房龍一八八二年生於荷蘭鹿特丹，他曾在美國康奈爾大學和德國慕尼克大學求學並獲得博士學位。在成為專職作家之前，他曾當過教師、編輯、記者和播音員。年輕時，房龍靠寫書維持生計，他根據自己的博士論文改寫的《荷蘭共和國的衰亡》雖然因為風格新穎而備受好評，但銷量慘澹。然而，一位芝加哥的書評家卻認為如果房龍接著寫歷史，將來暢銷書排行榜上必有歷史類圖書的一席之地。

從一九一三年起，房龍筆耕不輟，他接連寫了《文明的開端》《人類的故事》《聖經的故事》和《寬容》等著作。他的作品先是在美國暢銷，後又被譯成多種文字出版，成為暢銷世界的經典。中國自上世紀二十年代開始翻譯出版房龍的著作。

房龍的作品基本上都圍繞著人類生存與發展最本質的問題展開討論，勇於揭示人類的無知與偏執。其作品的獨特之處在於它通俗易懂，並賦予歷史人物血肉和靈魂，普羅大眾都能通過房龍的作品讀懂歷史。

《寬容》以獨尊教權的歐洲對思想自由的宣導為主線，展示了人類社會為了追求思想自由的權利而經受的苦難，譜寫出一部波瀾壯闊的人類思想解放史。

《寬容》於一九二五年出版。一九四〇年再版時，正是法西斯勢力如日中天的時候。面對大行其道的法西斯，房龍說：「寬容的理想在近十年內慘澹地破滅，我們如今的時代還沒有超脫仇恨、殘忍和偏執。納粹主義、法西斯主義以及各種形形色色的偏見與片面的民族沙文主義和種族歧視開始讓抱有希望的人們相信，我們已經不知不覺地回到了中世紀。」寬容不是縱容，房龍提倡寬容，意味著跟不寬容的法西斯勢力毫不妥協地鬥爭。

房龍非常清楚一部《寬容》無法扭轉乾坤。因為恐懼是不寬容的根源，是人類與生俱來的本能。但他堅信人類完全戰勝恐懼的那天一定會到來，所以他在書的最後一章寫道：「寬容總有一天會大行其道……為了這一天，我們可能要等一萬年，也可能要等十萬年。但是，只要人類戰勝自己的恐懼，這一天就不會遙遠。」為了證明人類是有希望的，是可以戰勝恐懼的，他從十三章開始用大量的篇幅勾勒出以伊拉斯謨、弗朗索瓦·拉伯雷、索齊尼、蒙田、斯賓諾莎等人為代表的寬容鬥士的群像。房龍不是在簡單地介紹歷史，而是想通過歷史來分析不寬容現象的根源。

總體來看，書中的不寬容大致可以分為三類。第一類是因為人們固執地堅持陳舊的世界觀而無法接受不同的事物。本書開篇的序言說的便是這種不寬容，作者用一篇開宗明義的語言生動地描述了新舊勢力之間的鬥爭，具有超前思想的人往往會受到守舊勢力的極力反對，繼而成為舊世界的敵人。第二類不寬容是因為無知。無知的人面對未知的恐懼會建造城堡來保護自己，在城堡之中，這類無知的人因為恐懼而變得嗜血，同時又喜歡以上帝的子民自居。在宗教勢力的控制下，大部分人從不懷疑這種思想的正確性。教權獨裁者們建立裁判所，以神的名義去折磨他們所謂的敵人。教皇烏爾班二世以參加遠征的人可以赦免罪孽而戰死者可以升入天堂為誘惑，鼓勵民眾參加十字軍。從此，教權統治下的歐洲與阿拉伯世界開始了長達百年的血腥戰爭。第三類不寬容是因為專制者只維護自己的利益。當他們自己的利益受到侵犯時，自然就產生了失去利益的恐懼，從而導致了不寬容。

無論是哪一類不寬容，基本都是以某種神聖的名義壟斷真理，扼殺個體的權利和自由。雖然人類文明發展到如今早已擺脫了宗教偏執的恐怖，但人們依然得忍受種族不寬容、社會不寬容以及許多其他的不寬容。無論是因為對新思想的忌憚而導致的不寬容，還是對未知的害怕而導致的不寬容，又或是為了維護自己的利益而導致的不寬容，在房龍的筆下，都可以歸結為恐懼。人正是因為無知而恐懼，因為恐懼而不寬容。

在不寬容的籠罩下，無數人慘遭迫害，不管被迫害的方法和形式是什麼，都源自恐懼。被迫害的兇殘程度與施加迫害者的恐懼程度成正比。

在原始社會，人類是沒有寬容可言的。因為人類每時每刻都要面對無法生存的恐懼，因此必須遵守上一輩傳下來的「律法」以確保種族的延續並防止有人破壞「律法」。之後從希臘到羅馬，寬容都是主流思想。

「自己活，也讓別人活」這句諺語正是來自古羅馬。在羅馬帝國宣佈基督教合法後，隨著基督教勢力與日俱增佔據絕對主流，西方的文化開始被基督教禁錮。教會之所以大權在握，是因為本來對下層人民佈施的教會在羅馬衰落時與世俗權力做了交易，而教會產生於相對無知的階層，這一階層認為自己的無知才是純潔的信仰，只有殺掉異己，毀掉其他宗派的廟宇和典籍才能讓上帝賜福於自己。因此，整個西方世界陷入無知和恐懼之中，社會也因此變得極不寬容。教會對科學和不同觀點異常恐懼，直到文藝復興和宗教改革後，這一情況才得到緩解。但令人遺憾的是，宗教改革之後的新教對其他的異己仍然極不寬容。所以房龍說：「在中世紀，出現了囚禁精神和心智的監獄，它無處不在。新教徒摧毀了舊的牢籠，他們用廢墟中的材料建起了自己的監獄。」一五一七年後，各種教派的禁區越來越多，而追求思想自由的人只能在不同禁區之間的「無人區」生存。

當我們面對撲朔迷離的世界而感到困惑時，翻開房龍的《寬容》，你會發現這部超前的著作早就給我們指明了方向。在最後一章，作者闡釋了「寬容」更廣泛的意義，這種「寬容」不僅僅是東方傳統意義上的寬容，更是「容許別人有行動和判斷的自由，對不同於自己或傳統觀點的見解要耐心公正地容忍」。思想的束縛、嗜血的戰爭和種族的歧視等不寬容現象都在呼喚寬容，我們渴望和平的日子，但同時我們也有責任和義務，並不能將寬容視為冷漠，寬容不是對邪惡的一味容忍和退讓。在探討宗教衝突的電影《王者天下》（Kingdom of Heaven）中，主人公在詮釋騎士精神時說的一段話給出了很好的解釋——「即使處於王權之下霸者之前，人，不可不問一己良知。當你站在上帝面前時，你不可推說迫於無奈，不可推說當時是權宜之計。很多事情推卸不得。」

房龍說：「凡是為寬容而戰的人，不論彼此有什麼不同，至少有一點是相同的，他們的信仰總是存在懷疑。他們真心相信自己是正確的，卻又不會太絕對。」他相信，任何只顧自己而讓他人走投無路的做法最終都會讓當權者自取滅亡。在歷史發展的長河中，任何時代的進步與繁榮總是伴隨著寬鬆的氣氛和寬容的精神。無論哪個國家和民族，但凡排斥寬容，不管它們曾經在歷史上有多麼輝煌，最終都會不可避免地走向衰落。

要想真正地實現寬容，必須要遏制人們對新事物的恐懼。先賢思想的火花正是點燃人們心中良知的火種。《寬容》雖然是在回顧歷史，但我們可以從中解讀當下與未來。唯有鑒古知今，跳出歷史悲劇的迴圈，才有向前發展的希望。

吳奕俊

二〇一六年二月於廣州

目錄 CONTENTS

序

在寧靜祥和的「無知山谷」中，人類幸福地生活著。
「永恆山脈」向東西南北蜿蜒綿亙。
一條知識的小溪緩緩地流過深邃破敗的溪谷。
它源自昔日的群山。
它消失於未來的沼澤。
這條小溪並不像大江大河一樣波濤滾滾，但對於需求淺薄的村民來說已經綽綽有餘。
晚上，村民們餵畢家畜，灌滿了水桶，便滿意地坐下來享受生活。
守舊的老人們被攙扶出陰涼的角落，他們在那兒度過了整個白天，對著古書裡神秘莫測的內容沉思冥想。
他們向兒孫們說著奇怪的話，可是孩子們的心思卻都放在從遠方帶來的漂亮卵石上面。

這些話往往含糊不清。

不過，它們是一千年前由一個被遺忘的民族寫下的，因此很神聖。

因為在「無知山谷」裡，古老的東西總是備受尊敬，敢否認祖先智慧的人會被所有的正人君子冷落。所以，大家都和睦相處。

但恐懼總是伴隨著人們。他們要是得不到園中果實中應得的那份，該怎麼辦呢？

深夜，在小鎮的狹窄街巷裡，人們輕聲講述著關於那些敢於提問的男男女女情節模糊的故事。

後來他們走了，再也沒有人見過他們。

另一些人曾試圖攀上擋住太陽的高聳石牆。

但他們的累累白骨卻留在了石崖腳下。

年復一年。

在寧靜祥和的「無知山谷」中，人們幸福地生活著。

黑暗中爬出來一個人。

他雙手的指甲已經磨破。

他的腳上纏滿了破布，長途跋涉時流出的鮮血已將布浸泡成了紅色。

他跌跌撞撞地敲了最近一間小屋的門。

然後他昏了過去。借著顫動的燭光，他被抬上一張小床。

到了第二天早晨，全村都已經知道「他回來了」。

鄰居們站在周圍，搖著頭。他們一直都知道一定會有這樣的結局。

對於敢於離開山腳的人而言，失敗與屈服在等待著他們。

在村子的一角，守舊老人們搖著頭，悄悄地說著惡言惡語。

他們並不是天性殘忍，但律法就是律法。這個人違背了守舊老人們的意願，他犯了大錯。

他的傷一好，就必須接受審判。

守舊老人們想寬大處理他。
他們想起了他母親那雙奇異而閃亮的眸子，也回憶起他父親三十年前在沙漠裡失蹤的悲劇。
不過，律法就是律法，必須遵守。守舊老人們會執行到底。

——

他們把流浪者抬到集市，人們都畢恭畢敬，安靜地站在周圍。
流浪者由於饑渴，身體還很虛弱，守舊的老人們要求他坐下。
他拒絕了。
他們命令他閉嘴。
但他偏要說。
他背對著老人們，目光搜尋著不久以前還和他同道的人。
「聽我說……」他懇求道，「聽我說，大家都高興起來！我從群山的那邊回來，我的雙腳踏上了新鮮的泥土，我的雙手接觸到了其他的民族，我的雙眼看到了各種奇景。」

「小時候，父親的花園就是我的整個世界。」

「早在創世之初，花園東西南北四個方向的邊界就已確定。」

「當我問那邊藏著什麼，大家都在不停地搖頭，要我噤聲。可我偏要問，他們便把我帶到岩石上，讓我看那些敢於蔑視上帝的人留下的森森白骨。」

「我喊著『撒謊！上帝喜歡勇敢的人！』這時守舊老人們走過來，對我讀起聖書中的內容，他們解釋說律法已經決定了天堂與人間中萬物的命運。山谷是我們的，由我們掌管。野獸、花朵、果實和魚群都屬於我們，都聽從我們的命令。但群山是上帝的，我們永遠都不應該去探尋群山那邊的事物，直到世界末日。」

「所以他們撒了謊，他們在欺騙。他們對我撒謊，就像對你們撒謊一樣。」

「那邊的山中有牧場，草地同樣肥沃，男男女女和我們一樣有血有肉，城市都經過了千年的精心雕琢，宏偉壯麗。」

「我已經找到了一條路，能通往更美好的家園。我已經看到了幸福生活的曙光。

跟我來，我會帶領你們去那邊。因為上帝不僅愛這裡，他愛所有的地方。」

他停住了，人群裡發出一聲恐怖的喊叫。

「褻瀆！」守舊的老人們叫喊著：「這是在褻瀆神靈！這是罪行！給他應有的懲罰吧！他已經喪失了理智，竟然敢嘲笑一千年前定下的律法。他死有餘辜！」

他們舉起了沉重的石塊。

他們殺死了這個人。

他的屍體被扔到了山崖腳下。殺一儆百，他們以此告誡所有質疑祖先智慧的人。

沒過多久，一場大旱爆發。知識的小溪乾涸，牲畜因為乾渴死去，莊稼在田野裡

枯萎，「無知山谷」裡饑荒肆虐。

不過，守舊老人們並沒有灰心。他們預言說這一切最後都會轉危為安，因為那些最神聖的篇章裡就是這樣寫的。

另外，他們自己只要一點食物就足夠了。他們已經很老了。

——

凜冬降臨。

村莊裡變得人煙稀少。

超過半數的人因為缺衣少食已經死去。

活著的人的唯一希望在群山那邊。

但是律法卻說，「不行！」

必須遵守律法。

一天夜裡，叛亂爆發。
絕望將勇氣賦予了那些因為恐懼而沉默的人。
守舊老人們無力地反對著。
他們被推到一旁，繼續抱怨。他們詛咒子孫們忘恩負義。不過，當最後一輛馬車駛出村子時，他們叫住車夫，強迫他把他們也帶走。
向未知世界的逃亡開始了。

那個流浪者歸鄉已經是很多年以前的事情了，要找到他開闢的道路並非易事。
成千上萬人死於饑渴後，人們才找到第一座用石子堆起的路標。
之後的旅程輕鬆了一點。

那個細心的先驅者已經在叢林和無邊無際的亂石荒野中掘出了一條清晰的路。這條路一步一步把人們引向新世界的綠色牧場。

人們面面相覷，無言以對。

「他到底是對了！」他們說：「他對了，守舊的老人們錯了……」

「他說了實話，守舊的老人們撒了謊……」

「他的屍骨還在山崖卜腐爛，但守舊的老人們卻坐在我們的車子裡，吟唱著那些老掉牙的詩……」

「他救了我們，而我們殺了他……」

「我們對這件事很內疚。如果當時我們知道的話，當然就……」

然後，他們解下了馬匹和牛群的套具，把奶牛和山羊趕進牧場。他們給自己建起房屋，規劃好自己的土地。從此之後的很長一段時間裡，他們又過起了幸福的生活。

———

幾年後，人們建起了一座新大廈作為智慧老人的住處，並嘗試將勇敢先驅者的遺骨埋在其中。

莊嚴肅穆的隊伍回到如今荒無人煙的山谷。但當人們到達先驅者的遺骨所在地時，遺骨卻不知所蹤。

饑餓的豺狼早已把屍首拖入了自己的洞穴。

於是，人們在先驅者足跡的盡頭（現在那兒已成了一條大道）放了一塊小石頭，石頭上刻著先驅者的名字——一個最先向未知世界的黑暗恐怖發起挑戰的人的名字。是他引導人民走進了新的自由。石頭上還刻寫了它是由感激不盡的後人所立。

這類事情過去有，現在有，但我們希望將來不再重演。

第一章 無知的暴虐

西元五二七年，查士丁尼一世成為東羅馬帝國的統治者。這個塞爾維亞的農夫（他來自烏斯科布（Uskub），這裡在後來的戰爭中是鐵路交通要道，爭議頻出之地）對書本知識一竅不通。在他的命令下，古雅典的哲學學派最終被壓制。也正是他關閉了唯一的一座埃及廟宇。

自從信仰新基督教的教士入侵尼羅河谷之後，這座廟宇依然延續了百年香火。廟宇坐落在一個叫菲萊的小島上，離尼羅河的第一個大瀑布很近，有史以來，這兒就是朝拜伊希斯的聖地，不知出於什麼原因，只有這位女神香火不斷，而非洲、希臘和羅馬諸神早已可悲地不見蹤影。直到六世紀，這座島嶼一直是解讀古老而神聖的象形文字的唯一場所，曾在古代胡夫法老治下的其他地方早已忘卻了這項工作，只有為數不多的教士不懈地堅持著。

而現在，在被稱為「皇帝陛下」的文盲農夫的命令下，廟宇和毗鄰的學校被宣佈為國家財產，神像和塑像被送到君士坦丁堡的博物館，教士和象形字書法家被投入監獄。當他們之中的最後一個人由於饑寒交迫而死去，具有悠久傳統的象形文字書法便成了失傳的藝術。

實在是可惜。

假如查士丁尼（遭咒的傢伙）當時手下留情，將幾個古老的象形文字專家救到類似「諾亞方舟」的安全之處，那會使歷史學家的工作容易得多。雖然我們能再次拼出古怪的埃及詞彙（都拜商博良[1]的天才所賜），卻仍然很難理解它們傳遞給後代的資訊的內在含義。

在古代世界的各民族中，這類事情數不勝數。

蓄有大鬍子的奇怪巴比倫人給我們留下無數座刻滿宗教文字的磚窖，讓我們不禁

1 譯注：讓－弗朗索瓦・商博良（一七九〇—一八三二）。法國著名歷史學家、語言學家、埃及學家。

想像他們曾虔誠地呼喊：「將來有誰能夠理解天堂中諸神的忠告？」他們不斷祈求聖靈的庇護，力圖理解聖靈的律法，把聖靈的旨意刻在他們最神聖城市的大理石柱上。他們是怎樣看待這些聖靈的？他們有時無比寬容，鼓勵教士們研究天國、探索陸地和海洋；同時他們又是最殘忍的劊子手，鄰居稍微疏忽了如今早已無人注意的宗教禮節，這些劊子手便將駭人聽聞的懲罰施行在他們頭上。這又是為什麼？

到現在我們也不明白。

我們派出了探險隊去尼尼微，在西奈的沙漠上發掘古跡，解讀了長達幾英里的楔形文字書版。在美索不達尼亞和埃及各地，我們都竭盡全力尋找能打開神秘智慧寶庫大門的鑰匙。

突然，也完全是偶然的機會，我們發現寶庫的後門其實一直對人們敞開，我們隨時都可以進去。

然而，這扇小小的方便之門並不在美索不達米亞的阿卡德（Akada）或埃及孟菲斯（Memphis）附近。

它聳立在叢林的深處。

異教廟宇的木柱幾乎把它隱藏了起來。

———

我們的祖先在尋找易於搶掠的目標時，接觸了他們喜歡稱之為「野人」或「野蠻人」的人。

這次遭遇並不愉快。

可憐的野蠻人，誤解了白人的用心，還舉著長矛和弓箭歡迎他們。

來訪者卻用大口徑霰彈槍回敬。

從那以後，心平氣和、不帶偏見的思想交流變成了奢望。

野蠻人總是被描寫成骯髒、懶惰的廢物，信奉鱷魚和枯樹，任何災難都是他們應得的報應。

之後便是十八世紀的轉折。讓-雅克·盧梭首先透過佈滿傷感淚水的朦朧雙眼觀察世界。同時代的人被他的思想打動了，紛紛掏出手絹加入啜泣者的行列。

愚昧的野蠻人是他們最喜歡談及的對象，在他們看來（儘管他們從未見過），野蠻人是環境的不幸犧牲品，是人類各種美德的真正體現，三千年腐敗的文明制度已經剝奪了人類的這些美德。

現在，至少在這個特別的調查領域裡，我們知道得更清楚。我們研究原始人就像在研究較高級的家畜，但其實他們離我們並不遠。一般來說，我們的辛苦總能換來回報。野蠻人實際上正是身處惡劣環境中的我們自己，只是沒有被上帝感化而已。通過對野蠻人的仔細研究，我們開始瞭解尼羅河谷和美索不達尼亞的早期社會；對野蠻人徹底的研究使我們能管中窺豹，瞭解人類五千年形成的風俗習慣薄殼下，所埋藏不可思議的本能。

這些發現並不總能讓我們感到自豪。再者，我們瞭解許多環境我們沒有經歷過，前人在很多方面已經取得了成績，這只能給予我們新的勇氣對待手中的工作。除此之外，如果還有別的什麼，那就是新發現會讓我們對落後的異族兄弟們要寬容一些。

這本書不是人類學指南。

這是一本奉獻給「寬容」這個主題的書。

但是寬容是個很寬泛的命題。

人的思緒很容易迷失，一旦脫離慣常的軌跡，只有天知道思緒將飄向何方。

所以，我用半頁的篇幅，確切地解釋一下我所謂的「寬容」。

語言是人類社會最富有欺騙性的發明之一，所有的定義都是武斷的。因此謙遜的學生就應該向大多數人認為是權威的著作請教。而權威著作正是用這些人的語言寫就而成的。

我說的是《大英百科全書》。

該書第二十六卷一〇五二頁這樣寫道：「寬容（來源於拉丁文tolerare，意為忍受）：容許別人有行動和判斷的自由，對不同於自己或傳統觀點的見解有著耐心而公正的容忍。」

也許還有其他定義，不過就這本書的目的而言，我很樂意接受《大英百科全書》的解釋。

既然我基本上已經將自己（不論好壞）固定在某個明確的宗旨上，我還是回到野蠻人身上，告訴你們，我從已有記載的原始社會形態中發現了什麼樣的「寬容」。

人們現在依然認為，原始社會非常簡單，原始語言只是由幾聲簡單的咕噥組成，原始人的自由只是在社會變得「複雜」起來時才不復存在。

近五十年來，探險家、傳教士和醫生對中非、北極地區和玻里尼西亞進行了考察，得出的結論截然相反。原始社會很複雜，原始語言的形式、時態和變格比俄語和阿拉伯語的還要多，原始人不僅現在是奴隸，在過去和將來也是奴隸；總之，原始人是悲慘的生靈，生於恐懼，死於戰慄。

相比一般人對野蠻人的想像，我的觀點似乎大相徑庭，不再是勇敢的紅膚色的人悠閒自得地在大草原上漫遊，尋找野牛和敵人的頭皮，不過這更接近於事實。

這種另類的觀點是如何形成的呢？

我讀過許多神奇的故事，但其中缺少了關於人類生存的傳奇。人這種最脆弱的物種是以什麼方式，能抵禦細菌、柱牙象、冰雪和炎熱的侵襲，最終成為萬物的主宰，我在本章就暫不回答這些問題了。

不過可以肯定的是，僅靠一個人是絕不可能完成的。

為了獲取成功，人不得不放棄個體特性，而融入複雜的部落中。

——

原始社會被一個信條主導，即至高無上的生存欲望。

但這也並非易事。

因此，所有其他欲望都得服從於這唯一的最高要求——生存。

個體無足輕重，集體事關重大。於是，部落成了活動的堡壘，自成一體，群策群力，只有在排斥一切異類的東西後，才能安全地生存。

但問題實際上比表面看起來的更複雜，我的話只適用於有形世界，但在人類發展初期，有形世界與無形世界相比，前者實在微不足道。

為了充分理解這一點，我們必須牢記，原始人與我們不同，他們並不懂得因果法則。

如果我坐在有毒的常青藤中，我會怪自己太粗心，派人去請醫生看病，並讓人儘快除去那些東西。辨明因與果的能力讓我明白，有毒的常青藤會引發皮疹，醫生會給我開藥止癢，除去毒藤可以避免痛苦的經歷再次發生。

真正的野蠻人的反應卻迥然不同。他不會把皮疹和毒藤聯繫起來。他生活在一個過去、現在和未來盤根錯節的世界裡。死去的首領都變成了天神，死去的鄰居則成了幽靈，仍然是部落中看不見的成員。無論活著的野人到哪兒，這些幽靈都一路跟隨，與活人同吃同睡，一起看守大門。野人必須與他們保持距離或是友好相處，否則就會立即遭到懲罰。由於活人不可能知道怎樣才能取悅那些幽靈，便總是害怕天神將災難報復在自己頭上。

所以，野蠻人沒有把平常小事歸咎於最初的原因，而是歸結於看不見的幽靈在作祟。他發現手臂上的皮疹時，不是說：「該死的毒藤！」而是喃喃道：「我冒犯了天神，是他懲罰我了。」他跑去找巫醫，不是去要一劑治療藤毒的藥，而是要一張必須比憤怒的神（不是毒藤）降在他身上的咒語靈驗百倍的符咒。

至於讓他受罪的毒藤，他卻依然任其像往常一樣生長。如果有個白人帶來一罐煤油，將其燒掉，他還會咒罵白人的行為。

因此就出現了這樣的情況，如果一切都被認為是由看不見的幽靈在直接起作用，自然而然地，社會為了繼續維持下去，就必須絕對服從能平息天神怒火的律法。

在野蠻人看來，律法確實存在。他們的祖先制定了律法，流傳給他們，到了他們這一代，最神聖的使命就是將律法完好無損地傳給下一代。

這在我們看來當然荒唐透頂，我們相信的是進步、發展和持續的改進。不過，「進步」是近年才開始被引用的一種概念，在低級社會形態裡，典型的特點是，人們認為眼前的世界已經完美無瑕了，沒有理由再改進，因為他們從來都不知道還有別的世界。

如果這一切確實如此，那麼，人們怎樣防止律法和已經建立的社會模式發生改變呢？

答案很簡單。

就是將拒絕承認公共法規就是上天旨意的人立即懲處，說得露骨一點，就是靠不寬容的嚴刑苛政。

——

如果我就這麼說野蠻人是最不寬容的人，並非是要侮辱他們，因為我會馬上補充，在他們所處的環境中，不寬容是理所當然的事。如果他們容忍別人干預用來保護他們安全與安寧的清規戒律，便會陷入危險之中，這可是彌天大罪。

但值得探討的是，為數不多的部落如何保持了一整套複雜的靠口口相傳的規矩？然而今天我們擁有數以百萬計的軍隊、成千上萬的員警，為何卻仍然難以推行幾條普通法律？

答案同樣很簡單。

野蠻人比我們聰明得多，他們精明地算到了用武力無法推行的東西。

他們發明了「禁忌」這一概念。

也許「發明」這個詞有些不貼切，這類東西很少源自一時的靈感。它們是多年來不斷發展實踐的結果。不管怎麼說，非洲和玻里尼西亞的野蠻人想出了「禁忌」這個概念，他們因此避免了很多麻煩。

「禁忌」一詞起源於澳大利亞，我們多少都知道一些它的含義。如今的世界裡也充滿了禁忌，即不能做的事或不能說的話。譬如在吃飯時談及剛做的手術或把勺子放入咖啡杯不拿出來。但我們的這些禁忌都沒有特別重大的意義，只是一些禮節而已，很少會影響個人幸福。

而對於原始人，禁忌是至關重要的。

它意味著存在超然於這個世界的人或物，用希伯來語說，它們是「神聖」的，即刻死去的痛苦或長期的折磨是冒犯的代價，人們絕不能冒著這樣的風險談論或接觸它。膽敢違抗神靈意志的人，必定會遭受嚴苛的懲罰。

是教士發明了禁忌，還是為了維護禁忌才產生了教士，這是尚未解決的問題，由於傳統習俗比宗教的歷史更為悠久，因此，很可能早在巫師和巫醫出現之前，禁忌就已經存在了。但是巫師一出現，就立即成了禁忌的頑固擁護者，並且十分巧妙地利用了這個概念，使禁忌成為史前的「禁物」象徵。

我們第一次聽說巴比倫和埃及的名字時，這些國家還處在禁忌習俗大行其道的時期。這些禁忌並不像後來在紐西蘭發現的那樣粗陋原始，而是都嚴肅地變成了帶有「汝不能……」這種負面行為的戒律，就像我們熟悉的基督教〈十誡〉中的第六到十條[2]一樣。

毋庸置疑，寬容的概念在早期歷史中完全不為人知。

我們有時誤判為寬容的，其實只是因為蒙昧而導致的冷漠。

我們從沒有發現國王和教士能心甘情願地（哪怕只有一點點）同意別人行使「行動或判斷的自由」，或者「耐心而公正地容忍不同於自己或傳統觀點的見解」，而這已經成為現代社會的理想。

因此，這本書研究的不是史前的歷史或是一般所說的「古代歷史」。爭取寬容的鬥爭，直到個體的價值被發現後才開始。個體，這個現代最偉大的發現，其榮譽當歸於希臘人。

2 註：依序為：不可殺人、不可姦淫、不可偷盜、不可作假見證、不可貪婪。

第二章 希臘人

在地中海偏遠的角落裡，有一個面積很小的岩石半島，它在近兩個世紀中勾勒出如今世界的輪廓，包括政治、文學、戲劇、雕塑、化學、物理（天知道還有別的什麼東西），這是怎麼實現的？多少個世紀以來，這一問題不知困擾了多少人，哲學家一直在苦苦搜尋這個問題的答案。

可敬的歷史學家與化學、物理、天文和醫學的專家不同，歷史學家對任何像發現所謂「歷史規律」的做法總是報以輕蔑的態度。在蝌蚪、微生物和流星等領域的研究中有用的方法，在研究人類時就無用武之地了。

也許是我錯了，但是我認為這種法則一定存在。迄今為止，我們收獲甚微，不過，我們也從未認真地探究過。我們一直忙於收集資料，卻無暇將其煮沸、溶解、蒸發，從中過濾出剩下的、對人類有用的知識。

我以惶恐的心態涉足這個新的研究領域。我借科學家的一紙名言，奉上如下歷史原理。

根據現代科學家的最新研究成果，當物理和化學的成分達到完美的比例時產生了第一個活細胞，從而誕生了生命（有生命的和無生命的出現了差異）。

上述原理如果用歷史術語表達，就是：

「在這個不健全的世界中，當所有種族、氣候、經濟和政治條件接近或達到理想的比例時，高級形式的文明才會突然產生。」

我舉幾個反例來闡釋這一觀點。

大腦還處於穴居人水準的種族是不會發展的，即使在天堂也不會。如果在烏佩尼維克的愛斯基摩人的圓頂冰屋裡出生，每天大部分時間只是盯著冰原上的海豹洞穴，林布蘭就畫不出大作，巴哈譜不出受難曲，普拉克西特列斯也塑不出好的雕塑。

假如達爾文不得不在蘭開夏郡的工廠謀生，他在生物學上就不會有貢獻；亞歷山大．格拉漢姆．貝爾如果是一個身不由己的奴隸，生活在羅曼諾夫王朝領地的一處偏僻村莊裡，他也不會發明電話。

埃及是高級文明的發祥地，這裡氣候宜人，但土著居民的體魄卻不是很強壯，也不富有進取心，政治和經濟條件非常差，巴比倫和亞述也是如此。後來遷居到底格里斯河和幼發拉底河流域的閃米特族倒是體格強壯、富有活力，那裡的氣候也不成問題，不過政治和經濟的環境卻依然差得太遠。

巴勒斯坦的氣候沒什麼可誇耀的，農業也很落後。除了貫穿非洲到亞洲的商道，其他地區的商業活動極其稀少。另外，巴勒斯坦的政治完全由耶路撒冷聖殿的祭司控制，這當然不利於個人積極性的發揮。

腓尼基的氣候倒是無可厚非，人民身強體健，經商條件也不錯。然而，這個國家的經濟體系嚴重不平衡。少數船主把持了全部財富，建立了森嚴的商業壟斷制度。所以，早期泰爾和西頓的政權就落入了巨富之手。窮苦百姓連起碼的勞動權都被剝奪，從而變得冷淡和漠然。腓尼基最後重蹈迦太基的覆轍，毀在了鼠目寸光、自私貪婪的統治者手中。

總而言之，在各個早期文明的中心，成功的必要因素總是不足。

西元前五世紀，完美平衡的奇蹟終於在希臘出現，但只維持了很短的時間，奇怪的是，就連這種現象也不是發生在本地，而是發生在愛琴海彼岸的殖民地。

在其他拙作中，我對連通亞洲大陸和歐洲大陸的著名島嶼橋樑進行了描述。在很古老的時代，埃及、巴比倫和克里特的商人就通過這些橋樑來到歐洲。他們既將亞洲的商品帶到了歐洲，也把亞洲的思想傳播到了歐洲，他們的登陸地點就在小亞細亞西岸的一個狹長地帶上，這個地方叫愛奧尼亞。

這時離特洛伊戰爭還有幾百年，希臘大陸的一些部落征服了這塊長九十英里、寬僅數英里的狹長山地，先後建立了許多殖民地，其中以弗所、福西亞、厄里特賴（Erythrae）和米利都最為著名。這些城市走向成功的條件最終以完美的比例臻於成熟，從而出現了很高級的文明，後世的其他文明最多可以與之並駕齊驅，但卻從未超越。

首先，這些殖民地的居民是來自十多個民族中最活躍、最富有進取心的人。

其次，這裡擁有新舊世界之間和歐亞大陸之間互通貿易所創造的財富。

最後，殖民者組建的政府給予大多數自由人充分發揮個人才能的機會。

我沒有提到氣候也是有原因的，因為對於只經商的國家來說，氣候的影響不大。

無論是陰是晴，照樣可以製造船隻，貨物也都可以卸艙，只要不是冷到港口封凍，只要城鎮沒有被洪水淹沒，居民們就不會對每日的天氣預測感興趣。

愛奧尼亞的氣候對知識階層的發展十分有利，在書籍和圖書館出現之前，知識是靠口述一代代相傳的。城鎮中的井臺（town-pump）成了最早的社會活動中心，是最古老的大學所在地。

在米利都人們一年有三百五十天圍坐在井臺周圍。而愛奧尼亞那些早期的教授後來都成了科學發展的先驅，這在某種程度上得益於當地良好的氣候條件。

我們要說的第一個人——現代科學的真正創立者，是一個背景不明的人。這並不是說他搶了銀行或謀殺了家人，然後從一個無人知曉的地方逃到米利都。誰也不瞭解他的身世。他是皮奧夏人還是腓尼基人？是遊牧民族還是閃米特人（用博學的人類學專家的行話來說）？

這表明，位於米安得爾河口的這座古城在當時是一個著名的國際中心。它的居民來自四面八方（就像如今的紐約），因此人們只是憑外表來判斷自己的鄰居，對家庭根源並不深究。

這本書不是數學史，也不是哲學指南，因此無需在泰勒斯[1]的思想上多加闡釋，但要指出他對新思想採取了寬容的態度。這種風氣曾在愛奧尼亞十分流行。那時羅馬還只是遠方一座不為人知的泥濘小河旁的小鎮，猶太人還是亞述的俘虜，北歐和西歐還是一片充滿鬼哭狼嚎的荒原。

為了弄清楚這種變化是如何發展的，我們必須明白自希臘首領們渡過愛琴海掠奪特洛伊的寶藏以來希臘所發生的變化。當時那些聞名遐邇的英雄依然是原始階段的產物，他們猶如四肢過於發達的孩子，將生命視為一個漫長而光榮的競技場，充滿了刺激的角鬥、田徑以及所有我們如今熱愛的競技項目，我們現在如果不是為了養家糊口而埋頭於日常工作，倒也願意樂在其中。

這些血氣方剛的武士與他們的神之間關係既坦率，又質樸，就像是對待日常生活中的嚴肅問題一樣。奧林匹斯山上的諸神在西元前十世紀曾經統治過希臘人的世界，這些神的世俗色彩很濃，和普通人並無太大區別。人是何時何地與神分道揚鑣的，其

1 古希臘時期的哲學家和科學家，於數學、天文學方面貢獻良多。

中的詳細情況一直是個謎，從未有人將其搞清楚過。但高高在上的神對匍匐在地面的臣民所懷有的深厚情誼卻從未間斷，這種情誼一直帶有親切的色彩，使希臘人的宗教表現出獨特的魅力。

希臘孩子都受過這樣的教育，說宙斯是個蓄著長鬍鬚的、非常強大的統治者，有時他會狂暴地呼風喚雨，打出閃電霹靂，彷彿世界末日就要到來。儘管孩子們在搖籃裡就聽別人講過神靈的故事，但是等他們再長大一點，自己能讀懂古老的傳說時，就會開始思考這些可怕神靈的缺點。他們看到神靈變化成普通人，出現在愉快的家庭晚會上，像凡人一樣，相互取笑，而且還像凡人一樣就政治問題激烈爭論，由於各有各的支持者，於是希臘凡間每發生一次爭論，就必然會在天國諸神之間引起軒然大波。

當然，儘管宙斯具有人類的弱點，但他仍然不失為一位法力強大的偉大天神，為了安全起見，誰都不敢觸犯他。不過，他還是「通情達理」的，在美國國會，專門進行院外遊說活動的說客們對這個詞的含義非常清楚，宙斯也確實通情達理，如果人們分寸得當，還是可以接近他的。而且，最主要的是，他有幽默感，並沒有把自己或他的天國看得太重。

也許這並不是對宙斯的最好評價，但其中卻有著顯而易見的好處。在古希臘，對真理和謬誤從未有過條例森嚴的規定。由於沒有現代概念中的「信條」，也沒有嚴酷的教理和靠絞刑架推行教義的職業教士，各地的民眾都可以按照自己的好惡來修改符合自己需要的宗教思想和道德觀念。

居住在奧林匹斯山附近的塞薩利人對奧林匹斯山諸神的崇拜，遠不如住在遙遠的拉科尼亞灣偏僻村莊的阿索庇人，雅典人自以為得到守護神雅典娜的直接保護，便可以對她的父親宙斯不以為然。而住在遠離通商要道的山谷裡的阿卡迪亞人在宗教方面則堅持更為純樸的信仰，厭惡對待宗教的輕浮態度。福西斯的居民靠人們對德爾斐阿波羅神廟的朝聖維持生計，所以他們堅信，阿波羅那塊有利可圖的聖地讓他成為了接受朝拜的所有天神中最偉大的一個，不遠千里而來的人，只要口袋裡還有一兩個德拉克馬（古希臘和現代希臘的貨幣），都應該去向阿波羅表示敬意。

只信仰一個神是猶太人區別於其他民族的標誌。猶太人當時都聚集在一座城市，勢力日漸強大，這座城市最終擊敗了所有與之競爭的朝聖地，從而壟斷宗教達千年之久，否則，一神論就不會形成。

在希臘，這樣的條件並不具備。雅典人和斯巴達人都想使自己的城市成為全希臘公認的首都，但都失敗了，他們在這方面的努力僅僅導致了毫無益處的長年內戰。崇尚個人主義的民族肯定會為獨立思考精神的發展提供廣闊的領域。

《伊利亞德》和《奧德賽》有時被稱為是「希臘人的聖經」。其實它們與《聖經》風馬牛不相及，只不過是普通讀物而已，從未被列入「聖書」的行列。這兩本書講述了叱吒風雲的英雄們的冒險經歷，當時人們總喜歡把他們認作是希臘人的祖先。這兩本書彙集了一些宗教知識，因為天神們無一例外地在凡人的爭吵中各助一方，對其他事情不管不顧，只顧著盡情欣賞在自己領域中發生的罕見搏殺。

希臘人從未考慮過荷馬的著作是直接或間接地在宙斯或雅典娜或阿波羅的啟示下才寫就。荷馬史詩是文學史上的精品，在漫漫冬夜，它是伴人左右的優秀讀物，還能激起孩子們的民族自豪感。

這就是所有的一切。

在充滿求知氣息和精神自由的氣氛中，彌漫著來自世界各地的船隻上的嗆人氣味，奢華的東方綢緞點綴其間，生活優裕的人們的歡聲笑語不絕於耳，泰勒斯就在這樣的環境中誕生了。他在希臘工作、學習，最後離世。米利都人一般都知道泰勒斯，就像紐約人熟悉愛因斯坦的大名一樣。如果問紐約人愛因斯坦是誰，被問的人會說，愛因斯坦是個留著長髮、叼著煙斗、會拉小提琴的人，他還寫過一個人從火車這頭走到那頭的故事，並將其刊登在一份星期日的報紙上。

這個叼著煙斗、會拉小提琴的怪人抓住了真理瞬間即逝的光，最終推翻了（或者說至少是大大改變了）六千年以來形成的科學定論。但千百萬隨遇而安的紐約人並沒有注意到，他們只是在自己喜歡的擊球手努力想推翻萬有引力定律而受到阻礙時，才會想起還有數學這門學問。

古代史課本通常避開這個難題，只是敷衍地印上「米利都的泰勒斯（西元前六四〇—前五四六），現代科學的奠基人」而已。我們甚至可以想像當時《米利都報》上可能會出現的大字標題：「本地大學生發現了真正的科學的秘密」。

泰勒斯究竟是何時何地用什麼方法另闢蹊徑地超越了前人，我也說不準，不過有一點可以肯定的是，他不是生活在沒有知識的真空世界裡，他的智慧不是憑空臆造的。西元前七世紀，人們已經開始在許多新的科學領域進行探索，有大量數學、物理學和天文學的資料，隨時可供學者們研究用。

巴比倫的天文學家已經在探索星空。

埃及的建築師經過精心測算，把百萬噸的花崗岩砌在了金字塔核心位置的小墓室頂部。

尼羅河谷的數學家們認真地研究了太陽的運動，能預測雨季、旱季，為農民提供日曆，使農業勞動規律化。

然而，解決這些實際問題的人依然認為，自然界的力量體現了神的意志。這些無形的神靈掌管著四季變化、行星運轉和潮起潮落，就像總統的議會議員掌握著農業部、郵電部和財政部一樣。

泰勒斯反對這種看法。不過，像當時大多數受過良好教育的人一樣，他不願意在公開場合對此加以討論。濱海的水果販子看到日蝕，因為怪異的景象而恐懼地跪倒在地乞求宙斯，那是他們自己的事，泰勒斯絕不會去告訴他們，稍微瞭解天體運行規律的小學生也會預測在西元前五八五年五月二十五日的某個時間會發生日蝕，米利都城會陷入幾分鐘的黑暗。

在發生這次著名日蝕的當天下午，波斯人和呂底亞人正在戰場上廝殺。人們認為，他們停止相互殘殺是由於光線不足。泰勒斯不相信這是呂底亞的諸神在重演幾年前著名的阿迦隆峽谷之戰，是呂底亞人崇拜的神創造了奇蹟，突然熄滅了天國的光芒，以便讓他們支持的一方獲勝。

泰勒斯達到的境界（這正是他的偉績所在），就是敢把一切自然現象看成是受「永恆法則」支配而產生的結果，是「永恆意志」的具體表現，而不是人們根據自己想像出來的神靈施加的影響。在他看來，那天下午就算只有以弗所大街上的狗打架，或者哈利卡納蘇斯舉行了一場婚宴，而沒有發生更重大的事，也會照樣出現日蝕。

泰勒斯通過自己科學的觀察，得出了一個符合邏輯的結論。他把萬物的產生歸結於一條普遍而必然的規律，並做出了推測（從某種程度上講，他的推測是正確的），即世間萬物始於水，水似乎遍佈世界的各個角落，也許從一開始就已經存在。

可惜，我們沒有泰勒斯留下的手稿，那時他完全有可能用文字表達他的思想（希臘人從腓尼基人那兒學會了使用字母），但如今他的文稿片紙無存，我們對泰勒斯及其思想的瞭解主要是靠與他同時代著作中極其稀少的資料，通過這些資料，我們才對泰勒斯的個人生活略知一二。

泰勒斯是個商人，與地中海各地的人都有接觸。對於早期大多數哲學家來說，這是普遍現象。哲學家是「智慧的戀人」，但對現實生活中的秘密卻並不會視而不見。他們認為「為智慧而尋求智慧」如同「為藝術而藝術，為吃飯而吃飯」的觀點一樣貽害無窮。

在他們看來，世界上凡是具有多種品性的人，無論好壞，還是不好不壞，都是衡量世間萬物的最高尺度。因此，他們在閒置時間不會先入為主進行想像，而是耐心地研究人這種難以捉摸的動物的本來面目。

這樣，他們就能與其他人保持密切關係，擴大自己的影響。這要比不厭其煩地向鄰居傳道，並向人們指出通向大同世界的捷徑要好得多。

他們極少提出清規戒律以限制人們的活動。

但是，他們以自身作為榜樣向人們表明，一旦真正理解了自然界的力量，就必然會獲得寄託著一切幸福的心靈安寧。就這樣，哲學家在自己的周圍博得了人們的好感以後，便有了充分的自由去研究、探索和調查，甚至能在普遍被認為是神的領域裡去探險。作為這個新福音的先驅之一，泰勒斯把畢生精力獻給了這項有益的事業。

儘管他把希臘人眼中的世界分解得支離破碎，分別研究了每一個細微的部分，並對亙古以來大多數人一直認為是天經地義的事情提出公開的疑問，但人們還是容許他平靜地躺在床上壽終正寢。當時即使有人讓他對自己的異端邪說做出解釋，如今我們也無從考證了。

一旦泰勒斯指明了道路的方向，無數追隨者便緊隨其後。

比如阿那克薩哥拉[2]，他三十六歲時離開克拉佐曼納來到雅典，隨後幾年，他一直在希臘的幾座城市裡當「詭辯家」[3]或私人教師。他對天文頗有研究。他在授課時指出，太陽不是常人普遍認為的那種由天神駕馭的馬車，而是一個又紅又燙的火球，比整個希臘大千萬倍。

這個理論並沒有給他帶來禍端，他也沒有因此遭受天神的雷擊。於是，他又把自

2 古希臘哲學家、科學家。

3 西元前五世紀左右，在希臘周遊四方、以傳授知識或技能為生的教師或專家。

己的理論推進了一步，大膽提出月球表面遍佈山脈和峽谷。最後他甚至暗示說，世間有一種「原物質」，是萬物的起源，也是萬物的歸宿，亙古以來就存在了。

但是，像他之後的許多科學家一樣，阿那克薩哥拉涉足到了一個危險的領域，因為他談論的是人們熟悉的事情，後來的不少科學家也有過類似的經歷。太陽和月亮離地球很遙遠，希臘百姓並不在乎哲學家怎樣稱呼它們。但是阿那克薩哥拉提出世間萬物的不斷產生和發展都來源於某種「原物質」，毫無疑問，人們覺得他的言論太過牽強。他的斷言與希臘神話去卡利翁和皮拉的故事背道而馳。傳說兩位天神在大洪水後投下石子，變出無數男女，讓人類在世界重新繁衍。希臘所有的孩子在童年時就聽到過這個傳說，因此，否認最神聖傳說的真實性會極大地危害現有社會的安寧，也會使孩子們懷疑長輩的智慧，所以這是萬萬使不得的。於是，阿那克薩哥拉成為雅典父母同盟大肆攻擊的對象。

假如當時正處於君主制或共和制的早期階段，雅典城邦的統治者們還會竭力保護一名宣揚不受歡迎學說的老師，使他免受目不識丁的雅典農民的愚蠢迫害。但當時雅典的民主制已經發展到了頂峰，個人自由早已不同。而且，當時備受冷落的伯里克利正是這位偉大天文學家的得意門生，這又為法庭治阿那克薩哥拉的罪提供了便利，同時掀起了一場反對雅典城老獨裁統治者的政治運動。

一名叫狄俄菲忒斯的教士，在一個人口最稠密的郊區當行政長官，他提議通過了一條法律。法律要求對所有不相信現有宗教並對神聖理念持有不同見解的人立即治罪。根據這條法律，阿那克薩哥拉被投入監獄。不過，最後城邦中的開明勢力占了上風。阿那克薩哥拉只繳了一筆數目很小的罰款便獲釋出獄。他遷居到小亞細亞的蘭普薩庫斯，在那裡頤養天年，享盡美譽，到西元前四二八年才與世長辭。

阿那克薩哥拉一案表明，官方試圖壓制科學理論的發展純屬徒勞無功。雖然阿那克薩哥拉被迫離開了雅典，但他的思想卻留給了後世。兩個世紀後，一位叫亞里斯多德的人注意到了他的思想，並把它作為自己學說假設的基礎。經過一千年的漫長黑暗，亞里斯多德的思想又直接傳授給了阿布·瓦利德·穆罕默德·伊本·艾哈邁德（通常稱阿威羅伊），一位偉大的阿拉伯醫學家，他在西班牙南部摩爾大學的學生中大力傳播亞里斯多德的思想。他還把亞里斯多德的理論與自己的觀察相結合，寫下了許多著作。這些書穿越庇里牛斯山，被及時地運送到了巴黎和博洛尼亞。在那裡，這些書被譯成拉丁文、法文和英文。西歐人和北歐人對書中的觀點全盤接受，如今它們已成為科學入門級書籍中必不可少的內容，在人們眼裡就像乘法表一樣有益無害。

現在我們回到阿那克薩哥拉的話題。在他接受審判之後差不多整整一代人的時間裡，希臘科學家們被獲准可以講授與人們普遍接受的信仰有所出入的學說。到了西元前五世紀末，又發生了第二件事。

這次受害的是普羅塔哥拉，他是一位流浪教師，來自希臘北部愛奧尼亞殖民地阿夫科拉村。這個地區因為是「微笑哲學家」德謨克利特的出生地而名聲不佳。德謨克利特曾提出一條法則：「只有能夠給絕大多數人帶來最大幸福和最小痛苦的社會才是有價值的社會。」因此他被視為激進分子，應該受到治安人員的監視。

普羅塔哥拉深受這一思想的影響。他來到雅典，經過幾年的研究，最後宣佈人是衡量萬物的尺度，生命轉瞬即逝，因此不要把寶貴的時間浪費在探究神是否存在上，應該用全部精力來使生活更加美滿快樂。

這個觀點無疑是擊中了要害，必然會震驚那些忠實的信徒，比以往任何文字或辯論都更能動搖人們的信仰。而且，這一學說產生的時候正值雅典和斯巴達戰爭勝敗攸關之際，人民經歷了許多失敗和疾病的折磨，已經極度絕望。很明顯，這時對神的超凡能力提出質疑，激起神的怒火，顯然不合時宜。普羅塔哥拉被指控為無神論者，同時被勒令必須改變自己的觀點。

本來可以保護他的伯里克利[4]已經去世。普羅塔哥拉雖然是科學家，卻對科學殉道毫無興趣。

他逃跑了。

不幸的是，在駛往西西里的途中，他的船失事了。他可能溺水而亡，因為從那以後再也沒有聽到過他的消息。

慘遭雅典人迫害的另一個人是狄雅戈拉斯。其實他並不是哲學家，而是個青年作家。因為在一次官司中沒有得到神的幫助，他便對神心懷不滿。他默默地苦思冥想了很久，最後思想發生了很大變化。他四處奔走，大肆詆毀受希臘北部敬仰的聖儀禮。他的膽大妄為讓他被判處死刑。臨刑前，這個可憐蟲竟然找到機會得以逃脫。他逃到

4 古代雅典政治家，推動雅典人民改革的重要領袖。

科林斯繼續詛咒奧林匹斯諸神，最後他因為肝火太旺而死去。

希臘人不容其他學說的偏見愈演愈烈，其典型例子就是法庭冤死蘇格拉底一案，歷史對此有詳盡的記載。

只要一談到世界依然沒有改變，說古代雅典人的心胸並不比後人寬廣多少，人們就必然會拿出蘇格拉底作為希臘人頑固不化的力證。但在今天，經過對該案十分細緻的研究，我們對情況有了更清楚的瞭解。這位才華橫溢，但常常觸犯眾怒的演說家對西元前五世紀盛行於古希臘各地的自由思想精神做出了直接的貢獻。

當時的普通人仍然堅信天神的存在，蘇格拉底便把自己說成是天神的唯一代言人。雅典人儘管不能完全理解他所說的「精靈」（Daemon，即內心深處的聲音告訴他應該說什麼，應該做什麼），但人們完全清楚他對周圍人堅信天神的理念持否定態度，對傳統秩序也不屑一顧。最後，當權者殺死了這位老人，而他的神學觀點（儘管官方為了說服大家而牽強地將其作為加罪之辭）實際上與審判的結果幾乎毫無關係。

蘇格拉底是石匠的兒子。他的父親子女眾多，收入微薄。因此他小時候沒錢念正規學校，因為當時大多數哲學家都很現實，講授一門課經常索取兩千元的報酬。另外，在年輕的蘇格拉底看來，追求純粹的真理，研究沒用的科學現象簡直是在浪費時間和精力。他認為，如果一個人不斷培養自己的信念，沒有幾何學的知識也無關緊要，要拯救靈魂，不一定要認識彗星和行星的自然規律。

然而，這位鼻樑塌陷、衣衫襤褸的樸實小個子，白天在街頭巷尾與無業遊民辯論，晚上則耐心傾聽妻子的嘮叨（他的妻子為了養活一大家子人，不得不給別人洗衣服，而丈夫卻把謀生看作是生活中最無關緊要的小事）。蘇格拉底多次參加戰爭和遠征，是個可敬的老兵。他還是雅典參議院的前議員，在同時代的許多教師中，只有他因為信仰被判處死刑。

為了弄清楚事情的原委，我們必須瞭解當時雅典的政治情況，蘇格拉底到底做出了什麼樣的努力以至於推動了人類知識與進步事業的發展。

蘇格拉底在他的一生中（他被處死時已年逾七旬），竭力告訴人們，他們正在虛度時光，浪費過多的時間在空虛的歡樂和徒勞的勝利上，白白揮霍了偉大而神秘的神賜與恩典，只求幾個小時的虛榮和滿足。他完全相信人的崇高使命，從而打破了舊哲學界設置的所有束縛，比普羅塔哥拉走得更遠。普羅塔哥拉教給人們：「人是衡量萬物的尺度。」蘇格拉底則聲稱：「人的無形意識是（或者應該是）世間萬物的終極尺度；決定人類命運的不是神，而是人類自己。」

蘇格拉底在法官面前的慷慨陳詞（準確地說，法庭上共有五百名法官，是蘇格拉底的政敵精心挑選出來的，其中不乏精通文墨者），他的演講，對任何聽眾來說，不管他們是不是持同情態度，都是一場鼓舞人心、通俗易懂的精彩演講。

這位哲學家爭辯說：「世界上誰也無權命令別人應該信仰什麼，或剝奪別人自由思考的權利。」他繼續說：「如果一個人問心無愧，有自己的信念，即使沒有朋友的認可，沒有金錢、家庭，甚至沒有住所，他也會取得成功。但如果不徹底研究問題的來龍去脈，任何人都不會得出正確的結論。因此，人們必須有充分的討論各種問題的自由，並且不受官方的干涉。」

遺憾的是，這個被告是在錯誤的時間發表了不合時宜的演講。自伯羅奔尼撒戰爭以來，雅典富人與窮人之間及主人與勞動者之間的關係便一直處在激烈鬥爭的狀態。蘇格拉底是個溫和派，他既看到雙方利弊，又力圖尋找折衷方案去滿足有理智人士的願望。這自然使他在任何一方都不受歡迎，只是因為那時雙方勢均力敵，還騰不出手來對付他。

到了西元前四〇三年，純粹的民主派完全控制了希臘，並趕跑了貴族，蘇格拉底也就註定要倒楣了。

他的朋友知道了此事，建議蘇格拉底趁早離開這座城市。這是明智之舉。

蘇格拉底的朋友多，但敵人也不少。他充當「口頭評論家」長達大半個世紀，是個聰明絕頂的大忙人。他的愛好是拆穿那些自我標榜為雅典社會棟樑的人的偽裝和文化騙術。結果，他的名字在希臘東部家喻戶曉。他早晨談到的一些趣事，到了晚上全城便無人不曉了。不少關於他的戲劇開始上演。他被捕入獄時，全希臘的人對他一生中的大小瑣事都瞭若指掌。

那些在審判中起主導作用的人（比如那位出名的糧食販子，他既不會讀又不會寫，只因為熟悉神的旨意而在針對蘇格拉底的起訴中最為賣力）深信他們審訊蘇格拉底是在為社會做重大貢獻，為城市清除「知識界」中所謂的高度危險分子，一個只能教給奴隸們懶惰、犯罪和不滿的人。

有趣的是，即使在這種環境裡，蘇格拉底仍然施展辯論才能，竟然使陪審團的絕大多數人都傾向於釋放他。他們建議，蘇格拉底只要放棄辯論、爭吵、說教等惡習，不再干涉別人所偏愛的東西，不再用沒完沒了的疑問去糾纏他們，就可以得到赦免。

但蘇格拉底拒絕接受。

「不行！」他喊道，「只要我良知不滅，只要我微弱的心聲還在催我向前，還讓我給人們指出真理的方向，我就會向遇到的每一個人闡釋我的理論，絕不顧慮任何後果。」

法庭別無選擇，只能判處這個囚犯死刑。

蘇格拉底被緩刑三十天。一年一度去戴洛斯朝拜的聖船尚未返航，雅典法律規定，在這期間不准行刑。整整一個月的時間，這位老人在囚牢裡平靜地待著，琢磨如何改進他的邏輯體系。雖然他有許多次逃跑的機會，但他都拒絕了。他覺得不虛此生，履行了自己的職責。他累了，想離世而去。直到臨刑前，他還在和朋友們交談，儘量將自己的真知灼見傳授給他們，勸他們不要把心思放在物質世界上，而要多用在精神世界裡。

然後他喝下毒藥，躺在床上，從此以後一切爭論都隨著他的安息而結束。

蘇格拉底的門徒曾一度被公眾的極度憤怒嚇破了膽，明智地避開之前經常去的活動場所。

不過等他們看到一切都平息時，便又重操公開講學的舊業。在這位德高望重的哲學家死後的十多年裡，他的思想得到了前所未有的傳播。

與此同時，雅典也在苦熬之中。爭奪希臘半島領導權的戰爭已經結束五年，在這場戰爭中雅典人一敗塗地，斯巴達人獲得了最後的勝利，這完全是體力擊敗智力的勝利。不用說，好景肯定不長。斯巴達人從沒有寫下一句流芳後世的話，也沒有對人類的知識寶庫做過任何貢獻（只有軍事戰術方面是例外，這些戰術至今在足球比賽裡依然被使用）。斯巴達人認為，敵人的圍牆已被推倒，雅典的艦隊所剩無幾，他們已經大功告成。但是，雅典人的智慧從未消失。伯羅奔尼薩斯戰爭結束十年後，古老的比雷埃夫斯港就又雲集了世界各地的船隻，雅典的海軍將領將再度率領聯合艦隊出戰。

雖然伯里克利的努力沒有得到同代人的重視，但卻使雅典成為世界文化的中心，就像西元前四世紀的巴黎。羅馬、西班牙和非洲的有錢人家都想讓孩子接受時髦的教育，即使孩子有幸參觀一下衛城附近的學校，家長也會感到受寵若驚。

現代人要正確理解古代社會非常難，在當時，生存問題被看得至關重要。

在早期作為一切異教文明死敵的基督教的影響下，羅馬人和希臘人被視為非常不道德的人。他們隨意崇拜天神，剩下的時間大擺筵席，喝掉整桶的薩萊諾酒，聽埃及舞女的甜言蜜語。只是為了調劑生活，就奔赴戰場，殘殺無辜的日耳曼人、法蘭克人和達基亞人。

當然，無論在希臘還是在羅馬，商人和戰爭販子數量很多，羅馬的數量可能更多一些。他們對蘇格拉底在法官面前精闢闡述的倫理道德不屑一顧，一心斂財。正是因為這些人非常富有，人們才對他們忍氣吞聲。但這並不是說這些人在社會中備受尊重，被推崇為當時文明的化身。

我們發掘了埃帕菲羅迪特（Epaphroditus）的別墅，他曾經幫羅馬皇帝尼祿把羅馬及其殖民地洗劫一空，積累了大量的財富。這個老投機商用不義之財建起了一座擁有四十間房屋的宮殿，看著這一切的廢墟，我不禁搖頭歎息：「實在是太腐敗了。」

接著我們坐下來讀愛比克泰德的著作，他曾經當過某個老惡棍的家僕。然而讀了他的書，我們卻覺得是在與一個古今少有的高尚而熱情的靈魂交流。

我知道，人們喜歡關起門來對自己的鄰居或鄰國隨意評論，但不要忘記，哲學家愛比克泰德不愧是他所在時代的典型代表，和朝中小人埃羅菲羅迪特斯一樣具有代表性。兩千年前人們追求聖潔，如今也是如此。

毋庸置疑，那時的聖潔與今天的截然不同，當時的概念基本是歐洲思想的產物，與東方毫不相干。但是，我們的祖先，所謂的「野蠻人」，把聖潔視為他們最崇高的理想，他們慢慢發展出了一種生活哲理，並為人們所廣泛接受。如果我們以為心地善良、衣食儉樸、身體健康、收入合適便可以保證生活幸福美滿，那麼，也不妨認可他們的哲理。他們對靈魂的歸宿不太感興趣，只認為自己是一種具有智慧的特殊動物，可以俯視地球上的其他生物。他們平時談及天神，但那只相當於我們如今經常使用的「原子」「電子」「乙醚」一類的詞彙。他們認為，萬物的起源必須有名稱。因此，愛比克泰德說宙斯只是一個未知數，就像歐基里得在解題時用的X和Y一樣，含義可大可小。

生活是這些人最感興趣的東西，其次便是藝術。

因此，他們研究生活的方方面面，並按照蘇格拉底創造推廣的推理方法取得了豐碩的成果。

有時他們熱衷於建立一個完美的精神世界，並因此走到了荒唐的極端，這是令人遺憾的。只能說人非聖賢。但柏拉圖是古代眾多學者中唯一出於對完美精神世界的熱愛而鼓吹不寬容學說的人。

眾所周知，這個年輕的雅典人是蘇格拉底的得意門生，是傳播蘇格拉底思想的實際執行者。

他收集了蘇格拉底曾經說過或思考過的一切，編成了對話錄，可以當之無愧地稱為《蘇格拉底福音書》。

編纂工作完成後，他便開始對老師理論中的一些晦澀模糊的觀點進行研究，撰寫了一系列精彩絕倫的文章。最後，他開了許多課，使雅典人有關正義和真理的觀念越過希臘邊界，向四面八方傳播。

在所有這些活動中，他全心全意的忘我精神簡直可以與聖徒保羅媲美。不過，聖徒保羅的一生充滿了離奇與危險，他東奔西走，不辭辛苦，把上帝的福音傳播到地中海的每個角落。柏拉圖卻從未離開過他舒適花園中的座椅，而是讓世界各地的人來拜見他。

柏拉圖世家出身，擁有足以自立的財富，讓他能夠如此行事。首先，他是雅典人，他母親的血統可以追溯到希臘詩人索倫。其次，他到了法定年齡就繼承了足以讓他過上好日子的財產。最後，他有雄辯之才，任何獲准在柏拉圖學園聽他授課的人，哪怕只聽過幾次講課，都會心甘情願，不辭辛勞來到愛琴海聆聽教誨。

至於其他方面，柏拉圖像同時代的許多青年人一樣。他當過兵，但對軍事毫無興趣。他喜歡戶外運動，是一名摔跤和田徑運動的能手，卻又從未在比賽中獲得過名次。他和當時的青年人一樣，也把很多時間花在去國外旅行上，像他的外祖父（著名的索倫）一樣，柏拉圖曾跨越愛琴海，在埃及北部做過短暫訪問。不過回國後，他就再也沒遠行過，而是在雅典郊區賽菲薩斯河畔自己花園的樹蔭下講授他的學說長達五十年，「柏拉圖學園」因此而得名。

柏拉圖最初是數學家，後來漸漸轉向政治，在這個領域裡，他為現代政治體制奠定了理論基礎。其實，他是一個堅定的樂觀主義者，堅信人類在逐步進化。他教導學生說，人的生命逐漸從低級向高級過渡，世界從美好的人逐漸發展出美好的制度，再從美好的制度中產生美好的思想。

他的這一想法寫在羊皮紙上顯得十分有道理，但當柏拉圖努力把想法變成具體原則，並為他理想的共和國提供理論基礎時，他追求真理的渴望和追求公正的熱情就變得非常強烈，結果對其他因素都視而不見。

空想烏托邦國的建設者認為，他主張的「理想國是人類完美無缺的最高境界」，這個奇怪的聯合體不論是在過去還是現在，都反映了一些退伍上校們獨有的偏見。這些人享受著穩定的個人收入，生活舒適自在，喜歡出入政治圈，並且極不信任下層社會的人，唯恐忘記自己的「地位」，希望分享只有「上流社會」才有的那些特權。

不過，柏拉圖的書在西歐中世紀學者中享有盛譽。在這些學者手裡，舉世聞名的《理想國》成為向寬容精神開戰的強大武器。

這些飽學之士故意要忘記，柏拉圖理論形成的背景與他們生活的十二、十三世紀毫不相同。

比如，按照基督教教義，柏拉圖根本算不上是一個虔誠的人。他對祖先們崇拜神明的做法深惡痛絕，把他們看成是馬其頓的鄉巴佬，粗俗不堪。他對特洛伊戰爭編年史中記載的有關神明的醜惡行徑深感恥辱。隨著他年齡的增長，年復一年地坐在橄欖樹下沉思，對家鄉各個城邦之間愚蠢的爭吵漸感憤怒，他看到了舊民主理想的徹底失敗。他開始相信，對於一般百姓來說，信奉某種宗教是必不可少的，不然他想像中的理想國就會立即陷入混亂狀態。於是他堅持認為，模範社會的立法機構應該為所有公民制定出行為規則，而且無論是自由人還是奴隸，都必須服從，違者必將受到懲罰，或處決，或監禁，或流放。看起來，這一主張是對不久前蘇格拉底曾為之奮鬥的寬容精神和宗教信仰自由的徹底否定。其實柏拉圖的本意也是如此。

並不難看出這種世界觀轉變的原因。蘇格拉底來自普通民眾，而柏拉圖卻害怕生活。他為了逃避令人厭惡的醜陋世界，躲到了自己臆想的王國中。當然，他也清楚自己的夢想根本不可能實現。在各城邦各自為政的時代，不論是想像中的還是實際存在的，都已成為過去。集權統治的時代已經來臨，整個希臘半島日後很快會併入遼闊的馬其頓帝國，從馬里查河（流經今希臘邊境）一直延伸到印度河岸。

然而，這個古老的希臘半島上自由獨立的城邦尚未落入征服者鐵腕的時候，卻出現了一位最偉大的思想家，他使整個世界都懷念那一代已經衰敗的希臘民族。

我指的當然是亞里斯多德，一個來自斯塔吉拉的神童。他在那個時代已經通曉了許多尚不為人知的事情，為人們的知識寶庫增添了豐富的內容。他的著作成了智慧的溫泉，隨後的五十代歐洲人和亞洲人都無需絞盡腦汁，便可以從他的著作中汲取豐盛的智慧。

十八歲時，亞里斯多德離開了家鄉馬其頓，來到雅典的柏拉圖學園學習。畢業後，他周遊各地講學。直到西元前三三六年，他才回到雅典，在阿波羅神廟附近的一座花園裡開辦了自己的學校。這裡後來成為著名的呂克昂學園，吸引了世界各地的學生。

奇怪的是，雅典人並不願意在自己的城內多建學校，那時，雅典城邦開始喪失其傳統的商業重鎮地位。大批精力旺盛的市民搬遷到亞歷山大港、馬賽以及其他南部和西部的城市。剩下的都是些窮人和懶漢，他們是老一輩自由民中最頑固保守派的殘餘。這一派人既為苦難深重的共和國添磚加瓦，又促成了它的衰敗。他們不贊成柏拉圖學園裡發生的一切。在柏拉圖去世的十幾年以後，他最著名的門生竟然重返故土，公開講授仍然不為人們接受，關於世界起源和神明威力有限的學說。老守舊派的人煞有介事地指責，低聲咒罵，認為這把城邦變成了思考自由和褻瀆信仰的場所。

如果這些守舊派一意孤行，就會迫使這位門生遠走他鄉，但是他們選擇明智地克制。因為，柏拉圖的這位名徒雖然兩眼近視，但是一位以飽覽群書和衣著講究而聞名的紳士，是當時政治生活中舉足輕重的人物，並非找幾個雇來的流氓打手就能隨意趕出城邦的無名小輩。他是馬其頓國王御醫之子，和王子們一起接受教育。另外，他剛一完成學業，就被任命為王子的家庭教師。整整八年的時間，他每天都和年輕的亞歷山大形影不離。這樣，他贏得了有史以來世界上最強大的統治者的友誼和保護。而且，在亞歷山大前往印度前線期間，掌管希臘各省的攝政王對亞里斯多德也是格外關照，唯恐有人傷害了這位帝國主宰的摯友。

然而，亞歷山大的死訊一傳到希臘，亞里斯多德的生命便陷入了險境。他想起了蘇格拉底的遭遇，不願意重蹈覆轍。像柏拉圖那樣，他謹慎地避免把哲學和現實政治混為一談。但是，人人都知道，他厭惡政府的民主形式，懷疑普通百姓的自治能力。他看到雅典人突然發怒，趕跑了馬其頓的守衛部隊，於是他便穿過埃維亞灣，來到哈爾基斯。幾個月後，馬其頓人再次征服了雅典並懲罰了叛亂，而亞里斯多德在此之前已經離開了人世。

由於時間久遠，要想找出指責亞里斯多德對神不忠的事實背景是非常困難的，不過，一般來說，在一個充斥著業餘演說家的國度，他們的活動必然與政治有著千絲萬縷的聯繫，他不受歡迎與其說是因為散佈了會使雅典遭受宙斯嚴厲懲罰的駭人邪說，倒不如說是由於他對偏見很深的少數幾個地方的實力派不屑一顧的態度。

不過，這並不重要。

各城邦各自為政的日子即將結束。

不久之後，羅馬人繼承了亞歷山大在歐洲的遺產，希臘從此變成了他們眾多省份中的一個。

爭執到此結束，因為羅馬人在許多事情上比黃金時代的希臘人還要寬容。他們容許臣民自由思考，但是不允許人們對某些為了方便而設立的政治原則提出質問，因為羅馬政權之所以從遠古時期就能保持繁榮安定，靠的就是這些原則。

但西塞羅同時代人的思想同伯里克利的追隨者推崇的理想之間存在著微妙的差

別。希臘思想體系的老一代領袖人物把寬容建立在某些理念之上，這些結論是他們經過幾個世紀實踐和思考才總結出來的。而羅馬人則認為，他們用不著在這方面進行探討。他們對探究毫無興趣，而且還引以為榮。他們對實用的東西更感興趣。他們注重行動，看不起高談闊論。

假如異國人願意在下午坐在古老的橄欖樹下，討論統治理論或者月亮對海潮的影響，羅馬人是歡迎的。

但是，如果異國人的知識可以付諸實踐，就會引起羅馬人的注意。至於哲學討論，連同歌舞、烹調、雕塑和科學一類的東西最好還是留給希臘人或其他外國人，朱比特發慈悲創造了他們，正是為了讓他們去擺弄這些正統的羅馬人不屑於關注的東西。

羅馬人要集中精力管理好不斷擴大的領土，訓練足夠的外籍步兵和騎兵來保衛邊疆行省，巡察連接西班牙和保加利亞的交通要道。他們通常要花費很大力氣，在數以千計的不同部落和民族之間維持和平。

當然，榮譽的桂冠畢竟還是要給無愧於該稱號的人。

羅馬人努力工作，創建了一套完善的統治系統，時至今日，這個系統依然以這樣或那樣的形式存在，這本身就是了不起的成就。在羅馬人的統治下臣民只要繳納必要的賦稅，表示服從羅馬統治者定下的為數不多的行動準則，就可以享受很大的自由。他們可以隨心所欲地選擇信仰什麼或不信仰什麼。他們可以信仰一個神，也可以信仰十幾個神，甚至崇拜供奉有各種各樣神的廟宇，這都沒有關係。但是，不管他們信仰什麼宗教，在這個世界級的大帝國裡，所有人都必須永遠記住，「羅馬統治下的和平」之所以能實現，是因為不折不扣地實踐著這樣一條原則，「待人寬容如待己」。在任何情況下，都不得干涉鄰居或自己大門內陌生人的事情，即使偶爾認為自己信仰的神遭到褻瀆，也不必向法官討個說法，正如提比略皇帝在一次重大紀念活動上說的那樣：「若諸神要求懲罰褻瀆神明之人，諸神自會處理。」

靠這樣一句隨意的安慰之言，法庭就拒絕受理所有這類案件，並要求人們不要把涉及個人見解的問題拿來對簿公堂。

如果一群卡帕多細亞商人在歌羅西人的地盤居住，他們有權繼續信仰自己的神，並在歌羅西鎮建造自己的廟宇。同樣，歌羅西人搬到卡帕多細亞人的地區居住時，他們也一定能享有同樣的權利和同等的信仰自由。人們時常爭辯說，羅馬人之所以能夠擺出超然的寬容姿態，是因為他們對歌羅西人、卡帕多細亞人以及其他所有在拉丁姆地區之外的野蠻部落都同樣蔑視。這麼說也許正確，我拿捏不准。但是，五百年來，宗教上的全面寬容一直在歐洲、亞洲、非洲的文明和半文明的絕大部分地區盛行。羅馬人發明了一種統治藝術——最大限度地減少衝突，創造最大的實際成果。在很多人看來，太平盛世似乎已經到來，彼此寬容的情況將永遠延續下去。

但沒有東西可以永存，至少靠武力建立起來的帝國就是如此。

羅馬征服了世界，同時也毀滅了自身。

羅馬帝國年輕戰士的白骨留在了無數戰場上。

五百年來，羅馬帝國有多少社會精英把才華浪費在管理從愛爾蘭海延伸到裏海的龐大殖民帝國中。

最後，惡果到來。

僅以一城邦之力統治整個世界，這個勉為其難的事業拖垮了羅馬人。

然後可怕的事情發生了。羅馬人厭倦了生活，失去了生活的熱情。

他們已經擁有了曾經希望擁有的住房、遊艇和馬車。

他們亦擁有了全世界的奴隸。

他們嘗遍天下佳釀，踏遍東南西北，玩遍了從巴賽隆納到（埃及）底比斯的各色美女，他們的圖書館有世界上所有的藏書，他們家的牆上掛滿了最漂亮的畫。他們用餐時有世界上最優秀的音樂家為他們演奏。孩子們有最好的老師，老師也教授了最有用的知識。結果，所有的美味佳餚都味同嚼蠟，所有的圖書都變得枯燥乏味，所有的美人都失去了魅力，甚至生存本身也成了一種負擔，很多人寧可選擇一個體面的機會抽身而去。

只剩下一種安慰的辦法！那就是對未知和無形世界的臆想。

然而，舊神已經死去，聰明的羅馬人不會輕信那些兒歌中所唱的朱比特和密涅瓦的故事。

於是，伊壁鳩魯派、斯多噶學派和犬儒學派的哲學體系應運而生，這些學派宣揚仁愛、克己、無私和奉獻。

但是，這些哲學思想過於空洞。芝諾、伊壁鳩魯、愛比克泰德和普魯塔克的書在街頭書店都能找到，在書裡他們的觀點倒是頗引人入勝。

從長遠來看，這種純理性的學說缺乏羅馬人所需要的營養，他們開始尋求一種可以作為精神食糧的「情感」。

因此，純哲學的「宗教」（如果我們把宗教思想和追求有意義的高尚生活的願望連繫起來，這確是一種哲學色彩很濃的宗教）只能滿足一小部分人，而且這些人基本都屬於上層社會，早已長期享有優秀的希臘老師對他們個別授課帶來的好處。

對於普通老百姓而言，這些冠冕堂皇的哲學思想一錢不值。他們的思維也發展到了這樣的階段，認為許多古代神話都是粗俗愚昧的祖先編造出來的幼稚產物。但是他們還趕不上那些所謂的知識高人，還不能否認神的存在。

因此，他們採納了那些沒受過多少教育的人在這種環境中會採取的行動——表面上還一本正經崇敬共和國官方認可的神，背地裡卻把真正的安逸與幸福寄託在某個神秘宗教之上。在過去的兩百年裡，這種神秘的宗教組織在台伯河畔的古城中受到了真心實意的歡迎。

我前面用的「神秘」一詞源於希臘，原意是「受到啟示的」人的集會，這群人為了不把最神聖的秘密洩露出去，必須做到「守口如瓶」。只有教會的真正成員才知道這些秘密，這種秘密就像大學兄弟會的咒符和「海鼠獨立教（Independent Order of Sea-Mice）」的咒語一樣，將人們緊緊地聯繫在一起。

然而，在西元一世紀，神秘教會不過是一種特殊的崇拜形式，是一種宗派，希臘人或羅馬人（這裡請原諒時間上的不嚴謹）離開長老教會，加入了基督教科學教會，便會告訴鄰居說他去參加「另一個神秘教會」去了。「教堂」「英國北部教會」和「貴族院」相對來說是新發明的詞彙，在當時還無人知曉。

如果你恰好對這個問題特別感興趣，想弄明白羅馬發生了什麼，就請試著搜尋瞭解印度、波斯、瑞典、中國以及其他國家引進的新的教旨和新秘密教會的公告，這些公告旨在給人們提供健康、富有和靈魂得到永恆拯救的希望。

羅馬和我們的大都市一樣，充斥著外來和本地的宗教。因為它與世界各地聯繫緊密，所以這種情況不能避免。佛里基亞人從小亞細亞北部覆滿青藤的山上開始了對自然女神西布莉（Cybele）的崇拜，並把西布莉尊為所有天神之母。他們對神母的崇拜形式往往是一些不合乎禮儀的、肆意的情感表達方式。因此，羅馬當局不得不強迫關閉神母廟，最後還通過了一項嚴厲的法律，禁止大肆宣傳鼓勵在公眾場合喝得酩酊大醉以及出現其他醜行的宗教信仰。

埃及是一塊充滿矛盾和神秘色彩的古老土地，它創造了六個奇怪的天神，俄賽里、塞拉皮斯和伊希斯這些神的名字在羅馬時代就像阿波羅、得墨忒耳和赫耳墨斯一樣為人熟知。

至於希臘人，幾個世紀前，他們就創造出抽象真理和以道德為基礎的行為規則。現在，他們又向堅持偶像崇拜的異國人提供了聞名的阿提斯、狄俄尼索斯、俄爾普斯和阿多尼斯的神秘教會。從公共道德的角度來說，這些神明中沒有一個是不值得懷疑的，但普遍受到人們的歡迎。

一千年來，腓尼基商人頻繁光顧義大利海岸，使羅馬人熟悉了他們信奉的最高神太陽神巴爾（又稱巴力，耶和華的大敵）和他的妻子阿斯塔特（又稱亞斯他錄）女神。

所羅門在老年時期為這個奇怪的女神在耶路撒冷中心建造了一個祭壇，這使他忠誠的臣民大為震驚。這個令人敬畏的女神在爭奪地中海最高神位的長期苦戰中，被迦太基城官方選定為該城的保護神。最後，她在亞洲和非洲的廟宇都被毀滅之後，又被引入歐洲，以備受尊敬的基督教聖徒身份再次出現。

但是，最為重要的是另一個神，他譽滿全軍。從萊茵河口到底格里斯河源頭的羅馬邊境線上，每一堆殘磚破瓦之下都有他的破碎雕像。

這就是偉大的密特拉神。

據我們所知，密特拉原來是亞洲古代管理光、空氣和真理的神，在我們祖先來到裏海佔據這塊牧草肥沃的低地平原時，就開始膜拜密特拉。人類在山峰峽谷之間得到了棲身之所，這成了人們所知的歐洲。在我們祖先眼裡，密特拉是一切善的創造者，他們相信，這塊土地的統治者得以施展權力，完全靠的是密特拉的恩賜。密特拉終日被天火環繞，有時他會把一縷天火降在身居高職的當權者身上，作為恩賜的象徵。雖然密特拉早已不在，連名字也被忘記了，但是自中世紀起，聖人頭上的光環提醒我們，崇拜密特拉作為一個古老的傳統，早在基督教問世的一千年前就開始了。

儘管密特拉長期深得人們的崇拜，但要準確地瞭解他的一生卻相當困難，造成這種結果是有原因的。早期基督教傳教士非常痛恨密特拉神話，遠超過對普通神話的痛恨。他們明白這個印度神是他們最大的敵人。因此，他們竭盡所能要毀掉一切能讓人們想起他的東西。他們做得很成功，所有密特拉的廟宇都蕩然無存。就像今日美以美教派[5]和長老會在美國盛行一樣，這個宗教在羅馬盛行了五百年之久，但歷史記載卻沒有保留下來。

不過，當時炸藥還沒有發明，不可能徹底夷平建築物，人們通過搜索一些廢墟和亞洲古地得到的資料，填補了歷史的空白。現在，有關這個有趣天神及其代表的物件，我們都掌握了相當精確的資料。

密特拉的故事要追溯到很久很久以前。一天，密特拉神秘地從一塊岩石中誕生。他一睡進搖籃，附近的幾個牧羊人就過來膜拜，還送禮物哄他開心。

密特拉在孩提時代就經歷了各種各樣怪異的冒險，其中很多故事讓我們聯想到大受希臘孩子們歡迎的英雄赫拉克勒斯的事蹟，不過，赫拉克勒斯生性殘暴，而密特拉總是在做善事。有一次他與太陽神進行摔跤比賽，戰勝了太陽神。雖然他勝了，卻慷

5 美以美會（The Methodist Episcopal Church）是一八四四年至一九三九年在美國北方的衛理公會所使用的宗派名稱。該會屬於基督新教的一個較大的宗派——衛斯理宗。

慨大度，和太陽神成了手足兄弟，以致人們常常將他們兩人混淆。

當萬惡之神引發乾旱要毀滅整個人類之時，密特拉向一塊岩石射出一箭，頓時水如泉湧，乾裂的土地得到滋潤。阿里曼（罪惡之神的名字）又想引發洪水來達到其邪惡的目的。密特拉聞訊後，便警告了一個人，讓他造一隻大船，載上親屬和家畜，把人類從毀滅中拯救出來。密特拉直到最後都在盡力從人類各種愚蠢的行為中拯救世界。他被帶入天國，永遠地成為了正義和公正的主宰。

希望加入崇拜密特拉行列的人就必須通過一種儀式，吃一些麵包和酒做的聖餐，來紀念密特拉和他的朋友太陽神一起吃過的著名晚餐。另外，他們還必須接受聖水盆的洗禮，做很多我們現在看來是毫無意義的事情，這種宗教形式早在一千五百年前就完全消失了。

一旦成為密特拉的信徒，所有人一律平等。他們在同一個燭光明亮的祭台前禱告，齊唱一首聖歌，一同參加每年十二月二十五日紀念密特拉生日的節日聚會。而且他們在每週的第一天什麼都不做，來紀念那位偉大的天神。現在，我們稱這一天為星期天。這些信徒死後，屍體要擺放整齊，等到最後復活之日的到來，屆時好人得到公正的報答，惡人則被丟進永不熄滅的烈火之中。

這些形形色色的神秘教會取得了成功，羅馬士兵普遍崇拜密特拉，這說明人們對宗教是非常感興趣的。實際上，羅馬帝國在最初幾個世紀裡，一直都在尋找能夠滿足大眾精神需求的東西。

到了西元四十七年，發生了一件事。一條小船離開了腓尼基，向前往歐洲陸路通道起點的別加城行駛，船上有兩個沒帶什麼行李的乘客。

他們是保羅和巴拿巴。

他們是猶太人，但其中有一個人拿的是羅馬護照，通曉猶太族人之外的世界。

一次永垂青史的旅程開始了。

基督教踏上了征服世界之路。

第三章　禁錮的開始

基督教迅速征服了西方世界，這件事常常被人拿來當作基督教思想來源於神的證明。我並不想就此辯論一番，我只是想指出，當時羅馬帝國大多數人生活艱辛，早期基督教傳教士四處傳教，吸引了不少人，這在很大程度上促成了基督教的成果。

至此，我已向讀者勾畫出了一幅羅馬的圖畫——士兵、政客、富商和科學家組成的世界，這些幸運兒住在拉特蘭山的山坡上，或者在坎帕尼亞山的峽谷與山崗中，又或者住在那不勒斯灣，享受著快樂、文明的生活。

但他們只代表了羅馬的一面。

在城郊多如牛毛的貧民窟中，那種能使詩人歌頌太平盛世和激發演說家把屋大維比作朱比特的繁榮昌盛卻鮮有人見到。

在一排排淒慘的看不到盡頭的茅屋中，人頭攢動，臭氣熏天，對這些人來說，生活不過是無休無止的饑餓、勞累和痛苦。這些人只相信那個樸實木匠的傳說。這個木匠住在大海彼岸的小村莊，通過辛勤的勞動賺得每天的食物；他熱愛貧苦之人和受壓迫者，因此殘酷貪婪的敵人殺害了他。的確，貧苦的羅馬人全都聽說過密特拉、伊希斯和阿斯塔特的名字，但是這些神都死了，在千百年前就已經遠離人世，人們也只是根據祖先流傳下來的故事去瞭解他們。

可是，拿撒勒的約書亞，也就是希臘傳教士稱之為「救世主」的基督不久前還活在世上。當時很多活著的人都知道他，在提比略皇帝在位期間，誰要是偶然去了敘利亞的南部，也許還聽過他的佈道。

當然還有其他事例。街角的麵包匠和鄰街的水果販子在阿庇亞大道旁邊的黑暗小花園裡與某個叫彼得的人談過話；到過各各他山附近的漁夫也許看到過先知被羅馬士兵釘上十字架的慘狀。

我們要弄清楚人們為何突然熱衷於這一新的信仰，就應當記住這一點。

正是親身的接觸和人與人之間直接的親密情感讓基督教獲得了遠遠高於其他教派的魅力。耶穌的博愛表達了各國深受壓迫的貧民的呼聲，因而能傳遍四面八方。耶穌的話是否與信徒們所用的詞彙相一致並不重要，重要的是，奴隸們洗耳恭聽，能夠理解。他們在美好的預言面前顫抖了，平生第一次看到了新希望的曙光。

他們終於盼來了讓他們獲得自由的話語。

在這個世界的權貴面前，他們不再貧窮，不再受蔑視，不再是卑賤的人。

相反，他們成了被仁慈的上帝所寵愛的孩子。

他們將會擁有世間所有的一切。

他們要分享薩姆尼莊園中那些趾高氣揚的主人們獨有的歡樂。

新信仰的力量由此產生。基督教是第一個實實在在宣導人人平等的宗教。

當然，我並不想把基督教說成是一種靈魂的感受，一種生活和思維的方式。我想說的是，在腐朽的奴隸制社會，這種好消息必然會迅速傳播，以燎原之勢燃起大眾感情上的熊熊烈火。但是，歷史的發展除了個別情況外，自由人和奴隸的心靈經歷都不會被記述。這些可憐的人被分成不同的民族、行會、教會、軍隊、兄弟會和同盟性的組織，並開始服從一個統一的指揮，等積累起足夠的財富之後就要繳納賦稅。他們還被強制入伍，東征西戰。只有在這個時候，他們才會引起編年史家的注意和重視。因此，我們儘管瞭解基督早期的許多情況，卻對其真正的創始人所知甚少。這的確是一件遺憾的事，因為基督教早期的發展在任何史籍裡都是最有趣的內容之一。

在古老帝國廢墟上拔地而起的基督教是兩個對立的利益結合的產物，一方面，它是耶穌自己傳播博愛、仁慈和理想的代表，另一方面，基督教又與狹隘僵化的觀念融合在一起，在這種觀念的束縛下，耶穌的同胞從一開始便與世界上其他地方的人隔離開來。

說得通俗一點，這種狹隘僵化把羅馬人的效率和猶太人的專橫融合在了一起，結果建立了壓抑思想的恐怖統治，它雖然行之有效，但同時又不合情理。

為了弄清楚原委，我們必須追溯到保羅的年代以及耶穌死後的頭五十年，我們必須緊緊抓住一個事實——基督教是猶太教內部變革的產物，是純粹的民族主義運動，這種運動一開始威脅的正是猶太王國的統治者。

耶穌在世時，當權的法利賽人早就清楚這一點。他們自然十分害怕煽動性的宣傳會威脅精神壟斷，因為基督教對建築在野蠻武力基礎上的這種壟斷提出了質疑。為了使自己不被趕走，法利賽人驚慌失措地先下手為強，在羅馬當權者還沒來得及干預的時候，就處死了這些犧牲品。

誰也不知道，假如當時耶穌不死，他會採取什麼對策。他過早地遇害，還沒能把信徒組成一個教派，沒有寫下隻言片語以便他的追隨者能夠猜到他想做什麼。

這反倒成了福音。

沒有文字性的規定，沒有明確的教條，這反而使門徒們可以自由地遵循耶穌的精神，而不是只有白紙黑字的教規。如果他們被一本書束縛，勢必會把全部精力都用在爭論上，甚至去討論逗號、分號之類迷惑人的問題。

當然，如果是這樣，那麼除了幾個專業學者外，就沒有人會再對這個新的信仰產生興趣，基督教當然也會步其他教派的後塵，以詳細的文字綱領開始，最後以動用治安人員將爭吵不休的神學家扔到大街上而告終。

在差不多兩千年後的今天，我們才意識到基督教對羅馬帝國造成了多大的打擊，但令人驚訝的是，既然它對國家安全的威脅就像匈奴人和哥德人入侵一樣，為什麼羅馬當局沒有採取鎮壓行動？他們當然知道，正是因為那個東方先知在家僕中引起了極大的騷動，女人們也在喋喋不休地談論天國之王即將再次降臨，許多老人還一本正經地預測這個世界將會在一團火球中毀滅。

這已經不是貧苦階層第一次為了某個新的宗教而掀起狂熱的情緒了，而且很可能也不是最後一次。治安人員會小心提防這些貧窮的狂熱者，不讓他們擾亂帝國的安寧。情況確實如此。

警方的確戒備森嚴，但沒有找到行動的把柄。這個新教派的追隨者以其規範的方式進行宗教活動，很值得推崇。他們並不想推翻政府，起初，少數奴隸還期望上帝的博愛和人與人之間的兄弟之情會終止原有的主僕關係，但聖徒保羅趕忙解釋說，他的王國是一個看不見摸不著的靈魂王國，凡人最好還是接受現實，接受一切，期望在天國裡得到好的回報。

同樣，許多妻子對羅馬法典嚴厲的婚姻法所帶來的束縛非常不滿，她們總結說，基督教等於婦女解放和男女權利平等。保羅又站出來，以巧妙的言語和娓娓動聽的字眼懇求可愛的姐妹們不要走極端，以免讓保守的異教徒懷疑基督教，並說服她們繼續過半奴隸的生活，因為自亞當和夏娃被逐出天堂後，這就成了女人的本分。所有這一切都表明基督教十分尊重羅馬法律，因而羅馬當權者允許基督教傳教士自由來往，因為他們的說教最符合當政者的口味和期望。

正如歷史上經常發生的情況一樣，平民百姓的寬容精神並不如統治者。他們生活貧困，不一定就是品德高尚的人，只要能積累財富，良知上就能讓步，並能以此實現美滿富足的生活。

古羅馬最下層的人民在數個世紀以來一直都沉湎於免費用餐和打架決鬥中，他們都毫無例外服從於上述規律。起初，這群面容嚴肅的人停止了粗俗的取樂，開始全神貫注地傾聽一個關於上帝的神奇故事。耶穌像普通的罪犯那樣，不光彩地被釘死在十字架上，上帝勸這些人應當為那些向聚會的信徒投擲石塊泥土的流氓高聲祈禱。

但羅馬傳教士卻不能超然地看待這個新的發展趨勢。

當時羅馬帝國奉行的宗教是國教，它包括了在特定場合的隆重祭祀，信徒要為此繳納現金，而這些錢又都裝進了教堂主事的腰包。如果成千上萬的人不光顧舊的聖地，而是奔向一個不名一文的教堂，這樣，教士的收入就會大大減少，他們當然會大為光火。於是他們大肆誹謗，咒罵那些異教徒不信奉傳統神靈，而是去朝拜異邦的先知。

但城市中另一階層的人更有理由憎恨基督徒。他們是托缽僧[1]，就像信奉伊希斯、伊絲塔、巴爾、西布莉和阿提斯神話的那些印度瑜伽信徒、僧侶及聖職者一樣，年復一年地耗費羅馬中產階級的金錢，過著奢侈而優渥的生活。假如基督教是與他們競爭的教派，對佈道內容明碼標價，那麼巫師、看手相的人和巫術行會就無可抱怨了。畢竟在商言商，讓他們在預言的角色裡分一杯羹也未嘗不可。然而基督徒卻想出了餿主意，竟然分文不取，還把自己的東西送給別人，給饑餓者飯吃，送流浪者房住。這實在太過分，除非有私下的收入或尚未被發現的財源，否則，絕做不到這些。

這時的羅馬已經不是自由民的城市，它成了來自帝國各地成千上萬失地農民的臨時棲身之所。這些下層民眾只知道服從大多數人遵守的神秘法則，而對於行為與自己不一樣的人心懷憎恨，對無緣無故想過正派生活的人存有戒心。在他們看來，見面打招呼喝杯酒，偶爾還替別人付賬的人才算是好鄰居和好朋友；而自命清高、不去大競技場看鬥獸表演、看到大批戰俘被拖到卡比托利歐山大道上遊街而不歡呼的人，卻被

1　指依靠飯缽乞討生存的宗教苦行者。

視為討厭的人，是社會的公敵。

西元六十四年，一場人火燒毀了羅馬的貧民區，它成為對基督徒進行第一次有組織地攻擊的藉口。

一開始有謠傳說是酩酊大醉的尼祿皇帝異想天開，下令在首都放火，毀掉貧民窟，以便按照他的計畫重建羅馬。然而大家都很清楚，這場火是猶太人和基督徒的過錯，因為他們總是談論天國大火球的降臨會把罪人的世界化為灰燼。

這種說法一出現，便引得謠言四起。一個老婦人聽到了基督徒與死人說話，另一個人得知基督徒拐騙小孩，割斷其喉嚨，並把孩子的血塗在詭異的用來祭祀上帝的祭壇上。當然，沒人親眼目睹這些醜惡的行為，但這是因為基督徒過於狡猾，已經用錢收買了治安人員。這次他們終於被抓了個現行，他們必須為自己的罪惡行徑付出代價。

我們無從得知有多少虔誠的教徒因此被私刑處死，或許保羅和彼得也是受害者，因為從這以後，再也沒有聽到過他們的名字。

不用多說，這種可怕的群眾性愚蠢行為的結果是一事無成。殉道者臨刑前凜然的態度是對新的信仰和死去的基督徒最好的宣傳。一個基督徒死了，卻有十多個新教徒爭先恐後地補上他的位置。尼祿皇帝在他短暫而無用的一生中做了唯一一件體面的事（這就是於西元六十八年自殺）。在那之後，基督徒重返舊地，一切依然如初。

這時的羅馬當權者發現了一個大秘密，他們開始懷疑，基督徒並不是猶太人。我們幾乎不能責怪他們的錯誤，近百年來的歷史研究逐漸清晰地表明，猶太人集會堂其實是一個宗教資訊的交流中轉站，新的信仰就是通過它傳到世界各地的。

別忘了，耶穌本人是猶太人，他一直不折不扣地恪守祖先制定的古老律法，只對猶太聽眾佈道。他曾經離開過故土一小段時間，不過只有一次。但是他為自己制定的使命卻是與猶太人共同完成的，當然也是為了猶太人而為之的。他的言語根本沒有讓羅馬人感到基督教與猶太人有什麼細微的區別。

耶穌實際上完成了如下事實：他清楚地看到祖先的教堂裡充滿各種犯戒的陋習，也曾經大聲抗議過，並取得過成功。但是他為之奮鬥的只是內部的改革，從來沒有想到自己會成為一個新教派的創始人。假如當時有人提到這樣的可能性，他會認為這過於荒謬。但就像在他前後的許多改革者一樣，他逐漸陷入了進退兩難的境地。他過早的逝去反而救了他，使他免遭路德和其他許多改革宣導者的命運，那些改革者本來也只想在內部促成改革，卻突然發現自己成為組織「外部」一個新集團的領袖，並因此感到茫然困惑。

在耶穌死後的許多年，基督教（當時這個名稱還沒有形成）僅僅是猶太教派中的一個小教派，只在耶路撒冷、朱迪亞村和加利利村有一些信徒，從未傳播到敘利亞省之外。

是擁有猶太血統的羅馬公民蓋烏斯・尤利烏斯・保盧斯（Gaius Julius Paulus）首先認識到這個新教派有可能成為一個世界性的宗教。他用飽受磨難的經歷告訴我們，那些猶太前輩們是怎樣強烈反對這個宗教世界化的。他們十分厭惡敢於一視同仁地向猶太人和非猶太人宣講救世之理的人。保羅最後一次到耶路撒冷的時候，如果沒有羅馬護照的保護，肯定會被憤怒的同宗民眾撕成碎片，重蹈耶穌的厄運。

派出半個營的羅馬士兵去保護保羅還是有必要的，他們把他安全地送到港口城市，從那兒他可以乘船回羅馬參加從來沒有發生過的著名審判。

保羅死後沒過幾年，最讓他牽腸掛肚，而且多次預言過的事情終於發生。

耶路撒冷被羅馬人摧毀，在過去耶和華廟的所在地建起了供奉朱比特的新廟。城市的名字改為埃利亞卡托納（Aelia Capitolina），朱迪亞也變成了敘利亞巴勒斯坦[2]的羅馬省的一部分。至於當地的居民，不是被屠殺就是被逐出家園，在聖城廢墟周圍方圓幾英里內，任何人不得居住。

這座聖城給猶太基督徒帶來了無窮的災難，現在終於被毀滅。在這以後的幾個世紀裡，在朱迪亞的小村子裡發現了一些怪異的人，他們自稱是「可憐人」，他們以極大的耐心和終日不斷的禱告等待世界末日的來臨。他們是耶路撒冷老猶太基督徒中的倖存者。我們從十五、十六世紀的書籍中經常可以看到有關他們的記載，他們遠離塵囂，形成了一套以憎恨聖徒保羅為宗旨的怪誕教義。實際上在七世紀後，我們就沒再發現這些自稱拿撒勒派和伊便尼派教徒的蹤跡，伊斯蘭教的勝利者已經將他們斬盡殺絕。即使他們能再苟延殘喘幾百年，歷史也無法倒退。

羅馬征服了東西南北，組建了一個強大的中央集權，讓世界有了接受一個統一宗教的條件。基督教簡單實用，有很多直接的吸引人的因素，因此註定會獲得成功，而

2 傳統上的大敘利亞地區，包括今天的敘利亞、以色列、巴勒斯坦、黎巴嫩以及約旦。

猶太教、密特拉教以及所有其他參加競爭的教派必定要失敗。但不幸的是，這個新的教派沒有擯棄自身的不良特點，歷史也無法倒退。

一條小船把保羅和巴拿巴從亞洲送到歐洲，帶來了希望和寬容。

但是另一個乘客偷偷溜上了船。

它戴著聖潔和美德的面紗。

但面紗下的嘴臉卻是殘暴和仇恨。

它的名字是：宗教的不寬容。

第四章　諸神之黃昏

基督教在早期只是一個很簡單的組織，人們一旦發現世界末日並非迫在眉睫，耶穌受難後的審判日也不會接踵而至，基督教還要在飽含熱淚中繼續掙扎，於是他們覺得需要建立一定形式的統治體系。

最初，基督徒都是（由於全是猶太人）在猶太教堂聚會。由於猶太人和非猶太人之間的摩擦，非猶太人要到能容納所有虔誠的信徒和好奇的人的空房子裡集會，如果找不到這種房子，他們就乾脆露天或在廢棄的採石場集會。

聚會一開始在安息日，即星期六舉行。但隨著猶太基督徒與非猶太基督徒之間衝突的加劇，非猶太基督徒便廢除了星期六安息日的慣例，傾向在死者復活的星期日聚會。

但是，這些莊嚴的儀式一開始就體現出其普遍性和感情化的特點。沒有固定的講經和訓誡，沒有專職的佈道教士，所有男女信徒只要感到被聖火召喚，都可以在聚會時站出來剖白內心的感應。如果相信保羅的描述，這些虔誠的教友們「口口相傳的佈道」曾經讓這位偉大的信徒憂慮未來。因為大多數教友只是普通百姓，沒受過什麼教育。他們即興布道的虔誠當然是無可懷疑的，但他們常常一激動就像瘋子一樣口出狂言。教會雖然能承受住宗教迫害，但面對荒唐之事卻一籌莫展。因此，保羅和彼得及其繼承者們不得不努力建立一種有秩序的機制，來消除人們急於宣洩的情感和宗教狂熱引發的混亂。

一開始，這些努力收效甚微，因為固定化的規章制度與基督教的民主性格格格不入。最後人們還是從實際出發，同意按照一定的儀式進行聚會。聚會從朗誦舊約中的讚美詩開始（用以安撫可能在場的猶太基督徒），然後，全體教徒高唱新近為羅馬和希臘的信徒譜寫的頌歌。

唯一固定化的演講是那篇耶穌總結了他一生哲學思想的著名禱文。然而幾個世紀以來，佈道完全是自發的，只有那些有話可說的人才能登台佈道。

但隨著集會次數的增加，總是對秘密團體懷有戒心的治安人員開始過問了，因此必須推選出一些人代表基督徒處理世俗問題。保羅曾高度評價過領導者的作用。他把他在亞洲和希臘走訪的教會小團體比作洶湧波濤中的小船，要想在驚濤駭浪的大海中求生，就必須得有聰明絕頂的舵手。

於是虔誠的信徒們聚集在一起，選出虔誠的男女祭司。他們是整個教團的「僕人」，責任是照顧好病人和窮人（這是早期基督徒主要考慮的事情），管理好教團的財產以及處理日常瑣事。

後來，基督教信徒人數有增無減，業餘祭司的管理工作變得複雜不堪，這時需要有專職的祭司，於是幾位「老者」被推舉出來擔當此任。希臘語稱這些人為「長老」，按我們的說法就是「牧師」。

許多年後，很多村莊和城市都有了自己的教堂，因此，推出統一的治理政策變得勢在必行。人們選出了「監督者」（主教）管理整個教區，並代表教區與羅馬政府打交道。

很快，羅馬帝國的各大城市裡都有了主教，在安提、君士坦丁堡、耶路撒冷、迦太基、羅馬、亞歷山大城港和雅典，他們都是掌管大權的人物，幾乎與行省的軍政總督同等重要。

當然，剛開始時，掌管耶穌當年曾經生活、受難、死去並廣受尊敬的那片地區的主教最受尊重。但在耶路撒冷被毀，期待世界末日和猶太復國的一代人不復存在以後，那位可憐的老主教在那片廢墟的宮殿裡被剝奪了原來的特權。

他作為虔誠信徒首領的位置自然而然地被那個「總監」頂替。「總監」住在文明世界的首都，守衛著西方大聖徒保羅和彼得當年殉教的地方，他便是羅馬大主教。

這個主教與其他主教一樣，也被稱作「神父」或「聖父」，這是對聖職人員最常見的稱呼，以表示對他們的熱愛和尊敬。在以後的數個世紀裡，「聖父」這個頭銜在人們心目中幾乎只與主教管區的首領相關聯。每當提到「聖父」，指的只是羅馬的大主教，即教皇，絕不會是君士坦丁堡的主教或迦太基的主教。這是一個完全自然的發展過程。就像我們在報紙上看到「總統（President）」一詞時，無需再加上「美國」一詞來做定語，因為我們知道這裡指的是政府首腦，而不是指賓夕法尼亞州鐵路局長、哈佛大學校長或國際聯盟主席。

「教皇」這個名字第一次出現在正式公文裡是二五八年。那時羅馬還是強盛帝國的首都，主教的勢力完全被皇帝們所壓制。但是在以後的三百年中，凱撒的繼任者們不斷受到內憂外患的威脅，使開始尋找更為安全的新家園。他們在國土的另一端找到了一座城市，這就是拜占庭。

它是因一個傳說中的英雄拜占斯而得名的，據說他曾經在特洛伊戰爭結束後不久從這裡登陸。拜占庭坐落在分割歐亞大陸的海峽之畔，地處黑海到地中海的商業要衝，控制著幾大城市，在商業上享有非常重要的地位，斯巴達人和雅典人曾經為了爭奪這個富足的要塞而拼個你死我活。

然而在亞歷山大城時代以前，拜占庭一直是獨立自主的。它落入馬其頓之手沒多久便被併入了羅馬帝國的版圖。

現在經過十個世紀的不斷積累，拜占庭被稱為「金角灣」的海港裡擠滿了來自上百個國家的船隻，因此它被選中做帝國的中心。

羅馬的居民被丟下，任憑哥德人、汪達爾人以及天知道還有哪些野蠻人肆意宰割。他們看到皇宮人去樓空，看到政府部門陸續搬遷到博斯普魯斯的海峽之濱，看到首都的居民竟要遵照千里之外制定的法律行事，於是他們感到世界的末日已經到來。

但歷史往往是此失彼得。皇帝們走了，留下的主教就成為城中最顯赫的人物，他們是榮耀王座上看得見摸得著的繼承人。

他們不遺餘力地利用這個獨立自主的大好機會。教會的聲望和影響吸引了義大利最博學的人，主教們又變成了精明的政治家。他們感到自己是某種永恆信念的代表，因此不用著急，而是徐徐圖之，敢於抓住機會。他們不像其他人因為操之過急的壓力而匆忙決斷，最後犯下大錯以失敗告終。

不過最重要的是，主教們只有一個目的，且始終如一，堅持不懈地向這個目標前進。他們的言行舉止和思想理念都是為了增加上帝的榮耀，加強上帝意志在凡間的代表——基督教的權力。

隨後一千年的歷史表明他們的奮鬥是有巨大成效的。

當時野蠻人的部落橫掃歐洲大陸，摧毀了一切，羅馬帝國的城牆紛紛倒塌，上千個像巴比倫平原那樣古老的機構如垃圾般被清理得一乾二淨，只有基督教堅如磐石，在各個時代，尤其是在中世紀時期，基督教巍然不動。

不管怎樣，最後終於取得了勝利，但也付出了慘重的代價。

基督教雖然出於馬廄，卻在宮殿中結束。它本是以一種抗議統治機制的形式起家，結果，自封為人與神之間連絡人的神父規勸普通人做到無條件地順從。基督教本來是一個變革性的組織，但經過不斷發展，在不到一百年的時間裡就成了一個新的超級神權政治集團。相比之下，古老的猶太國家，反而成了幸福快樂的人民居住的溫和自由的聯邦。

然而這一切卻又合乎邏輯，不可避免。讓我為大家細細道來。

大多數遊覽羅馬的人都要去競技場看看，在四面漏風的圍牆裡，人們可以看到一片空地，在這裡，數千名基督徒殉教倒下，成為羅馬不寬容的犧牲品。

雖然確有幾次對新宗教信徒迫害的事例，但這與宗教的不寬容無關。

迫害全是因為政治的不寬容。

基督徒作為宗教派別的成員，享有最廣泛的自由。

但基督徒公開宣佈自己由於宗教道德而拒絕服兵役，甚至受到外國侵略時還在家鼓吹和平主義，而且不分場合公開詆毀土地法。這樣的基督徒被看作是國家的敵人，受到了敵人才會遭受的懲罰。

基督徒按照自己覺得神聖的信條行事，但羅馬的司法系統很清楚他們這一套，基督徒極力解釋自己的道德法則，可法官大人卻迷惑不解，聽得糊裡糊塗。

羅馬的法官畢竟是凡人，他突然應召前去審判那些人，犯人陳述的道理在他看來卻只是瑣碎之事，讓他不知所措。豐富的經驗告訴他，不要捲入神學爭論的問題。他還記得許多皇帝詔令告誡官吏，在對付新教派時要懂得圓滑老練，於是他努力說理。但當全部爭論集中到原則問題的時候，訴諸邏輯就不起作用了。

最後，這位法官面臨抉擇，是放棄法律的尊嚴，還是堅持維護國家最高權力這種絕對不夠格的理由？不過，那些教徒堅信生命在死亡之後才開始，還為能離開這個邪惡世界去享受天國的快樂而興高采烈地歡呼，所以監獄和折磨對他們來說也算不了什麼。

於是政府和基督徒之間漫長、痛苦、斷斷續續的衝突爆發了。我們沒有官方的全部死亡人數資料。西元三世紀著名神父奧利金的一些親戚在亞歷山大城的一次迫害中被殺死了，按照他的說法，「為信念而死的真正基督徒的數目還是可以統計出來的。」

但是，在仔細研究早期聖徒的生平時，就會發現許多血淋淋的事件。我們不禁納悶，一個屢遭殘酷迫害的宗教是怎麼生存下來的？

不論我拿出多少資料，終究會有人指控我是有偏見的騙子。因此我要保留己見，讓讀者自己下結論。人們只要看一看德西烏斯皇帝（二四九—二五一）和瓦勒良皇帝（二五三—二六〇）的生平，便能比較清楚地看到迫害最殘酷時代的羅馬專制的真實特點。

另外，如果讀者還記得，就連馬可・奧理略皇帝這樣英明開放的君主尚且不得不承認自己在處理基督徒臣民的問題上並無成效，那麼羅馬帝國邊遠地區的無名小吏會面臨什麼樣的困難就可想而知了。本想盡忠職守的無名小吏們要麼對政府不忠，要麼就得處死自己的親朋好友，因為這些親朋好友違反了或不願意服從帝國政府為保障自己的權力基礎而制定的幾項簡單法令。

與此同時，基督徒並沒有被對異教臣民虛情假意的傷感拖住，而是繼續穩步擴大自己的影響。

四世紀後期，羅馬元老院裡的基督徒抱怨說異教偶像陰影傷害了他們的感情，請求格拉提安皇帝將勝利女神像搬走。於是，這座矗立在尤利烏斯・凱撒建立的宮殿裡長達四百年之久的神像被拆除了。幾名元老曾經表示反對，但無濟於事，那只會導致他們中的一些人遭到流放。

遠近聞名的忠誠愛國者敘馬庫斯撰寫了一封著名的信函，他在其中竭力建議採取折衷的選擇。

「為什麼？」他問道，「我們異教徒與基督徒鄰居不能和平相處？我們抬頭仰望的是同樣的星辰，走在同一塊土地上，同在一片蒼天之下。為了探求真理，每個人選擇自己的道路又有什麼關係？生存的奧妙非常深奧。要找到答案，通向答案的道路也不會只有一條。」

他並不是唯一認識到這個道理的人，也並非只有他看出古羅馬宗教開放政策的傳統正在受到威脅。在羅馬勝利女神像被拆除的同時，已經在拜占庭避難的兩個敵對基督教派之間爆發了激烈的爭執。這場爭執引起了一場以寬容為主題，世間聞所未聞的最為深奧的討論。哲學家忒彌修斯（Themistius）是這場討論的發起人，他依然忠於祖先信奉的神靈，但當瓦斯林皇帝在正統與非正統的基督徒論戰中偏袒其中一方時，忒彌修斯覺得自己必須提醒皇帝履行自己的真正職責。

忒彌修斯說：「有一片領域，任何統治者都不能在那裡施展權威，這就是美德之國——個人宗教信仰的領域。在這片領域內，強制只能在欺詐的基礎上產生虛偽和皈依。因此，統治者最好容忍各種信仰，因為只有寬容才能防止民眾之間的衝突。而且寬容是一種神聖之道，神本身已經明確表明容忍多種宗教的意願。只有神能夠辨明人類用來理解天道玄機的方法，神欣賞各種崇拜他的形式，他喜歡基督徒的形式，也喜歡希臘人和埃及人的其他形式。」

這的確是真知灼見，但別人充耳不聞。

古代世界連同其思想和理想一起死去，任何倒轉歷史時鐘的企圖都註定不會成功。生活意味著進步，而進步意味著磨難。社會的舊秩序正迅速瓦解，軍隊充斥著外國雇傭兵這樣的烏合之眾。邊遠省份發生公開叛亂，英格蘭及其他邊境地區早已落入野蠻人之手。

災難終於發生了，有才華的年輕人在過去的幾百年裡都在為國獻身，如今他們發現上升管道除了一條以外都被堵死，這條路就是加入教會。西班牙的基督教主教可以行使地方長官的權力，基督教中的作家只要全心全意地做神學研究，就能贏得廣泛的讀者，當上基督教的外交官，假如願意在君士坦丁堡的王宮中代表羅馬教皇發聲，或願意冒險深入高盧或斯堪地那維亞的腹地去贏得野蠻人首領的好感，他們就一定會平步青雲。最後，要是當了基督教的財務總管，就有希望掌管可以讓人大發橫財的產業，那些產業曾使拉特朗宮的主人成為義大利最大的地主和最富有的人家。

在過去的日子中，我們看到了本質上相同的情況，到一九一四年，野心勃勃、不靠體力勞動為生的歐洲青年人幾乎都進入政府部門供職，在不同的帝國和皇家陸軍與海軍中為官。他們供職於司法機構的關鍵部門或掌管財政，或在殖民地當幾年總督和軍事司令官。他們並不期望變得富有，但他們出任公職給他們帶來了極佳的聲譽，只要能發揮一定的聰明才智並做到勤勞誠實，就可以贏得美滿的生活，老有所成。

接著，戰爭爆發。它將社會中的封建殘餘一掃而光，下層階級掌握了政權。以前的一些官員已經年邁，難以改變一生的習慣，於是典當了自己的勳章離世而去。但絕大多數人都面對現實，他們從小接受教育，鄙視商人的職業。或許做生意為人所不齒，但人們總得在辦公室和破房子之間做出選擇。為了信念寧願餓肚皮的人相對來說總是少數。因而在大動亂後沒幾年，我們便發現大多數政府官員和軍官都在做十年前不願意碰的工作。此外，由於大多數人家世代都從事行政工作，習慣發號施令，因此在新的職業中總能發展得比較順利，比預想的更為幸福和富有。

經商在今天的情形正是一千六百年前教會繁榮昌盛的寫照。

這些年輕人會把自己的祖先追溯到赫拉克勒斯、羅慕路斯或特洛伊戰爭的英雄，要讓他們接受一個奴隸的兒子和一個普通牧師的教誨並非易事；但這個普通的牧師和奴隸的兒子卻給予這些把祖先追溯到赫拉克勒斯、羅慕路斯或特洛伊戰爭英雄的年輕人夢寐以求的東西。因此，如果雙方都夠聰明（也很可能是這樣），很快就會學會欣賞彼此的長處，各取所需。因為歷史有一條奇怪的法則——越容易變化的往往越一成不變。

有史以來有一條不可避免的規律，即小部分的聰明人來統治，大部分不太聰明的人去服從。兩類人在不同時代中分別有不同的名稱，一方代表力量和領導，另一方代表軟弱和服從，這就是帝國、教會、騎士制度、君主制度、民主制度、奴隸制度、農奴制度和無產階級。但是，駕馭人類發展的神秘法則無論是在莫斯科和倫敦還是在馬德里和華盛頓，都是一樣的，而且不受時間地點的限制。它常常以奇怪的形式或偽裝來體現自己的存在，它不止一次穿著卑賤的外衣，高喊自己對人類的愛、對上帝的忠以及自己希望給絕大多數人帶來最大幸福的願望。但是在美麗的外衣之下卻一直隱藏著原始法則的嚴酷真理——人的第一需求是生存。一些人對於人類出生在哺乳動物世界的事實感到惱怒。他們罵我們是「現實主義者」和「憤世嫉俗者」。他們總把歷史當作美好的神話，當他們發現歷史也是一門科學，要服從於支配宇宙的鐵律時，便大驚不已。他們也許還會反對平行線法則和乘法表的運用。

我奉勸他們還是遵從規律。

因為只有這樣，有朝一日歷史才能對人類有實際的價值，才能避免讓人們與那些歧視別的民族的人、不寬容別的部落的人和從愚弄大部分人中得利的人同流合污。

假如誰要是對此表示懷疑，就請看看我在前幾章中所寫的這幾個世紀以來的歷史事實吧。

再請他研究一下最初的四百年中基督教領導者的生平。

他肯定會發現，無一例外，這些人都出身於古老的異教徒階層，在希臘哲學家的學校求學，只是必須要選擇職業時才進入教會。當然其中有些人是受了新思想的吸引，誠心誠意地接受基督的聖言，但大多數人都改變了初衷，從追求現實世界的主人轉變為效忠天國統治者，是因為跟隨後者，發展的機會是無限大的。

基督教本身是英明而充滿智慧的，因而並不過多地探究新的信徒是出於什麼樣的動機突然皈依上帝，只是認真地滿足不同人的不同要求。有些人嚮往現實世界的生活，教會便提供機會讓他們在政商領域大顯身手。對於容易感情用事的人，教會會提供機會讓他們逃離擁擠不堪的城市，這樣他們便可以在寧靜中思考現世的罪惡，追尋那種實現靈魂永恆幸福所必須具備的個人聖潔。

這種信奉上帝與冥思沉想的生活一開始是很簡單的。

在教會創立最初的幾個世紀裡，只是對住在遠離權力中心的下層百姓有一些鬆散的約束。但當教會繼承了帝國的權力，成為世界的主宰，成為擁有大片遍及義大利、法國和非洲等地區的強大政治組織之後，這種隱居避世的生活機會便減少了。當所有真正的基督徒把時間花在行善和祈禱時，許多善男信女開始追憶「美好的過去」。為了追尋幸福，他們想人為地創造一些條件，再現歷史上自然發展的情況。

這場修道院式生活的運動起源於東方，它對以後幾千年的政治經濟產生了巨大的影響，為教會鎮壓不信教者或異教徒的戰爭提供了一支忠實可靠的突擊部隊。

這並不令我們感到驚詫。

靠近地中海東岸的國家擁有歷史悠久的文明，那裡的人民已經疲憊不堪。僅在埃及，自從尼羅河河谷第一批居民出現以來，就有十種不同文化此消彼長，循環往復，底格里斯河和幼發拉底河之間的富饒平原上情況也是這樣。生活的虛無和人類努力的徒勞都能在路旁成千上萬間廟宇和宮殿的廢墟中找到。歐洲年輕一代接受基督教，是因為它體現了他們對生活的希望，能重新煥發他們的精力和熱情。但埃及人和敘利亞人卻對自己的宗教生活有著迥然不同的看法。

對他們來說，宗教意味著擺脫現世生活詛咒的希望。因為他們懷著對死亡歡欣一刻的期望，逃離記憶中陰森的囚房，從而能躲進沙漠，只與悲傷和他們的天神做伴，將現實置之腦後。

出於某些奇怪的原因，改革似乎總是特別能吸引到軍人。他們比任何人都更為直接地接觸到文明的殘酷和恐怖。而且他們還懂得，沒有紀律便一事無成。在基督教戰爭中，為教會而戰的最偉大的勇士是查理五世大帝軍隊中的一名隊長，他第一個將精神上的迷途者組織成一個簡單團體，這位曾在君士坦丁皇帝麾下的軍隊中當過士兵的人名叫帕科謬，是埃及人。他服完兵役後加入了由一小撮隱士組成的小團體，

團體由一個叫安東尼的人領導。但隱居生活往往會產生各種各樣的思想矛盾，出現某些可悲的、過分虔誠的表現，比如爬到古老的石柱頂上或荒蕪的墳墓裡度日（這給異教徒徒增笑料，而真正的信仰者卻在承受痛苦），於是帕科謬決定為這個運動選擇一個更為現實的基礎，他成了宗教秩序最早的創始人。在那之後（四世紀中葉），隱士們居住在一起，都服從同一個領導人，並稱他為「最高統帥」，這位統帥可以任命不同修道院的院長，還將無數修道院稱為主的堡壘。

帕科謬死於三四六年。在此之前，他建立修道院的思想已經被亞歷山大時代的亞他那修斯主教從埃及帶到了羅馬。無數的人利用這個機會逃離塵世，遠離它的邪惡和步步緊逼的債主。

但是歐洲的氣候和民族的本性迫使創始人必須將原有的計畫稍做修改。在冰天雪地裡，饑寒交迫的滋味不像在尼羅河谷中那樣容易忍受。另外，西方人的思想很實際，神聖的東方理想表現出的骯髒污穢不但不會啟迪他們，反而受到了他們的極度鄙

視。

義大利人和法國人捫心自問，「教會早期盡心盡力做的善事有什麼結果？身體瘦弱的狂熱信徒在千里之外深山老林的潮濕帳篷裡禁欲苦行，難道寡婦、孤兒和病人就從中受益了嗎？」

因此，西方的思想沿著更加合理的思路，堅持要改革修道院體系，這次改革要歸功於住在亞平寧山脈的一位努爾西亞小鎮的人。他叫本尼迪克特（Benedict），人們稱其為聖本篤（Saint Benedict）。他的父母送他到羅馬求學，但這座城市讓他這個基督徒的內心充滿了恐懼，所以他逃到阿布魯齊山的蘇比亞克村，躲進了一座尼祿皇帝曾經住過的古老鄉間行宮裡。

他在那隱居了三年，他品德高尚的盛名傳遍了鄉間。願意接近他的人越來越多，多到足夠建立十幾座修道院。

本尼迪克特之後告別了地窖，成為歐洲修道制度的創始人。他首先起草了一部宗教法典，字裡行間流露出本尼迪克特的羅馬血統。發誓遵守他制定的院規的修道士不可能過上悠閒的生活，除去祈禱和深思之外，他們還要下地勞動。年紀太大不能幹農活的要教育年輕的修道十成為虔誠的基督徒，做有用的公民。他們在這項工作上幹得很出色，在將近一千年的時間裡，本尼迪克特的修道院在教育上獨樹一幟，在中世紀大部分時間裡，這些修道院都在教導傑出青年。

作為報酬，修道士們可以豐衣足食，擁有床鋪，在不幹活不祈禱時還能睡上兩三個小時。

但是從歷史的角度看，最為重要的是，修道士不能只是逃避塵世、為靈魂升天做準備的凡人，而是上帝的僕人。他們通過漫長而痛苦的修行，贏得了新的尊嚴，從而在傳播天國王朝的權力和榮耀中起到直接、積極的作用。

在歐洲異教徒中的初步傳教工作已經完成。不過為了不使聖徒們的工作成果化為烏有，傳教工作必須得到居民百姓和官員們的支持。於是修道士們扛著鐵鍬和斧頭，捧著禱告書，深入德國、斯堪地那維亞、俄羅斯和遙遠冰島的不毛之地，開始耕耘、收穫、佈道、辦學，第一次把文明的種子播撒到這些遙遠的土地上，在此之前，對大多數當地人來說文明只是道聽塗說。

教會的最高執行首腦羅馬教皇正是利用這種方法激發了人類的各種精神力量。

這位務實的教皇有機會展示自己的不同，就像那些夢想在寂靜的叢林中尋找幸福的人一樣。計畫不容失敗，努力也不能白費，結果教皇的權力迅速增長。很快，就連皇帝和國王如果不屈尊體察這些自稱為基督的臣民的意願，那王位也將不穩。

取得最後勝利的方法也很有意思，因為它表明基督教的勝利有其實際原因，絕不是（像一般人所認為的）宗教狂熱心血來潮的結果。

最後迫害基督徒的事件發生在戴克里先皇帝時代。

奇怪的是，在借近衛軍之力統治歐洲的眾多君主中，戴克里先並不是最壞的一個，可他卻和其他統治者受到了同樣的非難，儘管他可以說連最基礎的經濟常識都一竅不通。

戴克里先發現自己的帝國即將崩潰。他一生戎馬，因此認為帝國的致命弱點就在羅馬的軍事體制中，這個體制把守衛週邊地區的任務交給了佔領地的士兵，而這些士兵早已喪失鬥志，變成了悠閒自得的鄉巴佬，他們竟然將白菜和胡蘿蔔賣給那些應該被拒之於國門之外的野蠻人。

戴克里先要改變這種僵化的體制是不可能的，為解燃眉之急，他組建了一支新型的野戰部隊。這支軍隊由年輕機敏的戰士組成，一旦帝國有入侵者，他們便能在數周內開赴帝國的任何角落。

這是個絕妙的主意。但就像所有軍事上的好點子一樣需要龐大的開銷，這筆資金需通過賦稅，由國內的人民掏腰包。正如預料的一樣，這種做法引得群情激憤，人民高呼繼續繳稅就要囊空如洗。皇帝答覆說百姓們誤解了其意，並把只有劊子手才有的權力交給了收稅官，但是一切都無濟於事，因為臣民不再願意辛苦一年到頭來卻一無所獲，於是他們拋棄家園、家人和牲畜，紛紛湧到城裡或四處流浪。可皇帝陛下依然不肯罷休，又頒佈了一道用以解決困難的詔令，這表明古羅馬共和國完全墮落成東方的專制主義國家。他大筆一揮，就讓所有政府機構、手工業和商業成為了世襲職業，也就是說，官員之子不管是否願意都註定為官，麵包師之子即使有音樂或典當方面的才能也要繼承父業，水手之子就算在台伯河划船都暈船也註定一生漂泊海上。做苦力活的人雖然從技術上說是自由人，但被迫在出生地生老病死，一生不得出走他鄉，無異於普通的奴隸。

如果期望一個自信心極強的統治者能夠或者願意容忍只有一小部分人服從那些規

定和法令，那就大錯特錯了。但從戴克里先對基督徒施加的酷刑來看，他已經進退維谷，對數以百萬計的臣民的忠誠深表懷疑，認為這些人只知道在皇帝的庇護下紙醉金迷，不願意替國家分憂。

早期基督徒從未寫過什麼，他們期盼世界末日隨時降臨。因此，既然費時費錢的創作成果用不了十年就會被天火焚燒殆盡，為什麼還要浪費時間？但是天國的預言沒有兌現。耶穌的故事（經過一百年的耐心等待後）在不斷加工中口口相傳，也已經變得面目全非，虔誠的信徒無法辨別真偽，感到無所適從。這時，有關這一題材的權威性著作就有了出現的必要。一些耶穌的短篇傳記以及保存下來的使徒的信件原稿被綜合編纂成一卷，這就是《新約》。

書中有一章名為〈啟示錄〉，它記錄了建立在「七座山丘」之上一座城市的引證和預言。人們自從羅慕路斯時代就知道羅馬建立在山丘之中。這一奇怪章節的匿名作者小心謹慎地把這座城市稱為他憎惡的巴比倫，但帝國官員毫不費力就弄清楚了它到底指的是哪裡。書中把那座城市說成是「妓女之母」和「世間萬惡之地」，這座城飽浸著聖人和殉難者的鮮血，是各種惡魔和邪靈的棲身之地，是一切骯髒可憎鳥類的巢穴。

書裡還有許許多多諸如此類的不敬之詞。

這些言論可以被解釋為一個可憐的狂熱者的瘋話，他想起了五十年來死難的許多朋友，因此感到痛惜和憤怒。但宣讀這些內容是教堂莊嚴禮拜式的一部分，要每週在基督徒聚會之地傳誦，旁觀者自然會認為，它表達了所有基督徒對台伯河畔那座強大城市的真情實感。我並不是說基督徒產生這樣的情感是沒有道理的，但我們也不能因為戴克里先沒有產生這種情感而怪他。

然而事情不只是如此。

羅馬人對一個之前聞所未聞的概念日趨熟悉起來，這就是「異教徒」。「異教徒」最早只是指那些選擇相信某些教義的人，或像我們所說的「教派」。但之後這個詞的含義逐漸縮小，專指那些不信仰由基督教權威制定的「正確的、合理的、真實的、正統的」教義的人，用聖徒的話說，這些人就是「異端的、謬誤的、虛假的和永遠錯誤」的人。

仍然有一些堅持舊有信仰的羅馬人可以免遭異端邪說的指責，因為他們仍然是基督教的局外人，而且嚴格地說，他們也不能解釋自己的觀點。同樣，《新約》中的一些話也有傷皇帝的尊嚴，比如「異端邪說是可怕的惡魔，就像通姦、猥褻、淫蕩、偶像崇拜、巫術、憤怒、爭鬥、兇殺、叛亂、酗酒」。諸如此類的還有一些，為了顯得體面，我在此就不再贅述。

所有這些導致了衝突和誤解，而衝突和誤解又引發了迫害。羅馬監獄裡再次擠滿了基督徒犯人，羅馬劊子手使基督徒殉難者的數目大大增加了，結果血流成河卻無濟於事。最後戴克里先極度絕望，放棄了統治，回到達爾馬提亞馬海岸薩羅納的家鄉，專心致志開始了更有趣的消遣——在他的後院種大白菜。

他的繼任者沒有繼續鎮壓。相反，他看到既然通過武力不能剷除基督教，便決定做一次不光彩的交易，想通過收買來贏得敵人的好感。

西元三一三年，君士坦丁大帝首次正式承認了基督教。

有朝一日，如果我們組建一個「修史專家國際委員會」，凡是皇帝、國王、總統、教皇、市長等頭銜中有「大」字稱號的，都要進行審查。那麼這些名單中需要受到仔細審查的一位就是上面所提及的君士坦丁大帝。

這個粗野的塞爾維亞人在歐洲各個戰場上揮舞長矛，從英格蘭的約克一路打到博斯普魯斯海峽邊的拜占庭。他殺死了自己的妻子、姐夫、七歲的侄子和一些地位低微的親戚。然而就在他與其大敵馬克森提烏斯驚慌失措地對陣時，為了獲得基督徒的支持，他大加許願，反而贏得了「摩西第二」的美名，亞美尼亞和俄羅斯教會都推舉他為聖人。無論是在世還是死去，他都是個野蠻人，雖然表面上接受了基督教，但他至死還在用蒸祭羊內臟的方法卜測未來。然而這些都被忘卻，只是因為這位皇帝頒佈過著名的《寬容赦令》，用以保證他可愛的基督徒臣民能「自由表達思想和不受干擾地在其教堂聚會」。

我在前面已經講過，四世紀上半葉，基督教的領袖都是崇尚實用的政治家，他們終於迫使君士坦丁皇帝簽署了這份永世值得紀念的法令，使基督教從一個小教派一躍升為正式的國教。不過，他們知道成功是以何種方式取得的，君士坦丁的繼任者也一清二楚，雖然他們費盡口舌想掩蓋這些事實，但依然無法瞞天過海。

「交給我吧，偉大的統治者！」內斯特大主教對狄奧多西皇帝說道，「把基督徒的全部敵人都交給我吧，我將還您以天堂。與我一道將反對我們教義的人打倒；我們也將與您一同消滅您的敵人。」

在過去兩千年的歷史中，還有過其他交易。

但是在歷史上，像基督教這樣為了獲得權力而進行如此厚顏無恥的妥協，還是寥無幾的。

第五章　禁錮

古代皇帝世界的帷幕即將最後一次落下，有一個人物出現在歷史舞臺上，只可惜他過早地離世，但他無愧於「聖徒」的稱號。

我講的是朱利安皇帝，君士坦丁的侄子。西元三三一年，他出生於帝國的新首都。西元三三七年，他聲名顯赫的叔叔去世，三個兒子立刻如狼似虎般撲向遺產。

為了不讓其他人分到產業，他們下令將住在城裡和附近的所有皇親斬盡殺絕。朱利安的父親就慘遭毒手，他的母親生下他之後沒幾年便去世了，他六歲就成了孤兒。一個體弱多病的同父異母哥哥分擔了他的寂寞，兩人一起讀書，學的內容大部分都是關於基督教的信仰，講課的是個和藹可親但又庸庸碌碌的老主教，名叫優西比烏。

孩子們長大以後，大家覺得最好把他們送得遠一些，以免太惹人注目，重蹈拜占庭小王子們的覆轍。兩個青年被送到小亞細亞腹地的一個小村莊。儘管那裡的生活索然無味，但朱利安有機會學到很多有用的東西，因為他的鄰居都是卡帕多細亞樸實的山裡人，仍在信仰祖先流傳下來的神靈。

朱利安在那裡根本沒有可能掌管什麼要職。當他要求專心學習時，得到了批准。他首先來到尼科米迪亞，這裡依然是屈指可數還在繼續教授古希臘哲學的地方之一。他的腦子裡裝滿了文學和科學，從優西比烏那兒學來的東西都被擠了出去。接著，他被獲准去雅典，在蘇格拉底、柏拉圖和亞里斯多德待過的聖地學習。

與此同時，他同父異母的哥哥被人暗殺。他的堂兄，君士坦丁唯一在世的兒子君士坦丁二世，想起來自己和堂弟，那個小哲學家，才是皇室中最後倖存的兩個男性成員，便親切地召他回來，還讓他娶了自己的妹妹海倫娜，並命令他任總司令去高盧抵禦進犯的野蠻人。

看來朱利安從希臘老師那兒學到了比嚼舌鬥口更為有用的東西。西元三五七年，阿勒曼尼人威脅法國，朱利安在斯特拉斯堡附近打垮了他們的大軍。他還巧用計謀，把馬士河和萊茵河納入了自己的控制範圍。然後他住到巴黎，把自己喜愛的作家的書裝滿了圖書室，儘管他平時十分嚴肅，但這次卻也不禁喜形於色。

勝利的消息傳來，皇帝卻沒有點燃慶祝的火焰。相反，皇帝正在精心策劃，要除掉這個過於成功的對手。

但朱利安在士兵中威望很高，他們一聽到總司令要被召回（一種客氣的邀請，回去就會人頭落地），便闖入他的宮殿，擁戴他為皇帝，同時還放話說，如果朱利安拒不接受，就殺死他。

朱利安非常聰明，他欣然同意了。

那時候，通往羅馬的道路仍處在相當嚴密的封鎖之中。朱利安以迅雷不及掩耳之勢搶先將部隊從法國中部開到博斯普魯斯海岸。但他還沒到達首都，就聽說他的堂兄君士坦丁二世已經死了。

就這樣，異教徒又成為西方世界的統治者。

朱利安要做的事情當然不可能實現，奇怪的是，這位絕頂聰明的人竟然相信過去死了的東西可以借某種力量復活，伯里克利的時代可以重現，只要按原樣重建衛城，讓廢棄的學園樹林裡重新住人，教授們穿上過時的寬大外袍彼此用五世紀前就已消失的語言交談，就可以再現昔日的風采。

而這些正是朱利安努力要實現的。

他在短暫執政的兩年裡，致力於恢復當時大多數人都蔑視的古老科學，想重新探索目不識丁的修道士所統治的世界，那些修道士認為一切值得瞭解的東西都包含在一本書裡，獨立的研究和調查只會讓人喪失信仰，引來地獄之火燒身；朱利安還想讓熱愛生活的人恢復以往的快樂。

朱利安陷入四面為敵的境地，即使比他更堅強的人也會被反對之聲搞得徹夜不安、極度絕望。至於朱利安，他簡直被弄得暈頭轉向，有一段時間，他還固守偉大祖先的真知灼見。安提阿的基督平民向他丟石塊和泥土，可是他卻不肯懲罰這座城市。頭腦愚笨的修道士們想激怒他，重演之前的迫害悲劇，而這位皇帝卻堅持告誡手下的官員：「不要犧牲任何人。」

西元三六三年，一支仁慈的波斯之箭結束了他奇異的生涯。

對於這位最後的也是最偉大的異教徒統治者來說，這是再好不過的結局了。

假如他活得再長一些，他的寬容意識和對愚蠢行為的憎惡反而會讓他變成當時最不寬容的人。他在醫院的病床上能坦然回憶起在他統治期間沒有人因為與他見解不同而被處死。可他的基督臣民以不滅的仇恨報答了他的仁慈。他們大肆宣揚是皇帝自己的士兵(基督徒軍團的一名士兵)射死了他，還精心譜寫了頌詞來歌頌兇手。他們四處謠傳，朱利安死前是如何承認自己做法的錯誤，並承認了基督的權力。為了誹謗這位一生過著儉樸生活、全心全意為自己的臣民謀取幸福的正直人物的名聲，他們絞盡腦汁，把四世紀流行的貶義形容詞都用上了。

朱利安被埋葬，基督教的主教們終於可以自詡為帝國名符其實的統治者。他們立即開始摧毀歐洲、亞洲和非洲各個角落的一切反對勢力。

從三六四年到三七八年，是瓦倫提尼安一世和瓦倫斯兄弟執政時期，他們通過了一項法令，禁止任何羅馬人用牲畜祭祀舊神。異教教士的收入就此被剝奪，他們被迫另謀生路。

與狄奧多西皇帝頒佈的法律相比，這些法令並不算嚴厲。狄奧多西皇帝的法律規定，所有人不僅要接受基督教義，而且還必須接受「天主教」規定的方式；他讓自己成為天主教的庇護者，讓天主教壟斷了人們的精神世界。

法律頒佈以後，所有堅持「錯誤觀點」的人，所有堅信「愚蠢異教」的人，所有繼續忠於「可恥教義」的人，全都會因不服從法律而自食其果，被流放或處以極刑。

自此以後，舊世界迅速走向最後的滅亡。在義大利、高盧、西班牙和英格蘭，異教徒的廟宇幾乎蕩然無存，不是被拆去建造新的橋樑、街道、城牆和瞭望塔，就是被改造為基督徒聚會的會場。成千上萬座從共和國建立時就積累的金製和銀製神像被沒收或盜走，最後，所剩無幾的殘存也被打成灰漿。

希臘人、羅馬人和埃及人六個多世紀以來所尊崇的亞歷山大城港的塞拉比尤姆廟被夷為平地。但從亞歷山大城創建之初就聞名於世的大學依然保留，繼續傳授和解釋古代哲學，地中海地區各地的學生聞風而至。亞歷山大城港大主教下令不讓這所大學關閉，但教區的修道士我行我素。他們闖入教堂，將柏拉圖學派的最後一位教師希帕提婭私自處死，還把碎屍扔去街頭喂狗。

羅馬的情況更加糟糕。

朱比特的廟宇被關閉，古羅馬信仰的經典《古羅馬神言集》被付之一炬。首都成了一片廢墟。

在高盧，著名的圖爾主教當權，所有舊天神被宣佈是基督教義中魔鬼的前身，於是所有廟宇都被剷除。

在偏遠地區，有時農民會起來保衛自己心愛的廟宇，於是軍隊被調來，用斧頭和絞架平定了「撒旦的叛亂」。

在希臘，破壞進行得要慢一些，但是到了三九四年，奧林匹克運動會最終被禁止。隨著奧林匹克這一希臘國家生活的中心（長達一千一百七十年從無間斷過）被終止，其他活動也被禁止。哲學家都被逐出國境，最後查士丁尼皇帝一道命令便關閉了雅典大學，沒收了大學的資金。最後的七位教授丟了工作，逃到波斯。霍斯勞國王友好地接待了他們，允許他們安度晚年，玩新奇的印度「象棋」遊戲。

到了五世紀上半葉，聖人約翰一世（Chrysostomus）教宣佈古代作者和哲學家的書已經在世上消失，這話毫不誇張。西塞羅、蘇格拉底、維吉爾與荷馬（更不用提被所有虔誠的基督徒恨之入骨的數學家、天文學家和醫學家）統統被遺忘在無數閣樓和地窖裡。六百年後先賢的著作才得以重見光明，在這以前，人們只能如履薄冰地對待文學藝術，聽任神學的擺佈。

這就像一份奇怪的節食計畫，按醫學的術語來說，這種做法不偏食。

基督教會雖然戰勝了異教徒，卻陷入了一系列嚴重的困境。在高盧和路西塔尼亞，大聲疾呼要為自己古老的神靈燒香祭祀的貧苦農民很容易被鎮壓。他們是異教徒，律法站在基督徒這邊。但東哥德人、阿勒曼尼人或倫巴底人宣稱亞歷山大港的教士阿里烏所描繪的基督的真實面目是準確的，而在同一城市裡的死對頭（反之亦然）亞他那修則是錯誤的，東哥德人或法蘭克人堅決認為基督與上帝「本質上並非一樣，只是本質上相像而已」，汪達爾人或撒克遜人認為內斯特所說的聖母瑪利亞只是「基督的母親」而不是「上帝的母親」是真理，勃艮第人和弗里斯蘭人否認耶穌具有二重性，即半人半神。這些四肢發達頭腦簡單的野蠻人雖然接受了基督教義，但不幸都誤入歧途。不過他們還是教會忠實的朋友和支持者，不能按照一般的戒律進行懲罰，也不能用不滅的地獄之火嚇唬他們。他們必須好言相勸，指出錯誤，讓這些人回到具有仁愛和獻身精神的信徒隊伍裡。必須優先有明確的教旨，讓他們懂得要堅持正確的，反對錯誤的，這樣才能解決問題。

人們要求統一各種有關信仰的說法，這便引出了著名的集會——「大公會議」。自從四世紀中葉以來，這一集會就不定期地召開，決定哪些教義正確，哪些教義有異端邪說的跡象，應該被斷定為錯誤、謬論和異端。

集會的第一次會議，於西元三二五年在離特洛伊遺址不遠的尼西亞召開，五十六年後，在君士坦丁堡舉行了第二次會議，第三次於西元四三一年在以弗所召開。之後，在迦克墩連續召開了幾次會議，在君士坦丁堡開了兩次，在尼西亞開了一次，最後一次於西元八六九年又在君士坦丁堡召開。

從那以後，會議便在羅馬或教皇指定的西歐任意一個城市舉行，因為在四世紀，雖然皇帝有召集會議的權力（這一特權也迫使他為忠誠的主教提供路費），可是大權在握的羅馬主教提出的建議卻必須得到高度重視，人們已經接受這一現實。我們無從得知第一次尼西亞大公會議是誰主持的，但以後的會議都由教皇主持，聖會的決定只有得到教皇或他的代表的批准才有效，否則就沒有效力。

現在我們告別君士坦丁堡，到西部更宜人的地區看看。

寬容與不寬容之間的鬥爭此起彼伏，一方將寬容視為人類的最高美德，另一方卻詆毀它，說它是道德敗壞的產物。我並不想從理論角度對這個問題多加闡述。不過必須承認，教會的擁護者在為殘酷鎮壓異教徒辯解時講得頭頭是道。

他們辯解說：「教會和其他組織一樣，就像一座村莊、一個部落和一座要塞，必須有一位總指揮，有一套明確的法規和細則，所有成員都必須遵守。因此凡是發誓效忠教會的人也要默默地宣誓尊敬總指揮，服從法規。如果做不到，就得按照自己做的決定承擔後果，滾出教會。」

迄今為止，這些都是合情合理的。

今天，假如牧師不再信仰浸禮會教派的教義，可以改信衛理公會教派；如果因為某種原因，這位牧師不再信仰衛理公會教派的教旨，還可以轉到一位論派、天主教派或猶太教，也可以信仰印度教或伊斯蘭教。世界之大，任人選擇，除了饑餓的家人外，沒有人有權利說「不行」。

但這是一個有輪船、火車和充滿經濟機遇的時代。

五世紀的世界卻並非這麼簡單，羅馬主教的影響無處不在。當然，人們可以像其他異教徒一樣去波斯或印度，但旅程遙遠，很難生還，而且還意味著永遠骨肉分離。

既然人們認為自己對基督的理解是正確的，那要說服教會修改教旨就只是時間問題，為什麼還要放棄信仰自由的權利？

這正是癥結所在。

早期的基督徒，不管是虔誠的還是異端的，都認為思想的價值是相對的，不是絕對的。

博學的神學家們力圖闡釋無法解釋的事情，把上帝的本質歸納成公式，這就像數學家們無法在X絕對值上達成一致而把對方送上絞架一樣荒唐透頂。

自詡正確和不寬容的風氣完全統治了整個世界，直到最近，在「人不可能分辨對錯」的基礎上宣導寬容的人，在提出自己的主張時還是要冒生命危險，於是他們只能小心翼翼地把自己的主張隱藏在拉丁文裡，能理解其中含義的最聰明的讀者則是寥寥無幾。

第六章　生活的純潔

這裡講一道並非節外生枝的小數學題。

拿一根細繩，繞成圈，如圖一：

圓圈中各條直徑當然相等。

AB＝CD＝EF＝GH，以此類推。

但假如稍微拉一下繩子兩邊，圓圈就變成了橢圓形，完美的平衡被破壞，各條直徑不再相等。幾條像AB和EF的線段大大縮短，而其他線的直徑，尤其是CD卻變長（圖二）。

現在把這道數學題放到歷史上。為了方便說明，我們先假定：

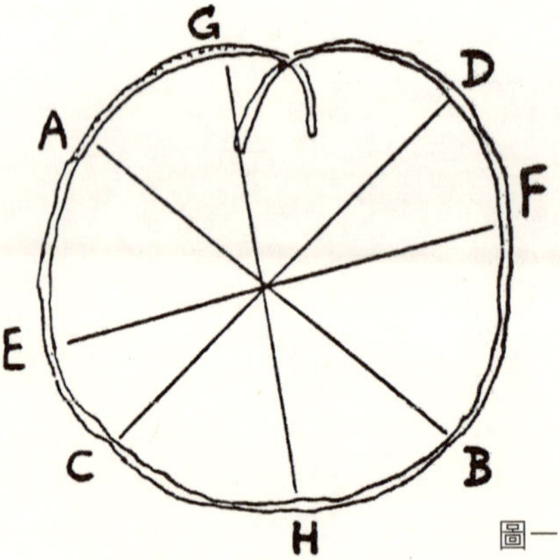

圖一

AB代表政治

CD代表商業

EF代表藝術

GH代表軍事

圖一是完美的平衡，各條線長短一致，對政治、商業、藝術和軍事一視同仁。

但是圖二（它不再是圓）中，商業得到了特別的優待，代價是政治和藝術幾乎完全消失，而軍事有所收穫。

或者使GH（軍事）成為最長的直徑，而其他的都將近消失（圖三）。

你會發現這是解決眾多歷史問題的鑰匙。

試一下希臘這把鎖。

希臘人在短時間內還能夠保持各行各業在圓圈中的完美平衡。但不同政黨之間愚

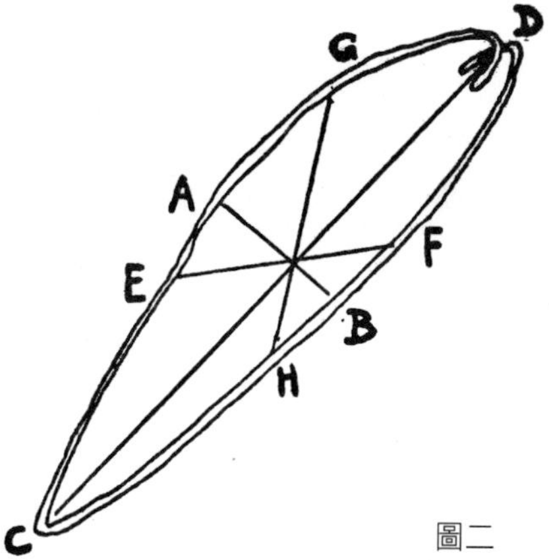

圖二

蠢的爭吵很快導致圓圈失衡，無休止的內戰耗盡了國力。士兵們不再保衛國家，抵禦侵略。他們奉命向自己的同胞使用武力，因為這些人投票選了另一個候選人，或者認為應該稍微修改一下稅法。

商業是這類圓圈中最重要的直徑，起初難以維繫，最後完全走投無路，於是轉移到世界其他生意還比較穩定的地方。

貧窮從前門進城，藝術從後門出走，一去不返。資本乘坐方圓百里內最快的船逃之夭夭。隨著追求知識變得代價高昂，好學校無法維持運作，最優秀的教師匆忙奔往羅馬和亞歷山大城。

剩下的都是按傳統方式生活的二等公民。

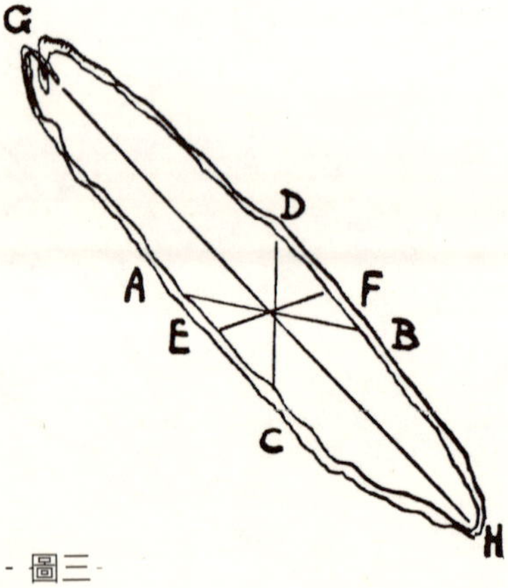

- 圖三 -

這都是因為政治的線段長得超出了比例，完美而平衡的圓遭到破壞，其他線段

——藝術、科學、哲學等不復存在。

如果用圓的這種解釋辦法來解釋羅馬，你就會發現，那條叫「政治權力」的特殊線段不停地增長，直到其他線段被排擠掉，象徵共和國榮耀的圓就消失了。只剩下一條細細的直線，這就是從成功到失敗的最短距離。

再比如，如果你把中世紀教會的歷史分解成這種數學題，就會發現下面的情況。最早的基督徒曾經極力保持行為圓圈的完美。也許他們忽略了科學的直徑，不過因為他們對這個世界的生活不感興趣，也就不必期望他們會重視醫藥、物理或天文學。他們只想為最後的審判日做準備，這個世界在他們看來，僅僅是通往天堂的前廳，科學對他們的吸引力自然不大。

但基督其他虔誠的追隨者想方設法（儘管並不完備）要過好日子，他們努力做到勤奮刻苦、慈善寬厚、誠實正直。

但是，一旦眾多小社團結成一個強大的組織，新的世界性責任和義務便會無情地干擾精神圓圈原來的完美。對於半饑半飽的木匠和採石工人來說，要遵守建築在貧窮和無私原則上的信條還很容易。可是羅馬帝國的繼承人、西方世界的教皇和整個歐洲大陸最富有的財主卻不能像波美拉尼亞或西班牙城鎮的小小執事那樣過儉樸的生活。

用這一章「圓」的術語講，代表「世俗」和「對外政策」的直徑變得太長，結果使得代表「謙卑」「貧窮」「自我否定」以及其他基督教基本美德的直徑長度縮得微乎其微。

我們在談論中世紀的愚昧時總是帶著同情，知道他們生活在一片黑暗之中。的確，他們在教堂裡點蠟燭，在搖曳不定的燭光下休息，幾乎沒有幾本書，連許多在如今小學和較高級精神病院裡講授的東西都一無所知。當然，知識和智慧不是一回事，這些優秀的公民都很聰明，建立了我們現在仍然沿用的政治結構和社會結構。

在很長一段時間裡，他們面對基督教會的胡作非為顯然束手無策，我們還是留點情面評價他們吧。他們至少堅定自己的信念，與他們認為錯誤的東西鬥爭到底，把個人幸福和舒適置之度外，還常常在斷頭臺上了結自己的一生。

我們知道的只有這些。

確實，在前一千年中，為自己的思想而犧牲的人相對很少。但這並不是因為基督教對異教的反感不如後來那麼強烈，而是因為它有更重要的事情，無暇顧及相對無害的異議者。

首先，在歐洲許多地方，奧丁神和其他異教神仍然具有最高的統治地位。

其次，發生了一件很不妙的事，幾乎使整個歐洲陷於毀滅。

這件「不妙的事」是一個名叫穆罕默德的新先知突然出現，真主「阿拉」的追隨者們征服了西亞和北非。

我們孩提時讀到的文學充滿了「異教狗」和土耳其人的暴行，這很容易就給我們留下印象，覺得耶穌和穆罕默德各自代表的思想水火不相容。

但事實上，他們倆是同一種族，說同一語系的方言，都奉亞伯拉罕為先祖，都可以追溯到一千年前波斯灣畔的同一個祖籍。

兩位大師的門徒們雖然是近親，卻又相互惡毒地挖苦，爭鬥了一千二百多年，直到現在還未平息。

現在再推測當時可能發生的事情毫無意義，但羅馬的頭號敵人麥加的確差一點接受了基督教信仰。

阿拉伯人像所有的沙漠居民一樣，大部分時間都在放牧，因此有充裕時間沉思默禱。城裡人陶醉於四季不斷的鄉鎮市集的樂趣中，而牧民、漁民和農夫卻過著孤寂的生活，需要一種比喧囂和刺激更實際的東西。

阿拉伯人為了尋找救世主，還嘗試過好幾種宗教，但他們明顯偏愛猶太教。原因很簡單，因為阿拉伯曾經全是猶太人。西元前十世紀，所羅門國王的大批臣民被沉重的賦稅和統治者的暴政逼往阿拉伯。五百年後，西元前五八六年，尼布甲尼撒征服了猶太人，大批猶太人再次逃亡到南部的沙漠。

猶太教由此傳播開來，而且猶太人只追求唯一真神，這與阿拉伯部落的志向和理想完全一致。

只要讀過穆罕默德著作的人都知道麥地尼特（Medinite）從《舊約》中借用了大量的哲理。

以實瑪利（與母親夏甲一起埋葬在阿拉伯中部猶太神殿中的至聖所）的後裔並不敵視拿撒勒年輕改革者的思想。相反，耶穌傳道說只有一個上帝，是所有人的慈父，他們也急不可耐地接受了。他們不願意接受拿撒勒木匠的門徒們大肆宣講的奇蹟。至於復活，他們一概不信。不過，他們對待新信仰非常友善，也願意給它一席之地。

但穆罕默德遇到了一夥狂熱的基督徒，吃了不少苦頭。這夥人缺乏明辨是非的能力，沒等穆罕穆德開口就斥責他是騙子，是偽先知。這件事情迅速地廣為流傳，認為基督徒信仰三個偶像而不是一個上帝的說法終於讓沙漠居民對基督教嗤之以鼻，他們宣佈自己熱愛麥迪那的牧駝人，因為他說只有一個神，而不是一會兒合為一個上帝，一會兒又分為三個神，到底是幾個神全憑當時的情形和主持牧師的興趣來定。

這樣，西方世界便有了兩種宗教，都說自己信奉的是唯一真正的神，而把其他神貶為騙子。

這些觀點上的衝突很容易引起戰爭。

西元六三二年，穆罕默德去世。

在不到十二年的時間裡，巴勒斯坦、敘利亞、波斯和埃及相繼被征服，大馬士革成為大阿拉伯帝國的首都。

到西元六五六年底，北非沿海國家都把阿拉視為天國的統治者。穆罕默德從麥加逃到麥迪那後不到一個世紀，地中海變成了穆斯林的一個湖，歐亞之間的一切交往都被切斷，歐洲陷入包圍之中，直到十七世紀末。

在當時這種環境中，基督教無法把教義傳往東方。它能做到的只是保住已經擁有的地方，德國、巴爾幹各國、俄國、丹麥、瑞典、挪威、波希米亞和匈牙利被當成深度精神開發的沃土，而且總的說來，基督教大獲成功。偶爾也有像查理曼那樣桀驁難馴的基督徒，他本意雖好，就是不夠文明，屠殺了熱愛自己的神而擯棄外來神的異教徒。但基督傳教士逐漸受到歡迎，因為他們誠實正直，宣講的東西簡明易懂，為這個血腥、爭鬥和殺人越貨的世界帶來了秩序、整潔和仁慈。

基督教前線捷報頻傳，但是教會帝國中心卻禍起蕭牆。(用本章開始的數學術語來說)世俗的線段不斷加長，最後教會的精神完全屈從於政治和經濟思想；儘管羅馬的權力日益擴大，對以後一千二百年的發展有舉足輕重的影響，但土崩瓦解的跡象已經顯露，普通人和教士中更聰明的那些人看到了這一點。

現在北方的新教徒認為教會是一座建築物，七天中有六天空無一人，每個星期日人們才去聽佈道和唱讚美詩。我們知道，一些教堂裡有主教，他們偶爾在城裡開會，那時我們周圍會有一群和藹的年長紳士，他們的衣領翻到後面。我們從報紙上得知他們支持跳舞或反對離婚，他們回到家裡，社區的生活依然保持平靜和幸福，不曾被干擾。

我們現在極少把這種教會（即使恰好就是我們的教會）與我們生死相關的所有經歷聯繫在一起。

二十世紀初的政府當然完全不同，它可以拿走我們的錢，如果覺得社會需要，還可以殺死我們。政府是我們的所有者，是我們的主人，但現在所謂的「教會」卻是我們可信賴的好朋友，縱使與它發生爭執也無關緊要。

但在中世紀，情況迥然不同。那時，教會是一個看得見摸得著、非常活躍的組織，它呼吸著，存在著，用各種政府做夢也想不到的方法決定著人們的命運。接受慷慨王儲饋贈的土地、放棄古老清貧理想的第一批教皇，很可能沒有預見這樣的政策會導致什麼樣的結果。最初，基督忠誠的追隨者向聖徒彼得的繼任者贈送了一點世俗的禮物，看似有益無害、合情合理。但仔細一想，從約翰奧格羅英（英國）到特拉比松（土耳其），從迦太基（北非）到烏普薩沙（瑞典），到處都有複雜的監督管理體制，有成千上萬的秘書、書記員和抄寫員，再加上各個部門數以百計的大小頭目，他們都要住房、穿衣、吃飯。還有穿越整個大陸的信使的費用，今天去倫敦、明天去諾夫哥羅德（俄羅斯）的外交使臣的差旅費，還有為了讓教皇的信使與世俗王儲在一起時衣著搭配所需要的服裝費。這些費用加起來可是天文數字。

同樣，回顧一下教會本來代表的是什麼，思考一下在更有利的環境之中，會出現什麼情況，這種發展似乎是一種極大的遺憾。羅馬很快發展成了一個略帶宗教色彩的超級大國，教皇儼然成了世界的獨裁者，控制著西歐各國。與他相比，古代皇帝的統治反倒顯得溫和大度了。

然而就在教會所向披靡之際，出了一些事情，遏制了基督教統治世界的野心。主的真正精神又一次激發了民眾，這對於任何宗教組織都是極為不利的事情。異教徒已經普遍存在。

自從出現了可能引起人們反對的單一信仰統治，也就有了擁有不同信仰的人。爭執與基督教差不多一樣古老。這種統治使歐洲、非洲和西亞在數百年內一度針鋒相對，互為敵人。

不過，關於多納徒派、撒伯流主義、基督一性論、摩尼教和景教之間血腥的爭鬥，本書不再贅述。一般來講，各個教派都是心胸狹窄的，就像阿瑞斯的門徒與雅典娜的信徒都不寬容，並沒有什麼區別。

另外，這些爭執總是圍繞著神學中某些模糊不清的觀點，現在都已經逐漸被遺忘，我不願意把這些東西再從墳墓中挖出來，在這本書裡浪費時間再次引發神學的戰爭沒有任何意義。我寫下這些，是想告訴子孫後代，有些祖先冒著生命危險，為了知識自由的理想而奮鬥，並告誡他們要警惕導致重大災難的教條式的傲慢態度和獨斷專行，不要重蹈覆轍。

可是到了十三世紀，情況迥然不同。異教徒不再只是持異見的反對者，不再只為錯譯了〈啟示錄〉中個別模棱兩可的詞句或拼錯了〈聖約翰福音〉中的一個詞而爭論不休。異教徒成了戰士，捍衛提比略在位期間、拿撒勒村莊中的一位木匠為之而死的理想。看啊！他的立場表明他儼然是唯一真正的基督徒。

第七章　宗教法庭

西元一一九八年，塞格尼伯爵洛太里奧在他在位沒幾年的叔叔保羅去世之後，繼承了教皇的寶座，這就是教皇英諾森三世。

他曾是居住在拉特蘭宮中最顯赫的人物之一。他即位時三十七歲，是巴黎大學和布洛涅大學的優等生，富有、聰明、精力充沛。他雄心勃勃，善於使用權力，可以無愧地宣稱自己「不僅管理了教會，而且還統治了整個世界」。

他把駐羅馬的德國總督趕走，讓義大利免受德國的干預。再次征服了由德意志軍隊控制的巴爾幹半島，最後把皇位繼承人逐出教會，讓那個可憐的王子身陷困境不能自拔，完全放棄了阿爾卑斯山東面的領地。如此，使義大利從德國的控制中解脫了出來。

他組織了聞名世界的第四次十字軍東征，不過從未到過「聖地」，而是去了君士坦丁堡，殺害了城裡的大批居民，把城裡的財富劫掠一空；這種行徑令人髮指，後來希臘港口的十字軍士兵個個提心吊膽，生怕被當作歹徒絞死。英諾森三世曾表示不贊同這種讓一些德高望重的基督徒心灰意冷的殘暴行徑。不過他是個務實的人，很快接受現實。他任命一個威尼斯人去當君士坦丁堡的主教，這聰明的一招使東正教又一次落入羅馬的控制之中，同時又贏得了威尼斯共和國的好感，從此，威尼斯共和國把拜占庭看成是自己的東方殖民地，隨心所欲地對其發號施令。

在宗教事務方面，教皇也是個造詣深厚、左右逢源的人物。

教會經過近一千年的躊躇，終於下定決心，認為婚姻不只是男女之間的民事契約，而應是一樁神聖的事情，只有被神父當眾祝福後才生效。法國的菲利普·奧古斯特和萊昂（位於今西班牙）的阿方索四世曾想按照自己的好惡治理國家，但很快就被教皇警告，說應該記住自己的職責，由於他們一生小心謹慎，便立即遵從了教皇的旨意。

甚至在北方，雖然基督教剛剛傳入，人們也清楚到底誰是真正的主人。哈康四世國王（他的同夥海盜們習慣稱他為「老哈康」）剛剛征服了一個小帝國，這個帝國除了他所在的挪威外，還包括蘇格蘭的一部分、整個冰島、格陵蘭島、奧克尼群島和赫布里底群島等。但他在特隆赫姆（挪威港口城市）古老的天主教堂中加冕之前，也必須向羅馬法庭清楚地陳述自己複雜的身世。

教會的勢力就這樣日益根深蒂固。

保加利亞國王一味屠殺希臘戰俘，偶爾還折磨拜占庭的皇帝。他對宗教思想根本不感興趣，可依然千里迢迢地跑到羅馬，卑躬屈膝地懇求教皇承認他做臣僕。在英格蘭，幾個男爵制定出各種條例來約束君主，教會便不客氣地聲明他們的憲章無效，因為「它是依仗武力獲取的」；接著又因為他們帶給世界的那份著名的《大憲章》而將他們逐出了教會。

所有這些都表明，英諾森三世不會輕易放過敢質疑教會律法的樸實紡織工和不識字的牧羊人。

不過，還是有些人能鼓起勇氣，做了我們將要看到的事情。

異端是個很複雜的概念。

異教徒大都是貧苦大眾，沒有什麼宣傳才能。他們偶爾寫幾本簡單的小冊子闡述看法，為自己辯護，駁斥敵人，但馬上就會被當時掌權的宗教法庭派出的機敏鷹犬抓住把柄，惹得大禍臨頭。他們的敵人為了殺一儆百，欺世惑眾，也寫文章披露「新撒旦的反叛」，我們對異端的了解主要來自他們的敵人寫的這類文章和審判記錄。

結果，我們通常覺得異教徒是這樣的形象：他們是讓體面人避之不及的小人，披頭散髮，衣衫襤褸，住在貧民窟最下層的空地窖裡，完全不能沾崇高的基督食品，靠吃菜葉喝生水生活，對女人避而遠之，念念有詞地嘮叨救世主再次降臨的預言，責罵教士的庸俗和邪惡，還惡意攻擊萬物的內在規律。

當然，許多異教徒的確令人討厭，這也許就是那些自命不凡的人的命運。

許多異教徒在非神聖熱情的驅使下追求神聖的生活，他們蓬頭垢面，臭得像個乞丐，他們那些關於真正基督存在的怪誕思想攪亂了鄉村的平靜生活。

不過，他們的勇氣和誠實還是值得贊許的。

他們所獲極少，卻失去了一切。

一如既往，他們一事無成。

當然，這個世界上的一切都趨於組織化。最後，就連壓根兒不相信組織的人為了有所成就也要成立一個「無組織促進協會」。喜愛故弄玄虛，沉湎於感情的中世紀異教徒也不例外。

他們謀求生存的天性使他們聚集在一起，一種不安全感迫使他們在自己神聖的教旨外面裹上層層玄奧莫測的禮儀作為掩護。

但是，忠誠於基督教會的公眾不能區別這些教派組織。他們把所有異教徒混為一談，稱他們是骯髒的摩尼教徒或用其他不恭的字眼，以為這樣就能解決問題。

這樣，摩尼教徒成了中世紀的布爾什維克[1]，當然，我說布爾什維克並不是說當時有一個綱領明確的政黨，像俄羅斯國建立的統治力量一樣。我是指一種含混不清的謾罵，如今人們也用它來咒罵像房東這樣的人，因為房東如果嫌開電梯的小夥計沒有把電梯停在準確的樓層，就會向他要房租。

在中世紀的上等基督徒眼裡，摩尼教徒是最討厭的傢伙。可是他們又沒有真憑實據審判摩尼教，便靠道聽塗說之詞來譴責。這個方法在私下聚會中效果不錯，比一般的法庭審判還快一些，但常常不準確，導致出現了許許多多合法但錯誤的死刑判決。

可憐的摩尼教徒的境遇每況愈下，因為其創始人波斯人摩尼是寬厚和仁慈的化身。他是歷史人物，生於三世紀上半葉一個叫埃克巴坦那的小鎮，其父帕塔克(Patak)是一位頗有影響力的富翁。

他在底格里斯河畔的泰西封受過教育，青年時代所處的社會就像今天的紐約，周圍的人說著各種語言，有虔誠的信徒，也有不信神的人，有追求物質的人，也有充滿夢想的人。在從各地來到美索不達米亞大商業中心的人中，有各種異教徒、各種宗教和各種教派。摩尼傾聽著各種傳教士和先知的話，從佛教、基督教、密特拉教和猶太教的混合物中提取出一種哲學，再摻上一點古巴比倫的迷信。

如果不考慮摩尼教徒有時把教義推向極端的情況，那麼可以說摩尼只是復甦了古代波斯神話中善神和惡神的說法。惡神總是與人的靈魂作對，摩尼把古代萬惡之神與《舊約》中的耶和華連在一起(於是耶和華變成了他筆下的魔鬼)，把萬善之神看作四大福音中的「天父」。而且，(這裡可以感受到佛教的影響)摩尼認為人的血肉之軀是

1　俄國社會民主黨中的一派。

邪惡卑鄙之物，所有人都應該不斷磨礪體膚，遵守嚴格的飲食和行為規範並去除自己的凡俗野心，才能不淪入萬惡之神（惡魔）的魔掌，不被地獄之火燒為灰燼。他恢復了大批的禁忌，這不能吃，那不能喝，給追隨者的食譜只是涼水、乾菜和死魚。最後一項條令也會讓我們很吃驚，不過教徒們認為海裡的冷血生物對人不朽靈魂的損傷要比陸地上的熱血動物小，這些人寧願死也不願意吃牛肉，而吃起魚來卻津津有味，毫無噁心的感覺。

摩尼輕視婦女，這也表明他是個真正的東方人。他禁止信徒結婚，主張逐步滅絕人類。

至於猶太派創立的，施洗者約翰開創的洗禮以及其他儀式，摩尼對其深惡痛絕。因而他旗下即將就任的聖職人員不必將身體浸入水中，而是要行按手禮。

二十五歲那年，這個怪人開始向全人類闡釋他的思想。首先，他去了印度和中國，獲得了相當大的成功。隨後他轉回故土，要把教義的祝福帶給自己的鄰居。

可是，波斯教士們已經感受到，超凡教義的成功讓他們失去了大量的秘密收入，於是轉為反對摩尼，請求處死他。起先摩尼得到國王的庇護，但是老國王死後，他的繼任者對宗教問題毫無興趣，把摩尼交給教士階層處理。教士們把摩尼帶到城牆下，釘在十字架上，還剝下了他的皮，掛在城門上示眾，以警告那些對這個預言家的異端邪說感興趣的人。

隨著與當局的衝突日漸激烈，摩尼教會瓦解了。但是預言家的各種思想卻像無數的精神流星，在歐洲和亞洲的大地上廣為傳播，在日後的歷史長河中，他的思想在樸素貧苦的民眾中引起了巨大的反響，民眾不由自主地撿起了摩尼的思想，仔細研究它，發現很合乎自己的口味。

摩尼教是什麼時候，如何傳入歐洲的，我也不清楚。

它可能經過小亞細亞、黑海和多瑙河流傳過來。隨後翻越阿爾卑斯山，很快在德國和法國獲得崇高的聲譽。新教義的追隨者給自己起了個東方名字——「純潔派」，或者說「過純潔生活的人」，歐洲的窮人普遍都感覺生活艱難，因此該教派追隨者數量眾多，以至於在整個西歐，這個詞很快與「異端」相提並論。

不過，請不要認為「純潔派」因此形成了一個固定教派，根本沒人試圖另立一種新教派。摩尼教的思想對許多人有巨大的影響，而這些人卻又不承認，只說自己是基督教會虔誠的兒子。這使得這種特殊形式的異端特別危險，非常難以察覺。

有些病菌的結構很大，在省級衛生機構的顯微鏡下就能看到，相對而言，一般的醫生診斷由這種病菌引起的疾病並不難。

上天保佑我們，免遭在超紫外線照射下仍然能隱匿蹤跡的小生物的侵害，因為它們還要在大地上繼續繁殖。

從基督教的觀點看，摩尼教是最危險的社會瘟疫，它使教會高層的頭腦充滿恐懼，而這在各種精神折磨到來之前是察覺不到的。

這些話都不過是些私底下的傳言，然而，早期基督信仰的最堅定支持者也確實表現出了這種病的徵兆。就拿聖奧古斯丁來說，這個十字軍最傑出的勇士曾經衝鋒在前，摧毀了異教的最後保壘，但據說他內心裡卻嚮往摩尼教。

西班牙主教普里西利安於西元三八五年被燒死，他被控有親摩尼教的傾向，有幸第一個用生命嘗試了反異教法。

甚至連基督教會的上層人物也漸漸被可怕的波斯教義所吸引。

他們開始勸不懂神學的世俗之人不要讀《舊約》，最後在十二世紀還頒佈了著名的法令——所有神職人員都必須保持獨身。不要忘記，頑固的波斯理想很快在引領精神變革的主要人物身上留下了深刻的烙印，使最受人愛戴的亞西西的方濟各斯制定了具有嚴格的摩尼式純潔的新修道院律法，為他贏得「西方釋迦牟尼」的稱號。

自願的貧窮和靈魂謙卑的高尚理想逐漸滲入普羅大眾的心靈，皇帝與教皇之間的又一場戰爭即將爆發，外國雇傭軍扛著鑲有十字架和蒼鷹的旗幟為地中海沿岸寶貴的土地血腥廝殺，大批十字軍攜帶著從朋友和敵人那兒掠奪來的不義之財蜂擁回國，修道院長養了一群阿諛之徒，深居在豪華奢侈的宮殿中，教士們騎著馬穿過清晨熙攘的人群，急忙去享受狩獵早餐，然而就在這時，一樁不妙的事情已經註定要發生，而且真的發生了。

對基督教現狀的不滿首先在法國的一個地方出現，這不令人意外，那裡的古羅馬文化傳統雖然維持得最長，但野蠻卻從來沒有融合到文明之中。

從地圖上可以找到這個地方。它叫普羅旺斯，包括地中海、隆河、阿爾卑斯山的一個三角地帶。腓尼基人的前殖民地馬賽直到現在依然是這個地區的重要港口，這兒有不少富裕的小鎮和村落，有肥沃的土地、充沛的雨水和陽光。

當中世紀歐洲的其他地方還在洗耳恭聽長髮條頓（Teuton）英雄的野蠻故事時，普羅旺斯的民間歌手和詩人就已經發明了新的文學形式，並成為現代小說的基礎。普羅旺斯人與鄰國西班牙和西西里有著密切的商業往來，因此人們能夠及時接觸到科學領域的最新出版物，而在歐洲北部，這樣的書籍少得可憐。

在這個國家，回歸早期基督教的運動在十一世紀的頭十年已經日趨明顯。但是無論怎樣說，這些都不是公開反叛的理由。在一些小村落，一些人暗示說，教士應該像教民那樣樸素謙虛；他們拒絕隨貴族們奔赴疆場（啊，這是對古代英勇烈士們的懷念）；他們要學一點拉丁文，以便自己讀懂福音書；他們公然宣稱不贊成死刑；他們否認「煉獄」的存在。而早在耶穌死後的六世紀，「煉獄」就被教會官方視為基督天國的一部分，而且（這是更重要的細節），他們不向教會繳納任何費用。

只要有可能，反對牧師權威的叛逆者首領就會被查出來，如果他們不聽勸告，拒不悔改，就會被掃地出門。

但是暗流繼續湧動，最後不得不公開召集普羅旺斯各地的主教舉行會議，商量採取什麼措施來阻止這場非常危險的煽動性騷亂。他們的爭執一直延續到西元一〇五六年。

這時情況已經清楚地表明，一般的懲罰和逐出教會是沒有任何效果的。要過「純潔生活」的樸實鄉民在監獄鐵窗裡，只要有機會表現出自己遵守了基督仁慈和寬厚的信條就高興不已，如果有幸被判處死刑，他們會像羊羔一樣順從地走向火刑柱。況且，一人犧牲了，總會馬上有十幾個懷有神聖信念的新人補缺。

教會的代表堅持要採用更殘酷的迫害手段，而地方貴族和神職人員（由於瞭解老百姓的本意）則拒絕執行羅馬的命令，他們抗議說暴力只能使異教徒以更加堅定的態度來反對理性的聲音，是在白白耗費時間和精力。就這樣，兩方面的爭吵持續了整整一個世紀。

到了十二世紀末期，這場運動得到了來自北方的助力。

在與普羅旺斯隔隆河相望的里昂小鎮住著一位叫彼得．瓦勒度的商人。他嚴肅穩重、心地善良、慷慨大方，一心想追隨救世主，到了癡狂的地步。耶穌曾經說過，讓駱駝鑽進針眼也比讓富有的年輕人進天堂容易。整整三十代基督徒絞盡腦汁想弄明白耶穌說這話時的確切含義。彼得．瓦勒度並沒有這樣，他讀了這句話便深信不疑。他把自己擁有的一切財產都分給了窮人，然後退出了商界，不再積攢新的財富。

約翰寫道：「汝需自尋聖經。」

二十位教皇評論了這句話，小心仔細地就這句話定出條條框框，規定了在什麼條件下一個俗人才能不經教士指點自己研究聖經。

彼得・瓦勒度可不這麼看。

約翰既然說了：「汝需自尋聖經。」

那麼好吧，彼得・瓦勒度就要自己讀。

他發現了一些與「耶柔米（聖傑羅姆）」的結論不相符的東西，便把《新約》譯成自己的語言，把手稿散發到普羅旺斯各地。

起初，他的活動並未引起很大注意。他渴望貧窮的熱情似乎沒有給他帶來多大的危險。他很有可能被說服，為願意過真正艱苦生活的人建立一種新的修道院式禁欲條令。他還指責現存的修道院生活有些太奢侈、太舒服。

羅馬很容易讓信仰熱情過盛、喜歡惹麻煩的人找到合適的發洩場所。

但是一切都要按照常規和先例辦。如此說來普羅旺斯的「純潔人」和里昂的「窮人」真是不好對付。他們不僅向教皇報告他們的所作所為，甚至還膽大包天地宣稱，沒有職業教士的指點他們也能成為完美的好基督徒，羅馬的主教在自己的司法權限之外沒有權力告誡人們應該做什麼和信仰什麼，正如韃靼利亞的大公或巴格達的哈里發也沒有這種權力一樣。

教會當時進退兩難，實事求是地講，教會等待了很長一段時間才最終下決心要訴諸武力來消滅這些異端。

但如果一個組織基於的原則是只有一種正確的思想和生活方式，其他的都臭名昭彰，為人所不齒，那麼當它的權威受到公開質疑時，它就必然會採取極端的措施。教會如果做不到這一點，也就無法生存，這種考慮終於迫使羅馬採取了果斷的行動，制定出一整套懲罰條例，讓後來的異見者心懷恐懼。

阿爾比教徒（以阿爾比城命名的異教徒，該城是新教義的發祥地）和瓦勒度教徒（因其創始人彼得．瓦勒度而得名）在國家中的政治地位並不高，因而不能很好地保護自己。他們被選中，成為第一批犧牲品。

一個教皇的代表統治了普羅旺斯好幾年，他把那裡當作被征服的領土而為所欲為，結果被殺死。這給英諾森三世的干預提供了藉口。

他召集了一支正規十字軍討伐阿爾比教徒和瓦勒度教徒。

在四十天內志願加入討伐異教徒遠征軍的人可以免交欠債的利息，可以赦免過去和將來的一切罪孽，也可以在一段時間內不受普通法庭的審判。這些好處非常可觀，對北歐人來說可謂求之不得。

攻打普羅旺斯的富裕城市能夠在精神上和經濟上得到好處，千里迢迢到東方的巴勒斯坦打仗所能得到的好處和榮譽也不過如此，北歐人又怎麼會不參軍，選擇攻打路程更短一些的地方呢？

那時「聖地」已被人們遺忘，法國北部、英國南部、奧地利、撒克遜和波蘭的達官貴人中的敗類紛紛趕往南方以躲避地方長官，他們把空無一物的錢箱重新裝滿，並讓富裕的普羅旺斯人承擔一切災難和損失。

無數人被十字軍絞死、燒死、斬首或大卸八塊，我也不清楚究竟有幾萬人被殺。各地在正式執行大規模處決後很少給出具體的數位，按照城鎮的大小來判斷，人數通常都在兩千到兩萬之間。

貝濟埃城被佔領後，十字軍士兵分辨不出哪些是異教徒，感到左右為難。這個問題被送到隨軍的教皇代表宗教顧問那裡。這傢伙說：「孩子們，動手吧，把他們都殺死。主知道誰是他的信徒。」有一個名叫西蒙·德·蒙特福特的英國人，是個久經沙場的老兵。他殘暴無比，嗜血成性，不斷變出殺戮掠奪的新花樣。作為對他的「功績」的報答，大片剛被他搶掠過的土地歸他所有，他的部下也都論「功」行賞。

剩下幾個免遭殺戮的瓦勒度教徒逃入人跡罕至的皮埃蒙特山谷，建立了一個自己的教會，幸運地存活下來，直到後來的基督教改革運動。

阿爾比教徒的命運更慘。經過一個世紀的折磨和絞殺後，他們的名字從宗教法庭的報告中消失了。然而，三個世紀之後，他們把教義稍作改變又捲土重來，傳教者是個撒克遜教士，叫馬丁·路德。他們引起了一場改革，打破了一千五百年來教廷的壟斷地位。

當然，這一切都瞞過了英諾森三世敏銳的眼睛，在他看來，困難的局面已經結束，絕對服從的信條已經成功地確立。〈路加福音〉第十四卷第二十三款中有一條著名的命令，講的是一個人想舉辦一個晚會，他發現宴席上有空位子，幾個客人還沒有到，便對僕人說：「到大路上去，把他們拉進來。」現在這條命令又一次得到了實施。

「他們」，也就是異教徒，被拽了進來。

怎樣留住他們是教會面臨的問題，直到許多年後這個問題才得到解決。

由於地方法庭屢次失敗，第一次阿爾比教徒造反時組織的特別調查法庭在歐洲其他首都紛紛建立起來。法庭專門審判涉及異端的案件，後來人們乾脆稱這些法庭為「宗教法庭」。

在現代，即使宗教法庭早已消失，但這個名字仍然使我們心驚肉跳。我們似乎看見了哈瓦那的地牢、里斯本的刑具室、克拉科夫生銹的鐐銬和烙人的刑具、黃色的兜帽和黑色的面紗，以及一個下頜寬大的國王斜著眼凝視著一排排望不到邊的男男女女慢慢走向絞刑架。

十九世紀下半葉的幾部流行小說描寫了這種駭人聽聞的罪行，受害者完全無辜，但只要被發現有異端罪行，就會被處死。

談論這個題目要不帶偏見是很困難的。

說來令人難以置信，在整整五百多年裡，各地成千上萬無辜的平民，僅僅由於多嘴的鄰居道聽塗說的「異端行為」而半夜被人從床上拖起來，在骯髒的地牢裡關上幾個月或幾年，焦急地等待著既不知姓名又不知身份的法官的審判。他們無從知道被指控的罪名和指控的內容，也不知道證人是誰。他們不能與親屬聯繫，更不許請律師。如果一味堅持說自己無罪，就會慘遭折磨甚至被打斷四肢，別的異教徒可以揭發指控他們，但如果有人替他們辯護卻沒有人會聽。最後，他們被處死時連為什麼遭此厄運都不知道。

更加難以置信的是，已經入土五、六十年的人也會從墳墓中被挖出來進行「缺席」審判，以這種方式被定罪的人的後裔，還要在「罪犯」死去半個世紀後被剝奪財產。

但情況確實如此，宗教審判官正是靠瓜分沒收來的財物中飽私囊，據說祖父幹過某件事而導致子孫們淪為乞丐的事情屢見不鮮。

凡是讀過以前沙皇俄國處於全盛時期的報紙的人都記得什麼是「密探」。這種密探總是以引人注目的個性和「悲傷」的面目出現，他們假扮成小偷或洗手不幹的賭徒，故作神秘地讓人知道他是出於受到創傷才參加革命的，這樣，他們常常能贏得反對帝國政府的人的信任，但是，一旦探得新朋友的秘密，他就會向警察局告密，把獎賞裝進腰包，再到另一個城市重演他卑鄙的勾當。

在十三、十四和十五世紀，南歐和西歐到處都是這種心腸歹毒的秘密偵探。他們的謀生方式是告發那些抨擊了教會或對教義中的某些內容持懷疑態度的人。如果周圍沒有異教徒，密探們就要人為地製造出幾個。因為他們心裡清楚，無論被告多麼清白無辜，都會屈打成招。他們不會擔任何風險，可以永遠地從事這個職業。

在許多國家，人們可以匿名告發別人思想不端，這種制度給人們心頭蒙上了一層恐懼的陰影。最後，人們連最親密無間的朋友都不敢相信，一家人也要互懷戒心。

掌管宗教法庭大量工作的托缽僧充分利用了他們造成的恐怖氛圍，在差不多兩百年中揮霍著搜刮到的民脂民膏。

是的，我們可以毫無顧忌地說，宗教改革的主要原因就是廣大民眾對這些盛氣淩人的乞丐深惡痛絕。他們披著虔誠的外衣，闖入安分守己的公民家裡，睡在最舒適的床上，吃著最好的食物，嘴裡還喋喋不休地說他們應該被當作上賓，應該過得無比舒服。他們唯一的本領就是恐嚇人們，如果他們沒有得到理所應當的奢華待遇，就要向宗教法庭告發施主。

教會當然可以答覆說，宗教法庭這樣做完全是在檢查人們的思想是否健康，他們立誓要盡的職責就是防止錯誤的思想在群眾中蔓延。教會可以說自己寬厚仁慈，對於無知而誤入歧途的異教徒既往不咎。它甚至還宣稱說除叛教者和屢教不改的人之外，幾乎沒有人被處死。

但是這又能怎麼樣？

一個鬼把戲可以把無辜的人變為死囚，也可以使壞人在表面上悔過自新。

密探從來都是喜歡偽造證據的人。

對他們而言，偽造幾份檔案又算什麼？

第八章　求知的人

現代的不寬容，就像古代高盧人一樣，可以分為三種——出於懶惰的不寬容，出於無知的不寬容和出於自私自利的不寬容。

第一種也許最為普遍。它存在於每個國家和社會的各個階層，尤其在小村子和古鎮裡更為常見，而且不僅僅限於人類。

我們家的老馬，前二十五年在考利鎮溫暖的馬廄裡過著安定的生活，說什麼也不願意到西港同樣溫暖的穀倉去，理由是它一直住在考利鎮，熟悉這裡的一木一石，因此知道每天在康涅狄格州的舒適土地上漫步時不會被陌生景物嚇到。

我們的科學界迄今為止花費了大量的時間研究玻里尼西亞群島早已不復存在的方言，卻令人遺憾地忽視了對狗、貓、馬和猴子的語言的研究。不過，假如我們懂得一匹名叫「杜德」的馬與從前考利鎮的鄰居說過些什麼，就能聽到一場空前激烈的關於不寬容的大爆發。杜德已經不是小馬駒了，它有自己的主見，已經形成了自己的習慣，所以它覺得考利鎮的禮節、習慣和風俗都是合適的，而西港的禮節、習慣和風俗則完全不對，到死它都這樣認為。

正是這種不寬容使父母對子女的愚蠢行為搖頭歎息，讓人們無主見地、荒唐地嚮往「過去的好日子」，讓野蠻人和文明人都穿上了不舒服的衣服，讓這個世界充斥著廢話，也讓有新思想的人成為人類的敵人。

不過即使這樣，這種不寬容相對來說還是無害的。

我們大家或早或晚都會因為這種不寬容而遭罪。在過去的幾代人中，這種不寬容致使數以百萬計的人背井離鄉，如今它又是使杳無人煙的地方出現永久定居點的主要原因，不然，那些地方到現在還會是一片荒蕪。

第二種不寬容更為嚴重。

無知的人僅僅由於他對事物的一無所知而變得極其危險。

但是，他如果為自己的智力欠缺尋找藉口，那就更為可怕。他在靈魂裡建立起了花崗岩的要塞，自我標榜一貫正確，他站在險峻的要塞頂端，向所有的敵人（也就是不同意他偏見的人）挑戰，質問他們有什麼理由活在世上。

有這種苦惱的人既無情又卑鄙。他們常年生活在擔憂之中，很容易變得殘酷暴虐，喜歡折磨他們憎恨的人。正是從這夥人當中首先冒出了「上帝選民」的念頭。況且，有這種幻覺的受害者總是想像他們與無形的上帝有某種關係，並以此來壯膽，為自己的不寬容辯護助威。

比如，他們絕不會說「我們絞死丹尼・迪弗爾，是因為他威脅了我們的幸福，因為我們對他恨之入骨，因為我們只是喜歡絞死他而已」。不！他們是絕不會這樣說的！他們湊到一起召開氣氛莊嚴的秘密會議，一連幾個小時、幾天甚至幾周，詳細研究上面說的丹尼・迪弗爾的命運，當最後的判決宣佈時，丹尼這個也許只搞了些小偷小摸的可憐蟲，儼然成為犯下重罪的最可怕的人物，因為他膽敢違反上帝的意志（這意志只是私下授予上帝的特選子民，也只有上帝的選民才能理解這種意志）。對他執行判決成了神聖的職責，法官也因為有勇氣審判撒旦的同夥而無比榮耀。

忠厚老實、心地善良的人和野蠻粗魯、嗜血成性的人一樣，都很容易被這個極為致命的幻覺所蠱惑，在歷史學和心理學上，這種例子並不鮮見。

一群又一群的人興致勃勃地觀看上千名可憐的犧牲者受難，他們肯定不是殺人犯，他們是正直、虔誠的老百姓。這些老百姓還覺得在上帝面前做了一件光彩的事。如果有人向他們提到寬容，他們還會反對，因為這是不體面地承認自己道德淪喪。也許他們自己本就不寬容，但在那種情況下他們反倒以此為豪。丹尼·迪弗爾站在潮濕寒冷的晨光裡，穿著酒紅色襯衣和綴滿小魔鬼的褲子，一步一步緩慢而堅定地走向執行絞刑的市場。公開處決一結束，圍觀的人們便回到舒適的家裡，飽餐了一頓熏肉和豆角。

這難道不足以證明他們的所想所行是正確的嗎？不然他們怎麼能是觀眾呢？怎麼不和死者調換一下位置？

我承認這個觀點是沒有說服力的，但卻很常見，也很難反駁，人們確信自己的思想就是上帝的思想，因此根本不會明白自己可能會犯錯。

剩下的第三種不寬容是由自私自利引起的，實際上它是一種嫉妒的表現，就像麻疹一樣普遍。

耶穌來到耶路撒冷後教導人們，靠屠殺十幾隻牛羊是不會贏得全能上帝垂青的，於是所有靠寺廟祭祀謀生的人都誹謗他是危險的革命者。耶穌還沒有危及他們的根本利益，他們就找理由將其處死了。

幾年後，聖保羅來到以弗所，宣揚一種會威脅到珠寶商買賣的新教義。當時珠寶商通過製作和出售當地女神戴安娜的小塑像發財，為此金匠行會差一點兒要用私刑教訓這個不受歡迎的侵入者。

一些人依靠某種已經建立的崇拜謀生，而另一些人卻要把人們從一座寺廟引到他們支持的另一座寺廟，他們之間一直都存在著公開的衝突。

我們在討論中世紀的不寬容時，必須要記住我們面對的是一個非常複雜的問題。只是在極為個別的情況下，我們才會遇到三種不同形式的不寬容中的一種。而在引起我們注意的迫害案件中，三種情況常常同時存在。

一個組織如果掌握了雄厚的財富，控制了方圓數千英里的土地和成千上萬農奴，就會把全部怒氣發洩到要重建樸實無華的「地上天堂」的農民身上，這很自然。

這樣一來，消滅異端邪說就變成了經濟上的需要，它屬於第三種——出於自私自利的不寬容。

不過，還有一種人也感到了來自官方禁令的壓力，這就是科學家。這個問題更為複雜。

為了瞭解教會當局對哪些揭示大自然奧秘的人採取了錯誤態度，我們必須回到若干個世紀之前，看看最初的一世紀至六世紀的歐洲究竟發生了什麼。

野蠻人的入侵像無情的洪水席捲了歐洲大陸，在混濁的污水中還雜亂無章地矗立著幾個古羅馬的國家組織。但城牆裡面的社會已經瓦解，書籍被浪潮卷去，藝術也在新的無知泥潭中被遺忘。收藏品、博物館、圖書館和慢慢積累起來的大量科學資料全都被亞洲中部的野蠻人用來點燃篝火。

我們有西元十世紀圖書館的一些書目。至於古希臘圖書（君士坦丁堡除外，那時它被視為遠離歐洲中心的地方，就像如今的墨爾本那樣遙遠）的擁有者，在西方也非常稀少。這樣說來似乎令人難以置信，但書的確是沒有了。學者為了熟悉古人的思想煞費苦心，但找到的只有亞里斯多德和柏拉圖的著作中極少章節的譯文（譯文也很拙劣）。想要學習古人的語言也找不到老師教授，只剩下幾個希臘修道士，他們在拜占庭的神學爭吵中被迫出走，逃到法國或義大利避難。

拉丁文的圖書倒是不少，不過大部分是四世紀和五世紀成書的。所剩無幾的古人手稿被無數次抄寫複製，如果不耗費畢生心血，研究根本無法看懂。

至於科學書籍，除歐基里得一些最簡單的幾何作圖題倖免外，其他的書在任何圖書館中都找不到，更可悲的是，人們再也不需要這些書了。

那時統治世界的人用敵視的眼光看待科學，根本不鼓勵數學、生物學和動物學領域的獨立探索，更不用提醫學和天文學，它們地位低下，不為人們所重視，絲毫沒有實用價值。

現代人要理解這種情況實在太困難。

二十世紀的人都信仰進步的思想，並不在乎其是對是錯。我們並不知道是否能讓世界變得更完美，但都覺得應該盡力一試，因為這是我們神聖的職責。

是的，進步已成為勢不可擋的趨勢，有時，這個信念似乎會成為國家的國教。

但是中世紀的人不會也不可能有這樣的想法。

希臘曾經幻想創造一個充滿樂趣的美好世界，但是這個美夢僅僅是可憐的曇花一現！動盪的政治無情地摧殘了它，席捲了這個不幸的國家。以後幾個世紀的希臘作家都成了悲觀主義者，他們凝視著曾經一度是樂土的廢墟，淒慘地認為人間的任何努力到頭來只不過是一場空。

另一方面，羅馬的作家從近一千年的歷史中得出了結論，他們從人類的發展史中發現了一種蓬勃向上的趨勢。羅馬的哲學家們，其中最著名的是伊比鳩魯，他們興致勃勃地教育年輕的一代，追求更幸福更美好的未來。

之後基督教來了。

人們關心的重點從這個世界移到了另一個世界。人們立即墜入黑暗的深淵中，毫無希望地忍受著一切。

當時的人被說成是邪惡的，天性和癖好都是邪惡的。他們沉淪於原罪之中，在原罪中出生，在原罪中生活，最後在對原罪的悔恨中死去。

但是，舊的絕望與新的絕望之間存在著差異。

希臘人堅信（或許是這樣）自己比別人更聰明，更有教養，還為那些不幸的野蠻人悲傷。但是他們從不認為因為自己是宙斯的選民，就與其他民族有所區別。

相反，基督教從未脫離自己的老祖宗。基督徒把《舊約》當作自己信仰的聖書之後，便繼承了難以置信的猶太教義的衣缽，認為他們的民族與其他民族「不同」，只有表示信仰某種官方教義的人才有被拯救的希望，而其他人註定要沉淪。

有些人缺乏精神上的謙卑，相信自己是成千上萬同類中最受上天寵愛之輩，上面所說的思想當然給他們帶來了巨大的好處。在許多至關重要的年代，這種思想使基督徒成為聯繫緊密、自成一體的小社團，他們在異教橫行的汪洋大海中超然地漂蕩著。

對特土良、聖奧古斯丁和其他致力於把基督教教義寫成典籍的早期作家來說，這片水域所連接的其他地方發生了什麼，與他們沒有任何關係。他們最後的希望是要到達安全的彼岸，在那兒建立上帝之城。至於其他地方的人希望完成或要達到的事情則與他們毫不相干。

因此，他們為自己創造了關於人的起源以及時空界限的全新概念。埃及人、巴比倫人、希臘人和羅馬人發掘的秘密絲毫不能引起他們的興趣。他們堅信，隨著基督的誕生，一切古老又有價值的東西都已土崩瓦解。

比如關於我們地球的問題。

古代科學家認為地球是數十億星球中的一個。

基督徒從根本上反對這個觀點。在他們看來，他們賴以生存的小圓盤才是宇宙的中心，地球是為一群特殊的人專門創造的臨時棲身之所。它的產生過程很簡單，在〈創世記〉第一章中記載得一清二楚。

到了需要確定上帝偏愛的人在地球上生活了多久的時候，問題就變得複雜了。大型古物、被掩埋的城市、滅絕的怪物和已經變成化石的植物遍佈各地，不勝枚舉。但這些東西可以被駁倒，可以被視而不見，可以被否認或直接說不存在。這一切做完後，再決定創世的具體日期就很容易了。

在這樣的宇宙裡，萬物處於靜止狀態，它從某年某月某時開始，又到某年某月某時結束。地球的目的獨一無二，對於只關心一般規律、時間空間的永恆和無限問題的數學家、生物學家、化學家及諸如此類的人而言，沒有他們探索求知的任何餘地。

的確，許多科學家爭辯說，他們在內心裡是上帝虔誠的兒子。不過真正的基督徒都更加明確地認為，如果真心誠意地主張要熱愛和忠誠於信仰，就不會知道得那麼多，也不會有那麼多書籍。

有一本書就夠了。

這本書就是《聖經》，裡面的每一個字、每一個逗號、每一個冒號和每一個感嘆號都是由受到神的啟示的人記錄下來的。

伯里克利時代的希臘人要是知道世上存在著這樣一本聖書，裡面包括各種晦澀難懂的民族史、令人懷疑的愛情詩、半瘋半癡的先知描繪的虛無縹緲的夢幻，以及對出於某種原因而惹惱了亞洲許多部落神靈的人，連篇累牘的惡意痛斥，那他們是不會感興趣的。

但是，三世紀的野蠻人卻對「文字」佩服得五體投地，在他們看來，這是文明的一大奧秘，當這本特別的書被連續幾屆教會會議當成無懈可擊的經典推薦給他們時，他們便誠心誠意地全盤接受，把它看作是人類已知或希望能夠知道的一切，誰敢在摩西和以賽亞規定的界限之外去探索，否認存在天國，誰就會遭到他們的譴責和迫害。

甘願為原則獻身的人畢竟有限。

然而，有些人對知識的渴望是無法抑制的，積蓄已久的精力必須有發洩的地方。結果，求知與壓制的矛盾衝突培育了另一株弱小的知識幼苗，後來它被人們稱為「經院學派」。

這要回溯到八世紀末。法蘭克國王丕平的妻子伯莎生下了一個兒子，他比好人路易王更有理由被稱作是法國民族的守護聖人。路易王之所以被稱為好人是因為老百姓為了解救路易王不得不交付了約八十萬土耳其金幣。為了感謝百姓的忠誠，路易王曾恩准他們建立自己的法庭。

這個孩子受洗時被命名為卡羅魯斯（Carolus），在許多古代憲章的結尾處都能看到他的簽字。他的字顯得有些笨拙，對於拼寫他一向都馬馬虎虎。他幼年時曾學過法蘭克文和拉丁文，但他的手指在跟俄國人和摩爾人作戰時患了風濕病，所以很不靈便，最後他不得不放棄了寫字的念頭，請來當時最好的書法家當秘書，替他簽字。

這個久經沙場的老兵在整整五十年裡只穿過兩次「市民服裝（city clothes）」（羅馬貴族穿的寬大外袍），並引以為豪。不過他是真正瞭解到了學習的價值，把他的王宮變成了私人大學，教授他的孩子和其他官員的子女。

這個西方的新皇帝周圍彙聚了許多名人，他自己也很喜歡跟眾人一同消遣。他非常尊重學術民主，甚至放棄了禮節，還像大衛兄弟那樣積極參加各種討論，允許地位低下的學者與他辯論。

但是，當我們看到他們討論的問題時，自然會聯想到田納西州任何一所鄉間中學的辯論小組所選的題目。

至少可以說這些人是天真的。西元八百年的情況的確如此，西元一千四百年的情況也差不多。這並不是中世紀學者的錯，應該說他們的頭腦和二十世紀的人一樣好。他們的處境與現代化學家和醫生相同。儘管他們享有調查研究的充分自由，所做所說卻依然受限於一七六八年出版的第一版《大英百科全書》中所記載的內容，原因是當時的化學還是一個不大為人知的科目，外科也經常被人拿去和屠宰相提並論。

結果（我有些混淆了自己的比喻），中世紀的科學家儘管有巨大的智力潛力，但試驗的範圍卻很狹窄，就像在一輛舊汽車的底盤上安裝一台羅爾斯．羅伊斯[1]的先進引擎，一踩油門就會出現一連串的故障。等他能按交通規則安全駕駛這台古怪的東西時，事情已經變得荒唐可笑了，即使耗費巨大的精力，也無法到達目的地。

當然，出類拔萃的人對不得不遵循的客觀速度是非常著急的。他們千方百計要擺脫教會鷹犬的不斷監視。他們撰寫了大量的著作，證明他們堅持認為是正確的東西的反面也是存在的，為的是讓內心深處的思想能流露出來。

他們做出各種掩人耳目的偽裝。身穿奇裝異服，屋頂上掛滿了被掏空內臟後塞滿防腐材料的鱷魚標本，架子上擺滿了裝有怪物的瓶子，在爐子裡燒些氣味難聞的草藥，以便把左鄰右舍從前門嚇跑，這樣他們便得到一種名聲，說他們是人畜無害的精神病人，可以信口雌黃而不必對自己的思想負很大的責任。漸漸地，他們形成一整套科學的偽裝，即使在今天，我們也難以判斷他們的真正意圖。

若干個世紀以後，新教徒也和中世紀教會一樣，對科學和文學毫不寬容，這裡就不贅述了。

大宗教改革家們可以痛快地疾呼咒罵，卻從沒能把恫嚇轉化為反抗的具體行動。羅馬教會卻不然，它不僅有鎮壓異教的實力，而且時機成熟時便會付諸實施。對那些喜歡抽象思考寬容和不寬容理論價值的人，上面所說的差別並不重要。然而，是當眾宣佈放棄信仰還是當眾受鞭刑，這對於那些不得不選擇的可憐蟲來

1 羅爾斯．羅伊斯（又稱勞斯萊斯）是英國著名的航空發動機公司，也是歐洲最大的航空發動機企業，它研製的各種噴氣式發動機廣為世界民用和軍用飛機所採用。

說，是一個非常現實的問題。

有時他們沒有勇氣表述自己認為正確的東西，願意把時間浪費在〈啟示錄〉中野獸名稱的縱橫填字謎上，我們也不必對他們太過苛求。

我敢肯定地說，如果在六百年前，我絕對不敢寫現在這本書。

第九章　向書籍開戰

我發現寫歷史越來越難。我就像從小學小提琴，到了三十五歲別人突然給我一架鋼琴，命令我像知名演奏家那樣彈琴，理由是「鋼琴也是音樂」。我已經學會了某種技巧，卻必須做另一種完全不同的事。我學的是根據一種明確建立的秩序來觀察過去發生的事情，即由皇帝、國王、大公和總統在眾議員、參議員和財政部長輔佐下，較為有效地治理國家。而且在我年輕時，仁慈的上帝仍然是大家心目中掌管一切的萬物之尊，必須不失禮節，懷著崇敬之心對待他才行。

後來戰爭爆發。

舊秩序被徹底推翻，皇帝和國王被廢黜，負責管理的大臣被不負責任的秘密委員會取代。在世界各地，天國的大門根據委員會的命令關閉，一個已死的經濟學方面的平庸寫手被官方當成古往今來所有先知的繼承人。

當然，所有這些並不會持續多久，但是它讓文明的發展要再過幾個世紀才能趕上來，而那時我早就不在人世。

我必須充分利用現有的一切，但這並非易事。

就拿俄國的情況來說吧。大約二十年（約一九〇〇年）前我在這個所謂的「聖地」住了一段時間，那時我們得到的外國報紙中總有四分之一的版面被塗得漆黑一片，技術上這被稱為「魚子醬」處理（指檢查員塗抹掉一些句子）。這種塗抹是為了隱藏一些內容，因為小心謹慎的政府不願意讓心愛的臣民們知道。

世界在很大程度上將這看作是「黑暗時代」的復甦，令人難以容忍，我們這些西方共和國的人保留了幾份被故意做了「魚子醬」處理的美國滑稽漫畫報紙，給本國老百姓看，讓他們知道遠近聞名的俄國人實際上是一種非常落後的野蠻人。

我是在較為開明的社會環境中長大的，這個社會真心信仰密爾頓的格言：「最高形式的自由是按照自己的良心自由地瞭解、自由地表達和自由地辯論。」

正如電影裡描述的，「開戰了」。於是我看到在過去的時代，《山上寶訓》被宣佈是親德國的危險禁書，不允許在王國千百萬臣民中流傳，出版了它的編輯和印刷商會被罰款或投入監獄。

鑒於此，似乎放棄研究歷史，轉寫短篇小說或經營莊園要更明智些。但這是服輸低頭，我要堅持自己的工作。儘量記住，在秩序井然的國度裡，每個正直的公民都應該有發言權和思考權，表達自己認為正確的東西，只要不干涉他人的幸福，不破壞文明社會的公序良俗，不違背當地司法制度就行。

當然，這使我被記錄在案，成為所有官方出版審查的敵人。在我看來，警方應該追查的倒是那些為了一己之利而印刷的色情雜誌和報紙。至於其他的，誰願意印什麼就由他去印吧。

我說這些並不是說我是理想主義者或改革家，我是個很講實際的人，最討厭浪費精力，也很熟悉過去五百年的歷史。這段歷史清楚地表明，對出版和言論的任何暴力壓制從來都沒有任何好處。

胡言亂語就像炸藥，只有放在狹小密封的容器裡，再加上外力的打擊，才會產生危險。如果放任一個可憐蟲去講演，他至多只能招來幾個好奇的聽眾，煞費苦心只會成為大家的笑柄。

同一個人，如果被目不識丁的粗魯的地方治安官戴上手銬送進大牢，再判個三十五年有期徒刑，那他就會變成大家同情的物件，最後還會被譽為烈士。

但是要記住一件事。

既有為好事獻身的烈士，也有為壞事送命的亡命之徒，後者手段狡猾，人們不知道他們下一步要做什麼。

因此，我要說，由他們去說去寫吧。如果他們說的是至理名言，我們就應該知道；如果不是，也會很快被遺忘。希臘人似乎意識到了這一點，羅馬人在帝國時代之前也是這樣做的。可一旦羅馬軍隊總司令成為帝國半神半人的人物，成為朱比特神的遠親，遠離普通民眾，一切就都改變了。

「欺君犯上」的罪名被發明了。這純粹是一樁政治罪，從奧古斯都時代到查士丁尼當政時期，許多人僅僅由於敢於上諫直言稍有冒犯，便被投入監獄。但如果人們把羅馬皇帝放在一邊，也就沒什麼談話題目需要迴避了。

到了教會統治世界的時候，幸福的時光便消失了。

耶穌死後沒幾年，善與惡、正統與異端之間便有了明確的分界線。一世紀下半葉，聖徒保羅在小亞細亞的以弗所一帶周遊了很長時間。那個地方的護身符和符咒是非常有名的。保羅四處傳教，驅逐魔鬼，獲得了極大的成功，讓許多人承認了自己異教的錯誤。作為懺悔的象徵，人們在晴天帶著魔法書聚集在一起，把價值上萬美元的秘密符咒付之一炬。你在〈使徒行傳〉第十九章可以讀到相關內容。

不過這完全是懺悔的人們自願的，〈使徒行傳〉上並沒有說保羅企圖禁止其他以弗所人閱讀或收藏這些書籍。

直到一個世紀以後，才出現了這樣的情況。以弗所城的一些主教下令，凡記載有聖徒保羅的書都是禁書，忠誠的信徒不應當閱讀。

在以後兩百年中，被列為禁書的書籍很少，因為出版的圖書數量也不多。

但是尼西亞會議（西元三二五年）以後，基督教成為羅馬帝國國教，審查文字隨之成為教士日常工作的一部分。某些書是絕對被禁止的。另外一些書則被稱為「危險品」，人們得到警告說，閱讀這類書的人都會有生命危險。為保險起見，作者在出版之前，最好還是先獲得當局的批准，這形成了一種制度，作者的手稿必須先送當地主教進行審批。

即使如此，作者也不能總是保證著作可以長存於世。某一任教皇宣布這本書無害，而他的繼承人卻會宣佈它褻瀆神靈，不堪入目。總的來說，這個辦法倒也較為有效地保護了撰寫人，使其免於跟自己在羊皮紙上寫下的作品一同被焚毀。那時的圖書還靠手抄流傳，出版一套三卷本需要五年時間，所以這項制度非常有效。然而這一切都被約翰·古騰堡的發明改變了。他的別名叫約翰·古斯弗雷什（John Gooseflesh）。

十五世紀中葉以後，有進取心的出版商在不到兩星期內便可以出版四百至五百本圖書，在一四五三年至一五〇〇年的短暫時間裡，西歐和南歐的讀者竟獲得不下四萬本不同版本的圖書，這相當於當時較大的圖書館多年積累的全部藏書。

圖書的數量出乎意料地迅速增加，這讓教會非常擔憂。他們明明知道有異教徒在閱讀手抄的〈馬太福音〉，卻不能輕易逮捕他，否則，又該如何處置那兩千萬異教徒？他們擁有兩千萬冊內容出色的圖書。這些人直接威脅了當權者的思想，看來有必要指派一個特別法庭審查以後的所有出版物，並決定哪些可以出版，哪些絕對不能出版。

這個委員會經常公佈一些書目，認為其中包含了「被禁止的知識」，由此產生了臭名昭著的《禁書錄》。它與宗教法庭一樣聲名狼藉。

有人認為出版審查是天主教會獨有的，其實這不對。許多國家的政府也害怕出版物蜂擁出現，威脅到國家的安寧。他們早已強迫出版商把書稿送到公共審查機關，凡是沒有蓋上官方批准大印的書都禁止出版。

不過，除了羅馬外，極少有國家把這種做法延續至今，即使羅馬的情形自十六世紀中葉以來已經有了很大的變化，這也是勢在必行。出版工作的進展非常迅速，紅衣主教為審查各類印刷品而成立的「《禁書錄》委員會」很快就應接不暇。除圖書以外，還有小冊子和油印文稿，以報紙、雜誌和傳單的形式洪水般地衝擊著社會，無論怎樣勤勉的人也休想在兩三千年內將它們通讀一遍，更談不上審查分類了。

統治者對不幸的臣民施行恐怖專制，自己也因為專制而吃了苦頭。

一世紀羅馬帝國的執政官塔西陀就曾宣佈自己反對迫害作者，認為這是愚蠢之事，先前絕無公眾注意之圖書反而會因此大獲矚目。

《禁書錄》證實了這個論斷。宗教改革成功後，大批遭到禁止的書籍地位陡增，

《禁書錄》成為想完整瞭解當時文學的讀者的指南。更有甚者，十六世紀的德國和低地國家（荷蘭、比利時、盧森堡）的出版商在羅馬長期駐有耳目，專門搜集被禁止或被刪節的最新書目，到手後便由特別的信使攜帶，跋山涉水越過阿爾卑斯山和萊茵河谷，以最快的速度送到贊助人手中。之後，德國和荷蘭的印刷廠開工，夜以繼日搶印特別版，將成書以高價賣出，由大批職業書販秘密運往禁書令執行森嚴的國家。

不過，偷運入境的書畢竟有限，而且在義大利、西班牙和葡萄牙這樣的國家，《禁書錄》直到二十世紀初的不久前還在嚴格實施，壓抑政策的後果實在是駭人聽聞。

如果這些國家在進步的比賽中逐步落後，原因並不難尋，因為大學生不但不能使用外國的教科書，就連不得不使用的國內書籍也是品質低劣。

最可悲的是，《禁書錄》讓人心灰意冷，沒有心思去研究文學和科學，因為正常人不想辛辛苦苦寫一本書卻被無知的檢察官「修正」得支離破碎，或者被不學無術的宗教法庭調查委員會秘書校訂得面目全非。

他們寧願去釣魚，參加化裝舞會或者去酒館消磨時間。

也許他會坐下來，在對自己和人民完全失望的狀態下寫下唐·吉訶德的故事。

第十章 關於一般歷史書，尤其是本書

我向厭倦現代小說的人熱烈推薦《伊拉斯謨信札》(The correspondence of Erasmus)，這位博學的求知者當年收到了許多比他更小心謹慎的朋友的來信，其中不乏老生常談的警告。

當時，某個高校教師寫道：「聽說您考慮寫一本關於路德之爭的小冊子。請您注意分寸，因為您很容易觸怒教皇，他祝您一切順利。」

或者說：「某個剛從劍橋大學回來的人告訴我，你正在籌備出版一本短論集。看在上帝的分上，不要惹皇帝不高興，他有權有勢，會嚴厲整治你。」

一會兒是魯汶主教，一會兒是英格蘭國王，一會兒是索邦大學，一會兒是劍橋大學可怕的神學教授，他都必須小心對待，不然作者就會失去收入，或者喪失官方對他的保護，還會落入宗教法庭的手裡，在刑車輪下被碾成碎塊。

如今，輪子（除了作為運載工具外）已經被放在老古董博物館裡，宗教法庭已經關閉近百年，對致力於文學的人來說，官方保護沒有任何實際用途。歷史學家聚在一起時更是閉口不談「收入」二字。

不過，一提到我要寫一部「寬容史」，另一種形式的警告和忠言便闖入了我那與世隔絕的小住所。

「哈佛大學已經拒絕接受黑人進宿舍，」一個秘書寫道，「請務必在您未來的書裡提一下這件最令人遺憾的事情。」

或者說：「麻塞諸塞州佛朗明哥的一家食品店老闆公開宣稱加入羅馬天主教，當地三K黨已經開始抵制他，您在撰寫寬容故事的時候一定會就這件事說上幾句吧。」

諸如此類的還有很多。

毋庸置疑，這些事情都很愚蠢，理應嚴加指責。不過，它們似乎不在論述寬容著作的討論範圍之內。這些事情只是惡劣的舉止和缺乏正派公共精神的表現，他們與官方形式的不寬容大相徑庭，官方的不寬容是與教會和國家的法律緊密關聯的，它讓對安分守己的百姓進行迫害成為一種神聖的職責。

歷史就像巴吉豪特（Bagehot）說的，應該像林布蘭的蝕刻畫一樣，把生動的光輝灑在最好最重要的事情上，至於其他的，就讓它們留在黑暗中，別去看吧。

現代的不寬容精神也曾經瘋狂地爆發過，報紙忠實地記載了一切，但即使從這裡頭我們也能看到未來的希望。

許多事情在前輩人眼裡看來合情合理，附上了「一直如此」的批語，這些事情本應理所當然地被接受，可今天卻又引起激烈的爭論。我們周圍的人往往會急忙保衛某些思想，而父輩和祖父輩卻認為這些思想是不切實際的幻想，他們常常向甚為討厭的下層民眾的精神世界開戰，成功的次數倒也不少。

這本書必須短小精悍。

生意興隆的當鋪老闆竭盡阿諛奉承之能事，北歐人獨霸一方的榮譽已有所折損，邊遠地區的福音傳教士愚昧無知，農民教士和巴爾幹的猶太教士固執己見，我不想談這些。他們總是糾纏著我們，這些人心地善良，但其思想很糟糕。

不過，只要沒有得到官方的支持，相對來說，他們倒也無害，在文明的國家裡，有害的可能性已經完全被消除。

個人的不寬容是個討厭的東西，它在群體內部引發不滿，比痲疹、天花和饒舌的人加在一起造成的影響還要大。不過，個人的不寬容不能處決別人。如果像某些國家有時發生的情形那樣，取了人性命，那就犯了罪，真正成為警方注意的對象。

個人的不寬容不能囚禁人，也不能讓整個國家規定人們必須想什麼、說什麼、吃什麼和喝什麼。如果真要這麼做，就必然會招致所有普通百姓的強烈不滿，新法令就會成為一紙空文，在哥倫比亞特區都無法執行。

簡而言之，個人的不寬容存在只能以自由國家的大多數公民不介意為極限，不能超越這一點。但是官方的不寬容卻並不是這樣，它有著非常大的力量。

它除了自己的力量之外，不承認任何權威。

官方的不寬容一旦狂怒，便可以讓無辜的人犧牲，也從不會做任何補救反悔的事情。它不聽任何申辯，還求助「上帝」支持自己的決定，花言巧語地辯解說這是「天國」的旨意，似乎剛剛在大選中獲勝的人獨自佔有了打開生存之謎的鑰匙。

如果這本書一再把「不寬容」等同於「官方的不寬容」，如果我很少談到個人的不寬容，那還請讀者能原諒我。因為我一次只能做一件事。

第十一章 文藝復興

在美國有一個博學的漫畫家，他喜歡問自己撞球、填字遊戲卡、小提琴、漂洗的衣服和門前的擦鞋墊會如何看待這個世界。

然而，我想知道的是，奉命操縱大型現代化攻城火炮的人的心理反應。戰爭中，許多人從事各種奇怪的工作，但有哪一個比發射大貝莎巨炮[1]更荒唐？

其他士兵或多或少都知道自己在幹什麼。

飛行員可以從飛騰而起的紅光中判斷自己是否擊中了煤氣工廠。

潛艇指揮員幾個小時後返航，可以通過海上漂浮的殘骸判斷是否成功。

壕溝裡的可憐蟲知道堅持在某個塹壕裡便是守住了陣地，他們也會因此得意。

甚至野外的炮兵向看不見的目標射擊後，也可以拿起電話話筒，向藏在七英里以外一棵枯樹上的同伴詢問，所要摧毀的教堂塔尖是否有坍倒的跡象，是否需要換個角度再轟一次。

但是，操縱大貝莎巨炮的弟兄們卻生活在一個奇怪、虛假、孤寂的世界中。他們冒冒失失把炮彈射向天空，卻無法預見炮彈會落到哪裡，就連知識淵博的彈道學教授也幫不上忙。炮彈也許真的擊中了要摧毀的目標，也許落在了兵工廠或者要塞中心。然而它也可能打中了教堂或孤兒院，或安靜地沉入河底，或紮進墓穴中，沒有造成任何傷害。

在我看來，作家在許多地方與攻城炮兵一樣。他們也在操縱一門重型火炮，他們的文學炮彈也許會在最不可能的地方引發革命或動亂。但是他們一般發射的都只是可憐的啞彈，無聲無息地落在附近的田野裡，沒有任何效果，最後被當作廢鐵，或被人做成雨傘架和花盆。

的確，歷史上從來沒有任何一個時期在這樣短的時間內消耗掉這麼多紙漿，這個時期就是通常所說的「文藝復興」。

1　大貝莎巨炮是第一次世界大戰中德軍在攻打巴黎時使用的巨型火炮。

義大利半島上每一個像托馬索（Tomasso）、里卡多（Ricardo）和恩力科（Enrico）這樣的人，日耳曼大平原上每一個像托馬索醫生（Doctor Thomasius）、利卡都斯教授（Professor Ricardus）和多米尼．海因里希（Dominus Henrich）這樣的人，都在急忙印刷出自己的作品，所用的紙張最小也是十二開的，更不用提模仿希臘人寫動人的十四行詩的托馬西諾（Tomassinos）和按照羅馬祖先的佳篇文體寫頌歌的利卡蒂諾（Ricardinos）了。還有無數人熱衷於收藏古幣、雕塑、塑像、圖畫、手稿和古代盔甲。幾乎整整三個世紀，他們一直都忙於把剛剛從先輩的廢墟裡挖出來的東西分類、整理、製表、登記、存檔和編纂，用無數對開的紙印出各種集子，再配上美麗的銅版畫和精製的木版畫。

毀了古騰堡的印刷術讓弗勞本（Frobens）、阿爾杜斯（Alduses）、愛琴尼（Etiennes）以及其他新興的印刷公司發了財，他們從強烈的求知欲中大發橫財。不過，文藝復興的文學產品並沒有對當時的世界，即作家們生活的十五、十六世紀產生巨大的影響。貢獻出新思想的人只是為數不多的幾個鵝毛筆英雄，他們像操縱巨炮的那些人一樣，不知道那個時代的自己究竟取得了多大的成功，作品造成了多大的破壞。但是，總的說來，他們排除了進步道路上的重重障礙。我們應當感謝他們乾淨徹底地清掃了堆積如山的垃圾，不然這些廢物還會堆在我們的思想裡妨礙我們。

不過嚴格地講，文藝復興起先並不是「向前看」的運動。它對剛剛消失的過去不屑一顧，稱上一代人的作品為「野蠻」之作（或「哥德式野蠻」之作，因為哥德人曾一度和匈牙利人一樣聲名狼藉）。文藝復興的主要興趣集中在藝術品上，因為藝術品裡蘊藏著一種叫「古典精神」的東西。

雖然文藝復興確實推動了精神的自由和寬容，為更美好的世界貢獻了一份力量，但是新運動的領袖們並沒有這樣做。

早在這之前很長時間，便有人質疑羅馬主教有什麼權力強行規定波希米亞農民和英格蘭自由民必須用哪種語言祈禱，必須用什麼精神學習耶穌的教誨，必須為自己的放縱行為付出多大的代價，必須讀什麼書，必須如何教育子女。他們公然蔑視這個超級大國的力量，卻被它打得粉碎。他們甚至還領導或代表過一場民族運動，但最終宣告失敗。

偉大的約翰．胡斯[2]餘溫未消的骨灰被粗暴地丟進萊茵河，這是對全世界的警告

——教皇的統治仍然至高無上。

威克里夫[3]的屍體被官方的行刑人焚燒，它告訴列斯特郡的底層農民，樞密院和教皇的權勢甚至能伸到墳墓裡。

顯然，正面攻擊是不可能的。「傳統」的堅固堡壘是在十五個世紀裡依靠無限的權威逐漸精心構建的，靠外力攻打休想佔領它。高牆深溝之中也有很多醜聞。三個教皇之間的戰爭，誰都聲稱自己是合法的，是聖彼得的唯一繼承人；羅馬和亞維農教廷腐敗透頂，在那裡制定法律只是為了讓人花錢來買特權；君主的生活道德淪喪；貪財之人以日益加劇的煉獄恐怖作為幌子，敲詐可憐的父母為超度死去的孩子花費大筆錢財，所有這些人所共知，但其從未威脅過教會的安全。

然而，一些人對基督教不感興趣，對教皇和主教也並無深仇大恨，他們胡亂開了幾炮，卻造成了破壞，讓這座陳舊的大廈傾倒。

布拉格「瘦小而蒼白的人」嚮往基督的崇高理想，可他沒能實現的事情卻被一群龍蛇混雜的平民實現了。這夥人別無他求，不論死活（最好等老了再死），都只想為世界所有善事提供支援，做教會母親的虔誠子女。

他們來自歐洲的各個角落，代表各行各業，如果當時的歷史學家點破他們所作所為的本質，他們會非常生氣。

我們以馬可．波羅為例。

人人知道他是個了不起的旅行家，看到過奇異的景象，而他習慣西方小城市的鄰居們稱他是「百萬美元馬可」。當馬可告訴人們說，他看到的金色御座有寶塔那麼高，花崗岩城牆的長度有波羅的海到黑海那麼長，人們只是被逗得哄堂大笑。

這個小夥子束手無策，然而，他在歷史的進程中起到了非常重要的作用。他的文筆並不好，他也和自己所處階層的同齡人一樣，對文學懷有偏見。紳士（甚至連威尼斯的紳士都應該知道複式簿記[4]）應該舞劍而不是要鵝毛筆，因此，馬可先生不願意當作家。但是，戰爭讓他進了熱那亞監獄。為了打發枯燥的鐵窗時光，他向同住一間

2　捷克宗教思想家，受威克里夫影響成為宗教改革者。

3　英格蘭的宗教改革先驅。

4　複式簿記是在每一項經濟業務發生後需要記錄時，同時在相互聯繫的兩個或兩個以上帳戶，以相等金額進行登記的一種記帳方法。

牢房的可憐作家講述了自己一生的離奇故事，靠這種間接的途徑，歐洲人終於瞭解了他們過去一無所知的許多事情。馬可．波羅是個頭腦簡單的傢伙，他固執地堅持說他在小亞細亞見過一座山被一個虔誠的聖人移動了兩英里，因為聖人想告訴異教徒「真正的信仰會有多大的威力」；他也輕信了許多廣為流傳的故事，還說存在沒有腦袋的人和三隻腳的雞，但他講述的事情卻勝過前一千二百年中的一切，從而推翻了教會的地理學理論。

當然，馬可．波羅從生到死，一直都是教會的虔誠弟子，如果誰要是把他比作同時代著名的羅傑．培根，他還會非常生氣。培根是個地地道道的科學家，他為了追求知識，忍痛整整十年沒有寫作，還蹲了十四年的監獄。

不過對教會來說，這兩個人中，還是馬可．波羅更為危險。十萬人中最多只有一個人會跟隨培根追逐天上的彩虹，琢磨精妙的進化理論來顛覆當時的神學觀點，而只學過ＡＢＣ的平民百姓卻可以從馬可．波羅那兒知道，世界上還存在大量《舊約》作者從未想過的東西。

我並不是說在世界尚未獲得一絲一毫的自由之前，僅靠出版一本書就能撼動《聖經》的權威性。後來風靡的啟蒙運動是數世紀艱苦準備的結果。不過，探險家、航海家和旅行家樸實的宣言得到了大家的理解，這對推動懷疑精神起了重大作用。懷疑論是文藝復興後期的特點，它允許人們去說去寫那些在幾年前還會讓人落入宗教法庭魔爪的言論。

以薄伽丘的朋友們聽到的奇特故事為例，他的朋友們從佛羅倫斯出發，開始一趟充滿趣味的旅行，頭一天便聽到了這些故事。故事說所有宗教制度都可能有對有錯。可是，如果這個說法是對的，那麼所有宗教體制的對錯都相等，許多觀點也就無法得到證實或遭到否定，既然是這樣，為什麼持各種觀點的人還要被判絞刑呢？

讀讀著名學者洛倫佐·瓦拉更奇特的探險。他死時還是羅馬教廷政權中備受尊敬的政府官員。然而，他在學習拉丁文時卻無可辯駁地證明說，關於君士坦丁大帝曾把「羅馬、義大利和西方所有省份」贈給西爾維斯特教皇的說法（這之後歷代教皇都以此為依據，控制整個歐洲）不過是個拙劣的騙局，那只是君士坦丁死去幾百年後教皇法庭裡的一個一文不名的小官捏造的。

也可以回到更實際的問題，看看一直受聖奧古斯丁思想薰陶的那些虔誠的基督徒。聖奧古斯丁曾教導他們說，地球另一側人的信仰是對神的褻瀆，是異端，那些可憐人不可能見到基督第二次降臨，因而根本沒有理由活在世上。不過，當一四九九年達·伽馬首航印度歸來，描述了他在地球另一側發現的人口稠密的王國，這些虔誠的基督徒又該如何看待聖奧古斯丁的教義呢？

這群頭腦簡單的人一直被告知說，我們的世界是平的圓盤，耶路撒冷是宇宙的中心。然而「維托利亞號」成功的環球航行，表明《舊約》中的地理論斷有很多嚴重的錯誤，這些基督徒應該相信誰？

我重複一下剛才所說的。文藝復興不是鑽研科學的時代，對精神領域方面也往往缺乏真正的興趣。在這三百年裡，一切事物都被美和享樂主導。教皇雖然暴跳如雷，反對一些臣民的異端教義，可是只要這些反叛者善辯，懂一點印刷和建築學，教皇也十分樂於邀請他們共進晚餐。

美德的熱情鼓吹者如薩佛納羅拉和不可知論者冒有同樣大的風險。但年輕的不可知論者很聰明，他們在詩歌和散文中抨擊了基督信仰的基本觀點，而且言辭激烈，絕對不是輕聲細語。

所有一切表露了人們對生活的新追求，但其中無疑暗藏著對現存社會秩序的嚴重不滿，並反對現存的社會和擁有無上權力的教會對人類理智發展的束縛。

薄伽丘和伊拉斯謨間隔近兩百年。在這兩百年裡，抄寫員和印刷商從來沒有清閒過。除了教會自己出版的圖書外，一些重要的著作幾乎都在暗示，野蠻入侵者造成的混亂局面取代了希臘和羅馬的古代文明，西方社會被無知的修道士掌管，世界陷入了悲慘的災難之中。

馬基維利和與羅倫佐·德·麥地奇同時代的人對倫理學並不怎麼感興趣。他們講究實際，最會利用現實世界。表面上他們表示要與教會和平共處，因為它組織強大，影響面甚廣，會給他們帶來極大的害處，所以從不有意地去參加任何改革的企圖，或對他們所處的體制提出質疑。

但是，他們對過去的事情的求索之心總也得不到滿足，他們不斷追求新的刺激，思維活躍，永不停歇，讓這個成長中的世界堅信「我們知道」，但是，從此刻開始，人們提出了這樣的問題：「我們真的知道嗎？」

這比佩脫拉克的十四行詩集和拉斐爾的畫集更偉大，更值得後世感念。

第十二章　宗教改革

現代心理學教會了我們一些關於自己有用的法則，其中之一就是我們極少出於某一種動機做事。不論是向新大學捐一百萬美元，還是連一毛錢都拒絕施捨給饑餓的流浪漢；不論是宣稱只有在國外才能得到真正精神自由的生活，還是發誓永不離開美國；不論是堅持把黑的說成白的，還是堅持把白的說成黑的。我們做決定的原因有很多種，我們也非常清楚這個道理。但如果我們對自己的鄰居承認這一點，那在世人面前難免會顯得難堪。因此，我們總會本能地從諸多動機中選出最冠冕堂皇的那個，再修飾一番以便公諸於眾，並將這個動機稱為「這就是我們做某件事的真正理由」。

事實反覆證明，這種做法雖然可以在大多數情況下矇騙大多數人，但從來沒有什麼方法能成功地瞞過自己，哪怕只有幾分鐘都做不到。

我們對這個讓人尷尬的事實很熟悉。因此，在文明之初人們之間就達成了默契，在任何公共場合都不能戳穿這一點。

私下怎麼想是自己的事，只要道貌岸然，我們心裡便會非常滿足，因此就樂於恪守這樣的原則，即「你相信我撒的謊，我也相信你撒的謊」。

「自然」是不講禮節的，它是上述行為準則的例外，因此它極少被接納進文明社會的神聖大門。迄今為止，由於歷史不過是少數人的消遣之物，所以司掌歷史的克利俄的繆斯女神一直過著乏味的生活，尤其跟不如她體面的姐妹們相比，就更是如此了。她的姐妹們自太古之初就被允許自由地唱歌跳舞，還每次都被邀請參加晚宴，這當然讓可憐的克利俄非常惱火，她不斷用巧妙的方式進行報復。

這完全是人性的弱點，而這個弱點很危險，往往讓人類在生命和財產上付出高昂的代價。

每當這個女神向我們揭露幾百年流傳下來的謊言時，這個和平幸福的世界就陷入動盪與硝煙之中。騎兵隊橫衝直撞，漫山遍野的步兵緩緩穿過大地。在所有的人回到各自的家中或進入墳墓之前，整個國家都會變成廢墟，國庫中的無數財富也會被耗盡。

如前所述，我們研究歷史的同行現在逐漸意識到，歷史既是一門科學，也是一門藝術，它受某些不變的自然法則制約，而這些法則在此之前只在化學實驗室和天文臺受尊敬。因此，我們就搞起了極為有用的科學大掃除，這讓子孫後代受益匪淺。

這終於把我帶到本章開頭的題目，那就是「宗教改革」。

不久前，對這場社會和思想方面的大變革只有兩種評價，要麼全盤肯定，要麼全盤否定。

全盤肯定的支持者認為，一些高尚的神學家對教皇齷齪的統治和唯利是圖的做法深感震驚，因此宗教熱情突然爆發，紛紛建立起自己的獨立教會。他們要在這些教會裡向真心誠意想當基督徒的人傳授真正的信仰。

仍舊忠於羅馬的人則沒有這麼樂觀。

按照阿爾卑斯山另一端的學者的說法，宗教改革是一場既可憎又可惡的陰謀，某些卑鄙的王宮貴族不想結婚，還想攫取本該屬於教會(他們稱之為神聖的母親)的財產，並因此反叛鬧事。

一如既往，雙方都對，可又都錯了。

宗教改革是形形色色出於各種動機的人促成的。直到最近我們才意識到，宗教方面的不滿情緒在這場大變革中只是次要原因，實際上它是一場不可避免的社會革命和經濟革命，神學的背景非常微弱。

當然，有一件事是更容易的，那就是讓我們的子孫知道黑森家族的菲利浦親王是個對改革教義感興趣的開明君主，而不是一個在施詭計向其他基督徒開戰時，會接受那些不信基督的土耳其人幫助的政客。所以幾百年來，新教徒把這位野心勃勃的年輕伯爵粉飾成寬宏大量的英雄。其實，他希望黑森家族取代自古以來與之競爭的哈布斯堡家族。

另一方面，可以把教皇克勉七世比作是寬仁的牧羊人，他在日益衰竭的晚年還在盡力保護教民，讓他們避免因追隨錯誤的領袖而誤入歧途。但把他描寫成典型的麥地奇家族的王公很難，因為麥地奇家族把宗教改革看成是一群醉酒鬧事的德國修道士之間不體面的爭鬥，並運用教會的勢力為他們的祖國義大利攫取了利益。因此，正如我們所料，我們看到大多數天主教的教科書都將克勉七世描繪得非常仁慈。

這種歷史存在的方式在歐洲可能是必要的。但是，我們既然在新世界幸運地落了腳，就不應受歐洲大陸祖先們所犯錯誤的影響，而應該自由地得出自己的結論。

黑森的菲利浦是路德的摯友和支持者，他雖然是個政治野心很大的人，但並不能說他在宗教信仰方面就不虔誠。

情況完全不是這樣。

一五二九年在著名的「抗議書」上簽名時，他和其他簽名者都很清楚自己可能會「遭到暴風雨般的鐵腕鎮壓」，還可能會上斷頭臺。他如果不是勇氣非凡，就不可能扮演實際的角色。

但我要說明的是，歷史人物因為某些原因做了一些事情，或被迫放棄了他沒有做的事。如果沒有深入瞭解他的各種動機，要評判這個歷史人物（或是我們熟悉的人）是很困難的，幾乎不可能。

法國有句諺語——知道一切就是寬恕一切。這似乎過於簡單，我想補充一下，把這句話修改成「知道一切就是理解一切（To know everything is to understand everything）」。在很久以前，仁慈的主寬恕眾人，我們還是把寬恕之職留給主吧。

我們可以放低姿態，努力去「理解」。這對能力有限的人類來說，已經算是很高的要求了。

現在讓我回到宗教改革這個正題上來。

以我對宗教改革的「理解」，這個運動起初是一種新精神的體現，它是前三個世紀經濟和政治發展的結果。後來，人們將其稱為「民族主義」，它與那個外來的國上之國是夙敵。在那之前的五個世紀裡，歐洲各國都要聽天主教廷這個國上之國的命令。

德國人、芬蘭人、丹麥人、瑞典人、法國人、英國人和挪威人團結一心，打破了長期監禁他們的牢籠。

如果沒有一個高於個人恩怨和期望的偉大理想，如果不能把所有迥然不同且彼此排斥的因素聯合在一起，宗教改革就不可能成功，就會變為一系列小規模的地方性起義，只需一支雇傭軍團和幾個精力旺盛的宗教裁判官就能輕易地將其鎮壓下去。

改革的領袖會重蹈胡斯的厄運，追隨者們也會像從前被殺害的瓦勒度學派和阿爾比學派的人一樣被處決。教皇統治集團會再次取得勝利，緊接著便是對「違反紀律」的人施行恐怖統治。

雖然宗教改革成功了，但極為僥倖。勝利一到手，反抗者遭受的威脅被解除，新教徒的陣營便分化為無數個對立的小山頭，並重演了敵人當權時犯下的錯誤。

一位法國修道院長（很遺憾我忘記了他的名字，他是個非常聰明的人）曾經說過，儘管人類有如此多的毛病，但我們必須學會愛人類。

我們從局外人的角度來看，在近四個世紀的時間裡，人們充滿希望，但同時也陷入更大的失望。回想一下有多少男男女女憑藉崇高的勇氣，在斷頭臺和戰場上毫不畏懼犧牲，但他們的理想卻從未實現。回想一下數以百萬計的普通市民為某些自認為神聖的東西犧牲。還有新教徒的起義，他們本想建立更自由、更開明的世界，卻以失敗告終。這都會使人的博愛之心經受異常嚴峻的考驗。

如果必須說實話，可以說新教奉行的主義剝奪了世界上許多美好、高尚的事物，添加了許多狹隘、可憎、醜陋的東西。它沒有使人類社會更簡單、更和諧，而是使它更複雜、更混亂。與其說這是宗教改革的過錯，倒不如說是大多數人自身有弱點。

他們想一切都徐徐圖之。

他們無法跟上領導者的步伐。

他們並不缺乏善良的願望，最終都跨越了通往新世界的橋樑。但他們只會慢慢過橋，而且還不肯放棄祖宗的傳統。

宗教改革本來想在基督徒和上帝之間建立一種全新的關係，擯除過去的所有偏見和腐敗，但這次改革最終被追隨者帶來的中世紀包袱塞滿，進退兩難。很快，宗教改革就變得跟它所憎惡的教廷一樣了。

這便是改革運動的悲劇，它無法擺脫大多數支持者思想上的桎梏。

結果，西歐人和北歐人並沒有取得長足進步。

宗教改革之前的說法是教皇不會犯錯，現在則說《聖經》是完美的。

之前只有一個至高無上的當權者，現在卻湧現出無數個小當權者，每一個都想按自己的方式嘗試專制。

宗教改革沒有把基督世界清晰地分為兩部分。本應一半是「裡面」，一半是「外面」，一半是虔誠的信徒，一半是異端，實際卻製造了無數個見解不同的小團體，他們之間唯一的相同之處，就是他們都非常仇視跟自己意見不同的人。宗教改革沒有建立寬容的秩序，而是模仿早期教會，一旦獲得權力，就會靠無數的教理問答手冊、教旨和懺悔詞為自己築起堅固的防線，向敢於質疑自己官方教義的人宣戰。這一切，毫無疑問，是非常令人遺憾的。

但是在十六、十七世紀的思想發展中，這又無法避免。

要形容路德和喀爾文這種領袖的勇氣，只有一個誇張的詞——「巨大無比」。路德是一名樸素的道明會修士，在德國邊遠地區的一所瀕海學院教書，他公然燒毀了教皇聖諭，用自己叛逆的思想狠狠地敲打了教會的大門。喀爾文是個體弱多病的法國學者，他把一座瑞士小村鎮變成了堡壘，完全蔑視教皇的權勢。這些都展示了他獨一無二的剛毅和勇氣，現代世界很難有人能與之媲美。

這些勇敢的造反者很快就找到了朋友和支持者，只不過這些所謂的朋友都各有目的，支持者也只是想渾水摸魚，好在這不是本書要討論的問題。

這些造反者為了自己的良知以命相賭，他們並不能預見世界的未來，也沒想到歐洲北部的大多數國家會聚集到自己的旗幟之下。

一旦他們捲入自己引發的洪流之中，就只能隨波逐流了。

很快，在這股洪流中，僅僅保證自己不淹死就耗盡了他們的全部力氣。遠在千里之外的羅馬教皇終於明白，這場讓人討厭的動亂比道明會和奧古斯丁會修士之間的私鬥要嚴重得多，它是一個前法國牧師的陰謀。讓教皇的眾多贊助人歡欣鼓舞的是，教皇暫時停建他心愛的大教堂，開會商討如何發動戰爭。教皇的詔令和開除教籍的命令飛往四面八方，帝國的軍隊開始行動。叛亂軍的領袖們無路可退，只好背水一戰。

這已經不是偉人們第一次在激烈的衝突中喪失自己均衡的思想了，歷史上有過很多先例。路德曾經說：「燒死異教徒是違背聖靈旨意的行為。」可幾年後，他一想到那些邪惡的德國人和荷蘭人竟然傾向於浸禮教派，就咬牙切齒，似乎失去了理智。

這個無畏的改革家起初還堅持說，人不應該把自己的邏輯體系強加於上帝，但後來卻燒死了理論顯然比他更高一籌的敵人。

今天是異教徒，明天就成為所有與自己意見不同的人的大敵。

雖然喀爾文和路德總是說黑暗即將結束，曙光終要來臨，然而他們在有生之年卻一直堅守著中世紀的傳統。

在他們看來，寬容不可能是美德。當他們沒有容身之地的時候，還願意向信仰自由的神聖權力求助，並用它來反駁敵人。一旦勝出，這個深得信賴的武器便被小心地放在新教廢品倉庫的角落，和其他很多善良的設想一起被當作不切實際的東西廢棄到一邊。它就這樣被遺忘在角落，直到許多年後才從裝滿了古舊說教的箱子裡被翻出來。後來的人撿起它，拭去污漬，又一次將其帶上戰場，但人的本質已經發生了變化，與十六世紀早期為之奮戰的人截然不同。

但是，新教革命對寬容事業依然有巨大的貢獻。這倒不是直接取得的，宗教改革的一切結果間接促進了各方面的進步。

首先，它讓人們熟悉了《聖經》。教會從未明令禁止人們讀《聖經》，但也沒有鼓勵普通人研讀這本聖書。現在像正直的麵包匠、燭臺製造商等普通人終於都可以擁有一本《聖經》了，可以在自己的作坊裡獨自研究它，得出自己的結論，而且沒有被燒死在火刑柱上的危險。熟悉《聖經》之後，我們就會消除對不可知神秘事物的恐懼感。在宗教改革之後的兩百年間，從巴蘭的驢子到約拿的鯨魚，虔誠的新教徒相信《舊約》中的每一句話。人們知道就連其中的一個逗號（聖經中的逗號是博學的亞伯拉罕・科洛威斯（Abraham Colovius）在神靈的感召下寫出的）都不能質疑，

一定不能讓其他人聽到自己質疑的竊笑。這倒不是說他們害怕宗教裁判所，而是因為新教牧師有時能讓他們的生活過得很不愉快。而且，由此導致的經濟後果即使不

是毀滅性的也會十分嚴重。

實際上這本書的內容是關於牧羊人和商人的小民族歷史，但卻產生了路德、喀爾文等宗教改革領袖未能預見的後果。

假如他們預測到了後果，我猜他們會和教會一樣不喜歡希伯來文和希臘文，會極其小心地不讓這本書落入普通人之手。因為，之後越來越多治學嚴謹的學者都把《舊約》當作一本有趣的書來欣賞。但是，在他們看來，裡面描寫了許多令人髮指的故事，其中殘忍、貪婪和血腥的內容是絕對不可能在神的指示下寫成的。從內容本身判斷，那只能是處在半野蠻狀態民族的生活寫照。

從這以後，許多人自然覺得不能再把《聖經》看成是唯一的智慧源泉了。一旦自由思考的障礙被掃除，被阻攔了近一千年的科學探索洪流，便會沿著自然形成的管道奔騰起來，古希臘和古羅馬哲學家的成果在一度中斷後，又從二十個世紀以前停滯的地方被重新撿了起來。

從寬容的角度來看，還有一點更為重要，宗教改革讓西歐和北歐從羅馬教廷的控制中解脫。教廷表面上是宗教，實際卻是羅馬暴虐精神專制的延續。

信仰天主教的讀者可能不會同意這些觀點，但他們也應該感謝這場宗教改革運動，這場運動本身無法避免，它在一定程度上對天主教義做出了貢獻。因為天主教這個神聖的名字曾一度淪為貪婪和暴政的代名詞，教會被迫依靠自身力量竭盡全力才掃除了自己的汙名。

教會在這一點上取得了輝煌的成功。

十六世紀中葉以後，梵蒂岡不再容忍貴族波吉亞家族。教皇和以前一樣，仍然由義大利人擔任，要改變這一規矩幾乎是不可能的。如果從紅衣主教中選出一個德國人、法國人或其他任何一個外國人當新教皇，羅馬的底層平民肯定會把整個城市掀翻。

新教皇的選舉慎之又慎，只有那些最德高望重的人才有希望當選。新任教皇在忠誠的耶穌會成員的輔佐下，開始了徹底的整頓。

贖罪券停止銷售。

修道院的神職人員被命令研讀並服從其創始人定下的規矩。

托缽僧從文明城市中消失。

文藝復興時期人們對宗教改革的漠視態度已經終結，緊接著人們開始熱切嚮往一種聖潔有益的生活，做善事，謙卑地竭力幫助那些無力承受生活重擔的人。

雖然如此，教廷再也沒能收復失去的大部分疆土。從地理上看，歐洲北部基本信奉新教，只有南半部保住了天主教。

不過，如果我們把宗教改革的成果用更具象的語言解釋出來，就能更清晰地看出歐洲發生的實際變化。

在中世紀，出現了囚禁精神和心智的監獄，它無處不在。

新教徒摧毀了舊的牢籠，他們用廢墟中的材料建立起了自己的監獄。

所以，在一五一七年以後，出現了兩座監獄，一座關押天主教徒，另一座關押新教徒。

至少最初的格局就是如此。

可是新教徒不像天主教，沒有迫害和鎮壓民眾的經驗，所以，他們想建立無異見者領域的計畫失敗了。

大批不服從的囚徒從窗戶、煙囪和地牢的門逃出。

不久，整個監獄崩塌。

到了夜晚，「不法分子」們把石頭、大樑和鐵門閂拉走，第二天早晨，他們用這些材料建了一座自己的小監獄。這座監獄外表上很像一千年前格里高利大教皇（聖額我略一世）和英諾森三世建的第一座監獄，但內部卻並不堅固。

監獄很快投入使用，新的規章制度被貼在門上，大批心懷不滿的信徒蜂擁而出。監獄的看守們（即現在的牧師）沒有執行紀律的手段（開除教籍、酷刑、處決、沒收財產和流放），只好無奈地觀望著這群下定決心的亂民。這些叛徒按照自己的神學喜好建起了一道柵欄，宣佈了一套能暫時迎合他們信仰的新教義。

這一過程經常反復。最後，在不同的監獄之間形成了許多精神上的「無人區」。在這些「無人區」中，求知者可以隨意閒逛，正直的人們可以自由思考，且不會受到阻礙或干擾。

這就是新教運動為寬容事業做出的貢獻。

它重建了個人的尊嚴。

第十三章　伊拉斯謨

在撰寫每本書的時候都會出現危機。有時出現在前五十頁，有時到快結束時危機才顯露出來。的確，沒有危機的書就像沒有出過麻疹的孩子，總會有問題。

這本書的撰寫危機出現在幾分鐘之前。在文明的一九二五年撰寫論述寬容思想的書其實相當荒唐，總覺得之前做的準備性研究是在浪費寶貴的時間，很想燒掉布里（Bury）、萊基、伏爾泰、蒙田和懷特（White）的著作，也想把我自己的書拿去點爐子。

怎麼會這樣？

原因很多。第一，作者與自己定下的題目親密接觸的時間太長，難免會厭倦。第二，作者懷疑這類書一點實際價值都沒有。第三，作者擔心這本書只會被不那麼寬容的同胞當成一個採石場，他們在書中隨便挖幾段簡單的事實就可以為自己可惡的行徑辯解。

對嚴肅題材的書而言，上述情況都會出現。除此之外，我這本書還有一個無法克服的困難，就是它的「結構」。

一本書要成功，必須要有頭有尾。這本書有開頭，但結尾在哪裡？

這就是問題。

我可以舉出許多駭人聽聞的罪行，它們打著公正的旗號，實際卻導致了不寬容的結果。

我可以描述出如果不寬容作為至高無上的美德，人類淪落時會有多痛苦。

我可以譴責和嘲笑不寬容，直到讀者們一致疾呼：「打倒不寬容，讓我們全都寬容起來！」

但是有一件事我做不到。我無法說清楚應該怎樣達到我奮力追求的「寬容」目標。現在有各種各樣的手冊，教我們飯後閒談及如何表演口技等雜事。上周日我看到一張函授課廣告，那個函授機構保證只收很少的費用，就能讓學生學到兩百四十九個科目。但是迄今為止，還沒有人能用四十節課或四萬節課講清楚「如何做到寬容」。

據說歷史是能解開許多秘密的鑰匙，但就算是歷史，在這種危急的情況中也無法幫到我。

的確，人們可以撰寫人部頭的著作，討論奴隸制、自由貿易、死刑和哥德式建築的產生和發展等問題，因為這些問題是非常明確具體的。即便沒有任何資料，我們至少還可以研究支持或反對自由貿易、奴隸制和哥德式建築的人的生平，我們可以從這些傑出人物的個人習慣、社會關係、飲食愛好、喜歡抽的煙葉甚至喜歡穿的褲子等資訊中得出一些結論，看看他們熱情支援或激烈反對的到底是什麼。

從沒有人把寬容當作自己的職業，那些對這項偉大事業最熱情的人具有很大的偶然性，那些政客、作家、國王、醫生或不起眼的工匠都一樣，他們的寬容只是副產品，他們追求的是別的東西。有時，他們可能會抽時間為寬容美言幾句，但為寬容而奮鬥卻不是他們畢生的事業。這群人對寬容的興趣就像下棋和拉小提琴一樣。他們分別是各領域中拔萃出群的人（姑且不論生卒年代，試著想像斯賓諾莎、腓特烈大帝、美國總統湯瑪斯·傑弗遜和蒙田竟然是好友！）但很難在他們身上找到共同的特徵，即便那些特徵無論是在當兵、修築管道，還是拯救世界於罪孽之中的各行各業的人都共同存在的。

在這種情況下，作家很容易去求助警句。在這個世界，各種進退維谷的難題都有對應的警句。但是在「寬容」這個特殊問題上，《聖經》、莎士比亞、以撒・沃爾頓（Izaak Walton）甚至老貝哈姆（old Benham）都沒有留下任何東西。也許喬納森・斯威夫特（按我記得的）是最接近「寬容」的，他說大多數人都因自己的信仰而憎恨其他人，而不是去愛其他人。可惜，這句警句還不能完全解決我們目前的難題。有些人對宗教的熱情不遜於任何人，從心底裡也最仇恨別人。有些人毫無信仰宗教的本能，卻對野貓野狗和基督世界的人類有仁愛之情。

不，我必須自己得出答案。經過長久的思考後，雖然沒有多少把握，我還是要說出我自己所認為的真理。

凡是為寬容而戰的人，不論彼此有什麼不同，至少有一點是共同的——他們的信仰總是存在懷疑，他們相信自己是正確的，卻又不會太絕對。

在當今這個愛國主義氾濫的時代，我們總是熱情地高呼要百分百相信這個，百分百相信那個，倒不妨看看大自然給我們的啟示，大自然似乎天生就反感任何標準化的理想。

純粹靠人餵養的貓和狗自理能力很差。眾所周知，它們不比人類聰明，如果沒人把它們從雨裡抱走，它們可能就會被雨淋死。百分百的純鐵早已被拋棄，取而代之的是混合金屬──「鋼」。沒有哪個珠寶商會費力用百分百的純金或純銀製作飾品。小提琴無論多好，也必然要用六、七種不同的木材製作。至於一頓飯食如果百分百全是玉米糊，我謝謝您，我可吃不下！

簡而言之，世間絕大多數有用的東西都是由不同成分組成的，我絲毫看不出信仰要成為例外的理由。我們「肯定」的基礎裡要是沒有一點「懷疑」的成分，那我們的信仰就會像純銀的鐘的聲音一樣輕浮，或像黃銅做的長號一樣吹起來聲音刺耳。

寬容的英雄們之所以與眾不同，正是因為他們深刻認識到了這一點。

就人品的正直、信仰的虔誠、職責的無私履行以及其他所有的美德而言，清教徒法庭裁判委員會會讓他們中的大多數人過關。如果不是因為他們的特殊傾向，逼迫他們公開對抗那個唯一有權封聖的機構，按他們的生活和死亡方式，他們中至少有一半人值得封聖。

還好，這些人都有非凡的懷疑精神。

他們知道（正如他們的前輩古羅馬人和古希臘人一樣）自己面對的是一個極大的問題，任何正常人絕不期望能夠解決這個問題。他們一方面希望並祈禱自己所走的路能最終到達安全的目的地，但同時又不相信這是唯一正確的路。而剩下的路雖不是通往毀滅的邪路，但都是錯的，這些歧途吸引了許多普通人。

這一切，聽起來與《教理問答手冊（catechisms）》和倫理學教科書上的觀點截然相反。這些書或許宣揚的是——「被有絕對信仰的純白火焰照耀的世界」具有絕對的美德，但是在火焰燒得最旺的幾個世紀裡，普羅大眾的生活卻並不幸福。我並不支持激烈的變革，但就算是調劑一下，我們也不妨試試別的眼光，宣揚寬容的那些人就習慣用這種眼光審度世界。如果試驗不成功，我們還可以退回到先輩的傳統中。但如果實驗證明新的角度能讓社會變得更好，能讓社會多一點仁慈和忍讓，少一點醜惡、貪婪和仇恨，那麼我們就收穫良多，付出的代價肯定會很小。

提了這一點建議後，不管好壞，下面我得回來接著講歷史。

最後一個羅馬人被掩埋後，最後一個世界公民（取其最好、最廣泛的意義）消失了。過了很長時間，社會才穩定下來，曾代表當時思想精華的古代世界兼容並蓄的人文精神也安全地回到了世間。

正如我們所見，這就是文藝復興。

國際貿易的復甦為西方貧窮的國家帶來了新的資本。新城市拔地而起，新的階層開始資助藝術、購買圖書，並向隨著全面繁榮而興起的大學捐款。一些「人文科學」（研究所有人類的科學）的忠實支持者開始反抗舊經院哲學的狹隘局限，並與守舊的虔誠信徒分道揚鑣，因為後者把他們對古人智慧和相關原理所表現出的興趣，當成是一種邪惡的好奇心。

本書接下來要講這一小群先驅者的故事，其中最值得稱讚的一位就是那個脾氣溫順的、名叫伊拉斯謨的人。

雖然他脾氣溫順，但也參加了當時所有的論戰，他精確地使用了一種可怕的武器——「幽默感」，它的威力如遠端大炮一般，敵人因此被轟得聞風喪膽。

伊拉斯謨的智慧威力巨大、種類繁多，就像裝著芥子毒氣射向敵人國土的炮彈，一眼看去似乎毫無害處，它沒有劈啪作響的導火線，看起來倒像是五彩絢麗的煙花，但上帝保佑那些把這玩意兒拿回家讓孩子玩的人們吧。「毒氣」肯定會進入孩子幼小的心靈，而且效力持久，整整四個世紀都沒有辦法根除。

奇怪的是，這樣一個人，竟出生在北海淤泥沉積的東岸上一個沉悶的小鎮裡。十五世紀時，這些被水浸濕的地區還沒有成為獨立富足的國家，只是一群無足輕重的小公國，處在文明社會的邊緣。那裡長年散發著鯡魚的味道，因為鯡魚是他們的主要出口產品。就算有外來人，也只會是橫屍在荒涼海灘上、遇到海難的可憐水手。

不過，在這種討厭的環境中度過可怕的童年，也會刺激好奇的孩子奮力抗爭，最後獲得自由，成為當時的風雲人物。

他是個私生子，從出生一開始就事事不順。中世紀的人與上帝和大自然之間的關係親密而友好，對這種不體面的事情要比我們現在計較得多。他們不同情這種遭遇，這種事情是不應該發生的，他們對此很不贊同。但是，除此之外，他們的思想都很單純，沒有想過要去懲罰搖籃裡的嬰兒，因為這不是孩子的錯。伊拉斯謨的身世並沒有給他惹上麻煩，只是表明他的父母都很糊塗，並且完全沒有能力應付，只好把伊拉斯謨和他哥哥留給了不是蠢貨就是流氓的親戚看管。

他們的叔叔和監護人不知道該如何處置這兩個孩子，他們的母親一死，兩個小傢伙就無家可歸，他們先是被送到代芬特爾的一所著名學校，那裡的幾位教師加入了「共同生活兄弟會」。但我們從伊拉斯謨後來的信件可以判斷，所謂的「共同」其實只是「平庸」而已。後來，兩個孩子被分開，弟弟伊拉斯謨被帶到豪達（Gouda），在那兒他由拉丁文學校校長直接管理。這位校長被指定管理孩子繼承的微薄遺產，他是三位監護人之一。四百年後，我參觀過伊拉斯謨的那所學校，如果在當時這學校和現在一樣糟糕，那我只能為這個可憐的孩子感到可惜。更糟的是，三個監護人這時已經把他的遺產揮霍完了，為了不被起訴（以前荷蘭法庭對這類事情毫不通融），他們急忙把孩子送進修道院當了教士，還告訴他應該微笑面對人生，因為「他的前途有了保障」。

歷史的神秘磨坊從這些可怕的經歷中，磨出了具有偉大文學價值的東西。在中世紀末期，所有修道院中半數以上的人都是目不識丁和滿手老繭的鄉下人。這個敏感的年輕人別無選擇，孤獨地與這些人住在一起，真是讓人憐憫。

幸運的是，施泰恩（Steyn）修道院的紀律鬆散，伊拉斯謨能把大部分時間都用在研究前任修道院長收藏的拉丁文手稿上，這些手稿早就被人遺忘在圖書館。他在這些手稿中汲取精華，最後終於成了古典學問的活百科全書，這對他以後的發展大有益處。他總是居無定所，很少能去圖書館查閱參考資料。不過這沒關係，因為他可以憑自己的記憶加以引用。但凡讀過他十大本著作合集或是稍微讀了其中一部分的人（現在的人生真是短暫），一定會讚賞十五世紀的「古典知識」。

當然，伊拉斯謨最後離開了那個古老的修道院。像他這樣的人不會受制於環境，這樣的人能用最不成器的材料為自己創造環境。

在伊拉斯謨完全自由的餘生中，他一直想找一個清靜的地方，以便避開慕名而來的訪客的干擾。

可是直到他去世之前，對童年時代「親愛的上帝」的緬懷，使他的靈魂陷入長眠的時候，他才享受了短暫的「真正的悠閒」。這對於追隨蘇格拉底和芝諾的人來說，是極少能達到的最美佳境。

這些過程被描寫過很多次，我就不贅述了。每當兩個以上的人以真正智慧的名義湊在一起時，伊拉斯謨都會在那兒出現。

還是窮學生的時候，他在巴黎學習過，差一點在饑寒交迫中死去。他在劍橋教過書，在巴塞爾（瑞士）印過書，還想把啟蒙之光帶到正統而又遠近聞名的魯汶大學，但徒勞無功。他在倫敦待過很長時間，獲得了都靈大學神學博士學位。他熟知威尼斯大運河，還咒罵澤蘭（荷蘭）的糟糕道路，就像咒罵倫巴第（義大利）的道路一樣順口。羅馬的天空、公園、街道和圖書館給他留下了深刻的印象，甚至希臘神話中的冥河之水也不能把這座聖城從他的記憶中洗去。他只要還在威尼斯，每年都會得到一筆豐厚的資金，每當威尼斯辦新大學，肯定會邀請他去，任他選擇他想擔任的要職，即使他不在學校任教，只是偶爾光臨一下校園也會讓大學感到不勝榮幸。

但他堅持回絕了此類邀請，因為這些邀請似乎有讓他有寄人籬下和被束縛的感覺。他最看重自由，他也喜歡舒適的房間，討厭破舊的東西。他喜歡有趣的同伴，不喜歡無聊乏味的。他知道勃艮第的葡萄酒佳釀和亞平寧地區淡紅色墨水之間的區別，但他想按自己的方式生活，如果他不得不稱別人為「主人」，那這些就都不可能實現。

他給自己選定的角色其實可以算是知識的探照燈，無論前方形勢的走向如何，伊拉斯謨都能立即用他的智慧之光照亮它，去掉它的偽裝，戳穿它的「愚蠢」和自己非常痛恨的「無知」，盡力讓旁人看清它的真面目。

在歷史最動亂的時期，他做到了這一點，既避開了新教狂熱者的怒火，又不會惹惱宗教裁判所的那些朋友，他一生中最常被人們指責的也正是這一點。

因為後人似乎特別喜歡以身殉道的先人。

至少有十二代的有識之士問過：「這個荷蘭人為什麼不勇敢地挺身支持路德，跟其他改革者一起豁出性命？」

回答是：「他為什麼要這樣做？」

伊拉斯謨本性就不喜歡訴諸暴力，他也從來沒有把自己看成是運動領袖。他缺乏堅信自己正確的信念，這是那些努力要告訴全世界未來一千年應該如何走的人所擁有的特點。另外他認為，我們每次覺得有必要重新佈置住所的時候，不必將舊房子都拆掉。的確，地基需要整修，下水道太過時了，花園裡堆滿了以前住戶扔下的許多破爛，髒亂不堪。但如果房主兌現自己的承諾，花一些錢做些改善，這裡的情況會煥然一新，伊拉斯謨並不願意做得太多。儘管他的敵人譏諷他是個「折衷」的人，但他的成功卻和（也許高於）那些「激進派」一樣。世界上以前只有一個暴君，激進派卻為這個世界帶來了第二個。

伊拉斯謨像所有真正的偉大人物一樣，他也不喜歡制度。他相信，拯救世界需要每個人的努力，每一個人有所改變，便能改變世界。

所以，他直接呼籲廣大平民抨擊當時濫用權力的現象，他採用了很高明的手段。首先，他給國王、皇帝、教皇、修道院長、騎士以及出身卑微的人寫了大量的信。凡是想跟他聯繫的人，他都洋洋灑灑給他們寫了至少八頁。

其次，他校訂了大量古代文獻，這些文獻因為被轉抄太多次，已經文不達意了。他為了校訂出完美的版本，不得不學習希臘文。他多次煞費苦心想要掌握這門被教會禁止的語言，這讓許多虔誠的天主教徒堅持認為他骨子裡與真正的異教徒一樣壞。這聽起來未免太荒唐，但事實就是如此。在十五世紀，體面的基督徒絕不會去學這門被禁用的語言，當時希臘語的名聲就和二十世紀初的俄語一樣不好，會一點希臘語會給人惹上許多麻煩，他們會因此受到誘惑，拿〈福音書〉的原文與譯文做比較，而教會已經保證過這些譯文忠實地再現了原文，這僅僅是個開始。不久他會到猶太區去學希伯來語，再往下，離公開反叛教會的權威只差一步了。

在很長一段時間裡，擁有一本寫滿了奇怪文字的書，就足以證明主人有秘密革命的傾向。

教會當局時常闖入民居搜查此類違禁品。拜占庭難民為了維持生計，想偷偷教一點本國語言。一旦被發現，他們就會被驅逐出境，無處避難。

伊拉斯謨克服了這些障礙，學會了希臘語。他在編輯聖西普里安（居普良）、克里索斯托（約翰一世）以及其他一些神父的書時加入了注釋，裡面巧妙地隱含了許多對時事的評論。如果作為一本單獨的小冊子，這些文字是絕對不可能被出版的。

但是，這種調皮的注釋風格，在伊拉斯謨創造的另一種完全不同的文學形式中顯露了出來，我說的是著名的希臘語和拉丁語格言集。他把格言收集起來編成書，以便當時的孩子們能學會古文，寫出古雅的句子。這些所謂的「箴言集」中充滿了機智的評論，在周圍的保守派看來，一個跟教皇關係親密的人是不會有如此手筆的。

最後，他還寫了一本奇特的書，可以算是因時代應運而生的一本怪書。這種書其實是為了博幾個朋友一笑而寫的，然而作者本人都沒想到這本書能在古典文學史中占一席之地。這本書叫《愚人頌》。

一五一五年，一本小冊子震驚了世界。這本小冊子文風巧妙，沒人說得清它是在攻擊僧侶還是在為之辯護。封面上沒有署名，但對文化界有些瞭解的人指出它出自一個叫烏爾里希．馮．赫頓的怪人之手。他們沒猜錯，此人是桂冠詩人，也是奇怪的城市流浪漢。這個有才華的年輕人在這本有些粗糙但頗為實用的諷刺大作中發揮了不小的作用，他自己也引以為豪。他聽說連英國新學領袖湯瑪斯．摩爾都對這本書稱讚有加，於是寫信給伊拉斯謨，詢問詳細情況。

伊拉斯謨並不喜歡馮．赫頓這個人。他的思想有條有理（這反映在他有條理的生活中），所以他討厭這個邋裡邋遢的條頓騎士。這種人白天瘋狂地以啟蒙事業為名揮舞筆和劍，然後便去附近的小酒館痛飲，用酸啤酒讓自己忘掉時間的流逝。

不過，馮．赫頓有自己的方式，他的確是個天才，伊拉斯謨給他的回信也彬彬有禮。在信中，伊拉斯謨大談他的倫敦朋友湯瑪斯．摩爾的美德，還描繪了一幅美滿家庭的迷人畫面，湯瑪斯爵士的家庭被塑造成所有家庭中的出色典範。他在這封信中提到，是摩爾這個才華非凡的幽默作家最初給了他寫《愚人頌》的靈感，很可能正是摩爾家庭裡的和善與熱鬧（摩爾家可以算得上是真正的挪亞方舟，有兒子、兒媳、女兒、女婿、鳥、狗、私人動物園、私人劇院和小提琴樂隊）啟發了伊拉斯謨，讓他寫出了這些令人愉悅又讓他永遠被銘記的文字。

這本書讓我想起了英國滑稽木偶劇《龐奇和裘蒂（Punch and Judy）》，在幾個世紀裡，這部劇一直都是荷蘭兒童唯一的娛樂素材。《龐奇和裘蒂》中有許多粗鄙庸俗的對話，但又忠實地保持著一種嚴肅高雅的格調。用嘶啞嗓音說話的「死神」是戲裡的主角，其他演員被迫來到這位衣衫襤褸的主角面前自我介紹。讓小觀眾們覺得高興的是，這些角色一個接一個被人用大棒子敲了腦袋，還被扔到假想的垃圾堆上。

《愚人頌》認真地剖析了整個時代的生活結構，「愚人」就像一個受到啟發的驗屍官，它站在一旁對觀眾進行評論，整個「中世紀主流社會」裡的形象基本上全都被搜羅其中。當然，當時那些野心勃勃、道貌岸然的僧侶大談「救贖」的言論和他們偽裝虔誠的說辭統統被寫入了書中。對此，他們不會忘記，也不會原諒。

教皇、紅衣主教、加利利地區貧苦漁民和木匠的後代，也在人物表裡占了好幾章的篇幅。

不過，伊拉斯謨撰寫的「愚人」和幽默文學中常見的匣中玩偶式的人物相比，顯得更實在。他在這本小書中（在他寫的其他文字中也一樣）宣揚了自己的一種哲理，我們不妨稱其為「寬容的哲學」，即「自身生存的意願和讓別人生存的意願」。他認為神聖律法中的精神是最重要的，原始文字中字裡行間的逗號和分號並不重要。他用真正的人的身份看待宗教倫理體系，而不是將其當成一種統治方式來接受。這讓固執的天主教徒和新教徒將伊拉斯謨痛斥為「不信上帝的騙子」，他們認為伊拉斯謨是所有宗教的敵人，說他不僅「詆毀了基督」，還把自己的真正想法藏在一本巧妙小冊子中有趣辭藻的背後。

咒罵一直持續到伊拉斯謨去世，但沒起任何作用，這個尖鼻子的小個子一直活到七十歲。當時有誰想在官方指定的聖書文本中增加或減少一個字都會被判絞刑。伊拉斯謨對流行英雄的事情毫無興趣，他也公開表過態。他認為訴諸武力不會有任何結果，因為他深知，如果神學上的一點兒小爭執會演變成國際宗教戰爭，那世界要冒多大的風險？

於是，他像一隻巨大的海狸日夜不停地築造理智和常識的堤壩，心中存有一線希望，期盼這座堤壩可以阻擋無知和不寬容不斷上漲的洪潮。

他當然失敗了。要擋住從德國山峰和阿爾卑斯山上沖來的惡意與仇恨的洪水，是根本不可能的。死後沒幾年，他構築的「堤壩」就完全被沖垮了。

但是，因為他的不懈努力，堤壩的許多碎片又被沖回到後人的岸上，對那些永遠無法被鎮壓的樂觀主義者來說，這些是很好的建築材料。他們深信，總有一天我們會築起一道可以真正擋住洪水的堤壩。

一五三六年七月，伊拉斯謨去世。

他一直都保持著幽默感，死在了他的出版商的房子裡。

第十四章　弗朗索瓦・拉伯雷

社會巨變往往創造出奇怪的夥伴。

伊拉斯謨的名字可以印在令人敬仰的書中供全家閱讀，但在大庭廣眾之下提及弗朗索瓦・拉伯雷卻是不雅的。這個傢伙確實危險，以至於我國還通過了一項法律，禁止天真的兒童接觸他邪惡的作品，在很多國家，他的書只能從膽子比較大的書商那裡買到。

這當然只是騙人的貴族們，用恐怖統治強加給我們的眾多荒唐事中的一件罷了。

首先，拉伯雷的書對二十世紀的普通讀者來說，就像《湯姆・鐘斯(Tom Jones)》和《有七個尖頂閣的房子》一樣枯燥。很少有人能讀完冗長的第一章。

其次，他的話並沒有刻意暗示什麼。拉伯雷用的是當時通俗的語言，如今已經不常用了。不過，在鄉村牧歌的年代，百分之九十的人都與土地有不解之緣，所以書中詞彙取的都是本身的含義，鋤頭就是鋤頭，母狗也不會被誤解為「壞女人」。

然而原因不在這裡。現在人們對這位出色的外科大夫的著作有非議：不光是不喜歡內容豐富但極其露骨的俗語，而且是很多自命不凡的人，在面對一個拒絕被生活擊敗的人時會感到害怕。

在我看來，人可以分為兩種——一種對生活說「是」，另一種說「不」。前一種人接受生活，無論吝嗇的命運給了他們什麼，他們都會勇敢地盡力而為。

後一種人也接受生活（他們要如何幫自己），但又鄙視生活，並感到焦躁不安。就像孩子本來要的是小狗或小火車，卻得到了一個新出生的小弟弟。

說「是」的樂天派很樂意接受鬱悶的鄰居對自己的評價，願意忍讓他們，即使說「不」的人在大地上散佈哀歎，為自己的絕望樹立起恐怖的紀念碑，樂天派們也不會前去阻攔。然而，說「不」的人卻很少對前者以禮相待。

沒錯，如果「是」這一派想走自己的路，「不」這一派便會立即把他們消滅得乾乾淨淨。這可有些難度，於是「不」這派為了滿足自己嫉妒的靈魂，便無休止地迫害那些聲稱世界屬於活人而不屬於死人的人。

醫生拉伯雷屬於前者，他的病人，或者說他的思想極少死去。這在當時對很多人來說無疑是件非常可惜的事，但我們不能都去做掘墓人。必須得有一些像《哈姆雷特》中的角色波隆尼爾那樣的樂觀派，如果世界上到處都是憂鬱的哈姆雷特，那該有多可怕。

拉伯雷的生平沒有什麼神秘的地方。他朋友撰寫關於他生平的書裡遺漏了少量細節，但都在他敵人撰寫的書裡補上了，因此，我們可以相當準確地瞭解他的生平。

拉伯雷出生的時代緊接伊拉斯謨時代，但他出生的世界依然被僧侶、修女、執事和無數托缽僧控制。他出生在希農（法國），父親可能是藥商或酒販（在十五世紀，這兩種職業並不相同）。他的父親比較富裕，有錢送兒子去好的學校讀書。在學校，年輕的拉伯雷結識了在當地頗有名氣的杜拜雷·朗熱（du Bellay-Langey）家族的後人。這些男孩子像他們的父親，有天分，文筆好，必要的時候也會施展過人的拳腳，他們是「混得開的人」（「混」這個詞常被曲解，我這裡是褒義）。他們是國王的忠誠僕人，擔任過無數官職，有紅衣主教、大使、步兵、古典作品翻譯官和炮兵操練手冊的編校等，他們出色地完成了所有貴族應該完成的工作。當時貴族這個頭銜能讓一個人的生活變得乏味，但又必須承擔很多責任和義務。

杜拜雷家族的人與拉伯雷親密的關係表明拉伯雷並不只是一個有趣的酒友。在他沉浮不定的一生中，他總能獲得這些老同學的幫助和支持。每次他跟身份高過他的教士發生矛盾時，杜拜雷家族城堡的大門便會向他敞開。有時候這個說話直言不諱的倫理學者在法國待不下去了，杜拜雷家族總會有人正好要奉命出使國外，而且急需一個既懂醫術又在拉丁文上有造詣的秘書。

這可不是一個可有可無的小細節。在這位博學醫生的職業生涯每次即將痛苦地終結時，他老朋友的勢力總能將他從巴黎大學神學院或喀爾文教派的怒火中解救出來。喀爾文教派本來將他看成同道中人，但他卻像以前在豐特萊和邁勒澤嘲諷那些沉溺於酗酒的同事一樣，在大庭廣眾之下無情地諷刺喀爾文派偏見十足的宗教熱情，這讓喀爾文教派的人大為光火。

在巴黎大學神學院和喀爾文教派兩個敵人之中，前者無疑更危險。喀爾文可以大發雷霆，但在日內瓦這個瑞士小城之外，他的怒火就像煙花一樣，傷害不了誰。

當時，巴黎大學神學院和牛津大學是正統和「舊學」的代表，當自己的權威遭遇挑戰時，他們均會毫不留情地予以反擊，並且他們總能得到法蘭西國王和他手下劊子手的熱心協助。

你看！拉伯雷一離開學校就被人盯上了。這並不是因為他愛喝酒或是喜歡講其他僧侶的趣事。他做的事比這些都要糟糕，他沒能抵擋住邪惡的希臘語的誘惑。

他所在的修道院的院長一得到消息，便馬上決定搜查他的房間。他們發現了成堆的「違禁品」，一本《荷馬史詩》，一本《新約》，還有一本希羅多德的書。

這是個可怕的發現，他那些有勢力的朋友費了很大的勁兒才讓他脫離了困境。

當時是教會發展史上一個奇特的階段。

修道院最開始是文明的先行者。僧侶和修女為教會做了難以估量的貢獻。不過，歷任的不少教皇都認為修道院的勢力太大會十分危險。但一如既往地，所有人都知道應該對修道院採取些措施，但遲遲不見行動。

新教徒似乎覺得天主教會是個穩定的組織，幾乎是由一小撮高傲的貴族悄無聲息且自然而然地掌控著，內部從未有過紛爭，而其他所有由普通人組成的組織必定內訌不斷。

但事實並非如此。

這種看法往往只是因為誤解了一個詞。習慣了民主和理想世界的人，一聽說存在「絕對正確」的人立刻感到非常驚訝。人們認為「一個大型制度中只要有一個人說了算，其他所有人都跪下高喊『阿門』服從這個人，那管理這個組織肯定就會變得很容易」。

要讓在新教國家長大的人對這個複雜的問題有一個正確全面的了解非常難。當時，如果我沒有搞錯的話，教皇說過的「絕對正確」的話就像美國的憲法修正案一樣少之又少。

而且，重要決策總是在充分討論後才發佈的，而發佈之前的爭論常常會動搖教會本身。這樣產生的決策是「絕對正確」的，就像我們的憲法修正案一樣，因為它們是「最終」的，一旦明確地寫入最高法，任何進一步的爭論都會就此結束。

誰要是說管理美國很容易，因為出現緊急情況時，人們都會支援憲法，那就大錯特錯了。就像以往在重大的信仰問題上，所有的天主教徒都承認教皇的絕對權威一樣，他們都是馴良的羊，放棄表達自己想法的權利，那也大錯特錯。

如果正是如此，那住在拉特蘭宮和梵蒂岡宮裡的人日子就好過了。但只要稍微研究一下一千五百年來的歷史，就會發現其實事情恰恰相反。在那些主張宗教改革的人寫的文字裡，羅馬當權者似乎對路德、加爾文和茨溫利（慈運理）猛烈抨擊的那些罪惡毫不知情。這些改革的人要麼不瞭解真相，要麼就是追求理想的熱情把他們變得不能公正地看待問題了。

像阿德里安六世和克勉七世這樣的教皇完全清楚教會內的嚴重問題。當時，指出丹麥王國存在腐敗現象是一回事，消除這些弊端又是另一回事，甚至就連可憐的哈姆雷特最後也意識到了這一點。

那個不幸的王子天真地認為，靠一個正直誠實的人的努力，幾百年的錯誤統治會在一夜之間被糾正，而他還不是唯一一個抱有這種幻想的人。

許多聰明的俄國人知道統治他們帝國的舊官僚體制腐敗無能，效率低下，威脅著民族的安危。

他們盡全力想要改革，但還是以失敗告終。

我們的公民哪怕只花一個小時稍微思考一下，都會明白民主制度不是代議制度

（本來這是共和國創立者們的初衷）。而民主最終會導致系統化的無政府狀態。

但他們又能做什麼呢？

這些問題引起公眾關注的時候已經變得異常複雜，往往只有一場大的社會變革才能解決這些問題。但這種社會大變革非常可怕，很多人對其心生畏懼，不願意走向極端，只能儘量修補陳舊的機器，同時祈禱奇蹟發生，機器能再次開動。

靠教會建立並維持的專橫的宗教社會與獨裁制度，是中世紀末期最臭名昭彰的罪惡之一。

歷史上軍隊最後隨總司令一起逃跑的事件一再重演。說得明白點，局勢的發展已經完全超出了教皇的控制。教皇能做的只能是穩住陣腳，整頓自己的組織，同時安撫那些招惹了托缽僧的人，因為托缽僧是他們共同的敵人。

伊拉斯謨就是眾多受到教皇保護的學者之一。不管是魯汶教派還是道明會，只要被他惹怒，羅馬都不會讓步，並對無視這個命令的人哀歎道：「由這個老頭兒去吧！」

在看了上述的介紹後，我們對下面情況便不會覺得奇怪——頭腦敏捷但叛逆的拉伯雷在所屬教派的長老要懲處他時，常常會得到羅馬教廷的支援，當他的研究工作接連不斷地受到干擾，生活變得忍無可忍時，他順利地得到批准，離開了修道院。

他鬆了一口氣，撣去腳上邁勒澤的塵土，前往蒙彼利埃和里昂行醫去了。

他確實才華不凡！在不到兩年的時間裡，這位本篤會的前修士已經成為里昂市醫院的主治內科大夫。獲得這些新的成就之後，他不安定的靈魂便開始尋找新的領域。他並沒有放棄醫學，但是除了研究解剖學（這個新學科幾乎同希臘文一樣危險），他還搞起了文學。

里昂坐落於羅納河谷地的中部，對喜歡純文學的人來說是理想的城市，義大利就在不遠的地方。只需要輕鬆走上幾天就能到普羅旺斯，那裡是古代行吟詩人的樂園。儘管宗教裁判所對普羅旺斯進行了殘酷的高壓統治，但古老的文學傳統卻沒有完全喪失。況且，里昂的印刷廠因為出品精良而出名，里昂的書店裡擺滿了最新的出版物。

一個叫塞巴斯蒂安·格里弗斯（Sebastian Gryphius）的大印刷商想找人編校他的中世紀古典收藏集，他自然而然想起了這個頗有名氣的新醫生，他雇用拉伯雷來做這件事。然後，一本奇特的大書產生了，這本書讓它的作者成為當時最受歡迎的作家之一。這個印刷商在出版了哲學家蓋倫和古希臘醫師希波克拉底的學術論文之後，又出版了一系列歷史書和民間故事集。

追求新奇事物不但讓拉伯雷成為著名的臨床醫生，還讓他成了偉大的小說家。他做了前人不敢做的事——開始用普通大眾的語言寫作。他打破了持續千年的舊傳統——有學之士寫書用的文字應該是普通百姓看不懂的。他用法語寫作，而且用的是一五三二年的口語，且不加任何修飾。

至於拉伯雷何時何地用什麼方法發現了那兩個他最愛的主人公——《巨人傳》中的卡岡圖亞和龐大固埃，我很樂意把這個問題留給文學教授們去研究。這兩個英雄可能是古代異教的神。因為自身的性質，他們不得不在基督教的迫害和忽視之下「活」了一千五百多年。

或許拉伯雷是在一陣大笑之後創作出了他們。

不管怎樣，拉伯雷為各民族的娛樂事業做出了巨大的貢獻，作為作家他能讓人們更加快樂。再沒有比這更高級的讚譽了。與此同時，他的書與現代那種糟糕的「搞笑書」不同，它有其嚴肅的一面，通過對人物漫畫式的描寫為寬容事業打出了大膽的一拳。書中的人物都是對教會恐怖統治的諷刺寫照，這種統治在十六世紀上半葉製造了無數的慘劇。

拉伯雷是個訓練有素的神學家，他巧妙地避開了會惹來麻煩的直接抨擊。他的原則是：監獄外一個開心的幽默家要勝過鐵窗裡一打臉色陰鬱的宗教改革者。所以他沒有過分暴露他離經叛道的觀點。

但他的敵人清楚他的意圖。巴黎大學神學院明確斥責了他的書，巴黎的議會也把他放進了黑名單，還沒收並燒毀了轄區內能找到的所有拷貝。當時，儘管劊子手活動猖獗（當時的劊子手也是官方負責銷毀圖書的人），《巨人傳》仍然是暢銷的經典作品。差不多四世紀以來，這本書一直啟發著那些能從善意的笑聲和戲謔的智慧中汲取歡樂的人。但有些人認為真理女神的嘴角一旦掛著微笑，她就不再是個好女人了，所以對這些人而言，《巨人傳》成了他們的眼中釘。

就作者本人而言，他在過去和現在都被看作是「一本書打天下」的人。他的朋友杜拜雷家族一直對他很忠誠。不過拉伯雷大部分時間都很謹慎，據說他是因為得到了王室的「特許」才發表了那本大逆不道的著作，但他始終對王室敬而遠之。

他冒險去過一次羅馬，沒有遇到困難，相反卻受到了熱烈歡迎。一五五〇年他回到法國，住在默東，三年後去世。

要準確衡量他所造成的正面影響幾乎是不可能的，畢竟他是個人，不是電流也不是一桶汽油。

有人說他僅僅是在搞破壞。

也許是這樣。

可是在那個時代，人們迫切需要一支能讓社會破舊立新的隊伍，領頭的正是伊拉斯謨和拉伯雷這樣的人。

萬萬沒想到，本該取代舊建築的新建築，後來卻跟舊建築一樣令人難受，二者同樣醜陋。

不管怎樣，那是下一代人的錯誤了。

我們應該指責的是他們。

他們本來有機會重新開始，極少有人能得到這樣的良機。

可他們卻忽視了這些機會，願主能寬恕他們。

第十五章　換掉舊招牌的新招牌

有一位偉大的現代詩人把世界比作大海，海面上千帆競渡。每當這些小船彼此碰撞，便會發出「美妙的音樂」，人們將其稱為歷史。

我願意借用海涅關於大海的比喻，只是為了表達自己的目的。小時候我們喜歡向池塘裡丟小石頭，石子濺起美麗的水花，漂亮的漣漪一圈一圈地蕩漾開來，煞是好看。如果手邊有磚頭（有時還真有），還能用堅果殼和火柴棒做成「無敵艦隊」，然後朝它丟磚頭，讓這個小艦隊陷入壯觀的人工風暴之中。只是投分量重的東西時可別失去重心，不然離水太近的小孩會摔下去，然後回家被罰不許吃晚飯，就只能直接上床睡覺。

在專門為成人準備的特殊世界裡，這種消遣也不是沒有，但結局卻要糟糕得多。

一切都很平靜，陽光明媚，人們歡快地滑著冰。突然，一個膽大的調皮孩子趁著沒人阻攔，把一塊大石頭用力扔向了池塘的中間，接著引發了一場大亂。大家互相問是誰幹的，討論該怎樣揍他一頓。有的人說：「唉，放他走吧。」有的人則嫉妒這孩子，因為他吸引了所有人的注意力，於是他也拾起旁邊的舊東西扔進水中，結果濺了大家一身。一波未平一波又起，結局往往是引得所有人大打出手，好多人被打破了頭。

亞歷山大大帝就是這樣一個膽大的調皮孩子。

特洛伊美麗動人的海倫就是這樣一個調皮孩子。歷史上這類人很多。

但從古至今，最壞的是那些以「思想」作為工具，以人類漠然的精神死水作為遊樂場的人。思維正常的人都痛恨他們，他們一旦被抓就會遭到重罰。我對此一點兒也不奇怪。

可想而知過去近四百年間他們造成的破壞有多少。

他們之中有復辟舊世界的首領。中世紀雄偉的護城河倒映出一個色彩和紋理很協調的社會，它並非完美，但人民喜歡它，他們樂於看到自己小屋子的紅磚牆與昏灰的天主教堂融合在一起，讓居高臨下的教堂塔樓守衛他們的靈魂。

文藝復興濺起可怕的水花，一夜之間整個世界天翻地覆。不過這僅僅是開始。可憐的市民們驚魂未定，可怕的日耳曼修士路德又來了，他帶來了整整一車特意準備的磚頭，並將它們都扔進教廷這個湖的中央。這確實太過分了，難怪全世界花了三百年才從震驚中平復。

研究這段歷史的老歷史學家常常會犯一個小錯誤。他們看到天下大亂的狀態，就下定論說漣漪都是由一個原因引起的。有時他們將其稱為「文藝復興」，有時叫作「宗教改革」。

現在我們對情況有了更清楚的認識。

文藝復興和宗教改革是兩個運動，都宣稱是為了同一個目標而奮鬥。但它們為了達到最終目標所採取的手段卻截然不同，因此，人文主義者和新教徒常常互相仇視。

雙方都信仰人的權利高於一切。在中世紀，個人完全淹沒於集體之中。個人不像那位名叫約翰．多伊（John Doe）的聰明人，可以隨意來去，自由交易，十幾個教會他去哪個就去哪個（也許都不去，這要看他的偏好是什麼）。中世紀的人從生到死都要根據一本對經濟和宗教禮儀做了嚴苛規定的小冊子行事。這本小冊子告訴人們說，身體只是一具皮囊，是從自然母親那裡隨便借來的爛衫，除了用來暫時寄存靈魂，它毫無價值。

這本書讓他相信，這個世界只不過是通往美好未來的中間驛站。個人應該強烈地鄙視這個世界，就像要去紐約的人會鄙視皇后鎮和哈利法克斯一樣。

現在回到那個傑出的約翰身上。他幸福地生活在這個世界上，覺得這是所有世界中最好的一個（因為這是他知道的唯一世界）。這時來了兩個神仙教母——文藝復興和宗教改革。她們說：「高貴的公民，起來吧，從今往後你自由了。」

但約翰問：「我能自由地幹什麼？」

她們的回答卻迴然不同。

文藝復興回答說：「追求美的東西。」

宗教改革回答說：「探求真理。」

文藝復興許諾說：「你可以自由地探索過去，那時的世界是真正屬於人的。你可以自由地實現以前的詩人、畫家、雕塑家和建築家們一心追求的理想。你可以自由地把整個宇宙變成你永恆的實驗室，並知曉它的一切奧秘。」

宗教改革則警告說：「你可以自由地研究上帝的言辭，這樣你的靈魂就能得到救贖，你的罪孽也會被寬恕。」

她們轉身離開，留下享有新自由但依舊可憐的約翰．多伊。這個新自由比往昔的束縛更加令人難受。

不管是幸運還是不幸，文藝復興很快與既定的秩序握手言和。古希臘藝術家菲狄亞斯和詩人賀拉斯的繼任者們發現，相信現在的神和表面上順從教會的法規完全是兩碼事。只要小心些，把大力神赫拉克勒斯稱為施法者約翰，把天后赫拉稱為聖母瑪利亞，就可以畫異教的畫寫異教的十四行詩，並且完全不會受到懲罰。

這就像去印度旅行的人，只要遵守一些無關緊要的戒律，就能進入寺廟，還可以自由自在地旅行，且不會惹出麻煩。

但在路德忠實的追隨者眼中，最小的細節也會變得無比重要。在〈申命記〉中錯一個逗號便意味著要受到流放的懲罰。要是在〈啟示錄〉裡用錯了一個句號，就會馬上被處死。

這種人以極其嚴肅的態度對待宗教信仰，在他們看來，文藝復興那種輕鬆的妥協方式是懦夫的行為。

結果，文藝復興和宗教改革分道揚鑣，再也沒有聯合。

於是，宗教改革穿上「正確」的鎧甲單獨與整個世界對抗，目的是保衛最神聖的信仰。

開始時，叛亂的人幾乎全是德國人，他們戰鬥，受難，英勇無比。但相互嫉妒很快抵消了北方各國的努力，最後他們被迫停戰。

最終致勝的策略是一個和他們完全不同的天才提出來的。

路德將位置讓給了喀爾文。

正當其時。

伊拉斯謨在法國的大學裡度過了許多不愉快的日子。那所大學有一個留著黑鬍子的瘸腿(被高盧人用槍打瘸的)西班牙年輕人(指羅耀拉，耶穌會創始人)，此人夢想有一天能率領上帝的一支新軍隊除掉世上所有異教徒。

只有狂熱者才能對抗另一個狂熱者。

只有像喀爾文這種堅忍不拔的人，才能打敗羅耀拉。

我很慶幸自己沒有生活在十六世紀的日內瓦。不過同時，我也很慶幸十六世紀有這樣一個日內瓦。

要是沒有它，二十世紀的生活會更糟糕，我這樣的人可能也得進監獄。

這場光榮之戰的英雄，著名的約翰·喀爾文，一五〇九年六月十日出生在法國北部的努瓦永，他比路德小幾歲，他的家庭屬於法國中產階級。父親是個低級的神職人員，母親則是酒館老闆的女兒。家中一共有五個兄弟、兩個姐妹。他在少年時期求學時表現出來的特點是節儉淳樸，做事有條有理、細緻有效，不拘泥於瑣事。

約翰是家裡的二兒子，父母本打算讓他以後當教士。他的父親有一些有勢力的朋友，最終將他安排在了一個好教區。他沒滿十三歲就在故鄉的一所大教堂裡有了自己的一間小辦公室，收入不多但很穩定。這筆錢可以支援他去巴黎的一所好學校讀書。這是個出色的孩子，和他接觸過的人都說：「瞧瞧這個小夥子！」

十六世紀的法國教育制度完全能培養好這個孩子，可以讓他充分發揮自己的各種才能。十九歲時，約翰得到許可開始佈道，似乎命中註定他將來要做一個資深執事。

但他有五個兄弟、兩個姐妹，在教會中晉升得又很慢，而法律行業卻有更好的機會。另外，當時是宗教狂熱的時代，教會的前途難測。他有一個叫彼爾・羅伯特・奧利維坦（Pierre RobertOlivétan）的遠親剛剛把《聖經》譯成法語，約翰在巴黎時經常和他待在一起。一個家庭裡有兩個異端分子，這肯定是不行的，於是約翰便收拾行李去了奧爾良，拜一個老律師為師，以便學會如何申訴、辯護和起草案情。

這裡發生了和巴黎一樣的情況。還不到一年，這個學生變成了老師，教那些不夠勤奮的同學學習法學原理。他很快就掌握了一切基礎知識，可以開始當律師了。他的父親曾經希望兒子有朝一日能和那些著名律師競爭，那些律師只要發表一點意見就能得到一百個金幣。在遠方的貢比涅國王召見這些律師時，他們還能坐著四輪馬車前往貢比涅。

但這些夢想都沒有實現，約翰・喀爾文沒有當律師。他又回到自己最初的愛好，賣掉了法律彙編和法典，慎而敬之地把這筆收入拿去出版神學著作。這項工作讓他成為二十個世紀以來最重要的歷史人物之一。

多年研究羅馬法原理，讓他以後的活動打下了基礎，他不可能再從情感的角度看待問題了。但他也是有感情的，而且情感豐富。他曾給一些追隨者寫過信，這些追隨者後來落入天主教會手中被判處火刑，活活燒死。讀一讀這些信就會發現，在表達無助的痛苦之情時，信中文筆可以跟世間最優美的佳作相媲美。它們能微妙地把握人類的心理，以至於雖然正是喀爾文的教誨讓這些追隨者們身陷險境，但那些可憐的受難者在英勇赴死時卻依然為他祝福。

不，喀爾文不像他的許多敵人所說的是個鐵石心腸的人。對他而言，生活是一種神聖的職責。

他竭盡全力對上帝和自己誠實。因此，他總是先把每個問題都簡化成基本的信仰和教義原則，然後再用人類情感這個試金石來檢驗。

教皇庇護四世得知他的死訊後說：「這個異端分子的力量在於他對金錢的淡漠。」如果教皇的意思是稱讚他的死敵毫不吝嗇，那麼他說對了。喀文一生貧窮，並拒絕接受最後一季的薪水，雖然「他應該掙這筆錢，但疾病使這件事無法實現了」。

但是他的力量卻不僅如此。

他只懷有一個信念，一生都以一個極為強烈的衝動為中心，那就是認識《聖經》中真正的上帝。等他最後得出的結論已經沒有人反對時，他就把它納入到自己的生活準則中。此後，他我行我素，完全無視自己行動的後果，這讓他成了一個不可戰勝、無法阻擋的人。

但這種品質直到許多年後才顯現出來。在皈依新教後的頭十年，他不得不竭盡全力解決一個特別普通的問題——維持生計。

「新學（new learning）」在巴黎大學取得了短暫的勝利，人們盡情地享受希臘語詞尾變化、希伯來語不規則的動詞和其他被禁止的知識所帶來的成果。甚至連這個著名學府的校長也受到了德國新教義的污染。於是當局決定採取措施，清洗那些現代醫學術語稱之為「思想帶原者」的人。據說喀爾文曾經把幾份最具爭議的演講材料給了校長，於是他的名字也被列為嫌疑犯名單的榜首。他的房間被搜查，論文被抄沒，當局下令要逮捕他。

他聞訊躲到了一個朋友的家裡。

然而，學術小圈子裡的風浪不會持久，但喀爾文已經不可能繼續在羅馬教會裡供職了。到了他要做出明確決斷的時候了。

一五三四年，喀爾文與他的舊信仰決裂。同時，在能夠俯瞰法國首都的蒙馬特山上，羅耀拉和他的幾個學生正在莊嚴宣誓。後來，他們的誓言被納入耶穌會章程。

不久，他們都離開了巴黎。

伊納爵·羅耀拉往東而去，但一想到他第一次前往耶路撒冷的失敗結局，他又原路返回來到羅馬，然後開始工作，他所做的事情讓他的名字（也許是惡名）傳遍了世界的每個角落。

約翰·喀爾文則不同。他的上帝之國不受時間地點的限制。他四處漫遊，希望能找到一處安寧之地，用餘下的時間閱讀、思考，平靜地宣講他的道理。

在他前往斯特拉斯保時，查理五世和法蘭西斯一世之間爆發了戰爭，這迫使他繞道瑞士西部。在日內瓦，他受到吉勒莫·法雷爾（Guillaume Farel）的歡迎。法雷爾是法國宗教改革運動中的雨燕，教會和宗教裁判所的地牢都關不住這個傑出的「逃犯」。法雷爾張開雙臂迎接他，並告訴他在小小的瑞士公國大有可為，還請他留下。喀爾文考慮一番，然後留下了。

就這樣，偶然爆發的戰爭讓新的耶路撒冷出現在阿爾卑斯山腳下。

當時的世界是個奇怪的世界。

哥倫布出發去尋找印度，卻意外發現了新大陸。

喀爾文還想尋找一處安寧之地，以便能在研究和思考中度過餘生。他又漫遊來到一個三等的瑞士小鎮，這裡很快成了一些人的精神首都，他們把天主教王國的領地變成了龐大的新教帝國。

歷史既然如此具有戲劇性，為什麼還要去讀小說？

我不知道喀爾文家的《聖經》是否保留了下來。如果有，人們會發現，〈但以理書〉第六章的那一頁磨損得特別厲害。作為法國宗教改革家，喀爾文很謙虛。他必定在但以理的故事中找到了慰藉。但以理被扔進獅穴，後來他的清白救了他，使他沒有悲慘地英年早逝。

日內瓦不是巴比倫。它是個體面的小城，這裡居住著令人尊敬的瑞士裁縫。他們的生活態度很嚴肅，但比不上這位新宗教領袖，他像聖彼得一樣在講壇上滔滔不絕地佈道。

而且，還有一個像古巴比倫國王尼布甲尼撒的薩伏伊公爵。被凱撒征服的阿洛布羅基斯人的後裔，在和薩伏伊家族不斷爭吵時決定跟瑞士其他地區聯合起來，加入宗教改革運動。所以，日內瓦和威登堡「聯姻」是為了相互利用，它們之間的情感建立在共同利益而不是相互仰慕的基礎之上。

但是，日內瓦皈依新教的消息一傳開，就有幾十個熱衷於各種匪夷所思的新教派的傳教士湧到萊芒湖邊，饒有興致地宣揚迄今為止最為怪異的教義。

喀爾文從心底裡厭惡這群業餘的傳教士。他很清楚雖然這些人熱情可嘉，但他們的方式只會為自己的事業帶來危險。休息幾個月後，他做的頭一件事便是盡可能準確、簡練地寫下他認為對和錯的東西，並希望他的新教民謹記。這樣，誰也不能用「我不懂法」這樣的陳詞濫調作為藉口了。他和朋友法雷爾把日內瓦人仔細地檢查了一遍，只有宣誓效忠這個奇怪的新宗教法的人才能享有全部公民權。

之後，他為年輕一代編寫了一本令人望而生畏的《教理問答手冊》。

他又說服了市議會，驅逐了那些屢教不改的人。

為下一步行動清掃道路之後，他開始按照〈出埃及記〉和〈申命記〉中的政治學家和經濟學家定下的規矩建立一個新國度。喀爾文像其他大宗教改革家一樣，不是現代基督徒，應該說他更像個古代猶太人。他嘴上崇拜耶穌的上帝，但心裡卻嚮往摩西的耶和華。

當然，這是在情感動盪的年代經常出現的情況。耶穌這個拿撒勒的卑微木匠對仇恨和鬥爭的看法太明確。兩千年來，各民族每一個個體在實現自己的目的時，往往會訴諸暴力，在耶穌的教義和暴力之間實在很難折衷。

因此，戰爭一爆發，參戰各方都默默地暫時合上〈福音書〉，沉迷在《舊約》的血腥廝殺、電閃雷鳴、以牙還牙的哲學之中。

宗教改革實際上就是一場戰爭，而且是一場慘烈的戰爭。沒人乞求饒命，也沒有人會饒別人的命，喀爾文創建的國度實際上是個軍營，它壓制了個性自由。這並不令人意外。

當然，這一切都是在遭遇巨大的阻力後才實現的。一五三八年，喀爾文組織中更開明的態度對喀爾文形成了很大的威脅，迫使他離開了日內瓦。但到了一五四一年，他的支持者再次掌權。在響亮的鐘聲和教士們的歡呼聲中，喀爾文回到了羅納河畔的堡壘。從此他成為日內瓦的無冕之王。在此後的二十三年中，他建立並完善了一個神權政府，這在以西結、以斯拉之後還不曾有過。

按照《簡明牛津辭典》的解釋，「紀律」一詞的意思是「控制、訓練，服從和執行命令」。這個詞恰如其分地表達了喀爾文夢想的政教制度中所滲透的精神。

路德在一定程度上跟大部分德國人一樣，是個情感主義者。在他看來，只有上帝的話才向人們指明了通向永生的路。

但這太模糊，無法滿足喀爾文的口味。上帝的話可以是希望的燈塔，但道路漫長黑暗，還有許多誘惑，會讓人們忘記他們的真正目的地。

但是牧師不會走入歧途，牧師是個例外。他知道所有的陷阱，也不會被收買。如果偶爾進入歧途，每週的例會能讓他們很快地意識到自己的責任。在例會中，這些名符其實的君子們可以自由地相互批評。因此，對所有真正想獲得救贖的人來說，牧師是榜樣。

爬過山的人都知道，職業嚮導有時候真的像暴君一樣。他們知道哪堆岩石危險，也知道看似無害的雪地中存在著潛在的危機。因此，他們對遊客有完全的指揮權，哪個傻瓜膽敢不聽從命令，就會被他們痛斥。

在喀爾文的理想國度裡，牧師也有同樣的責任感。要是有人跌倒了請求幫助，牧師很樂意伸出援助之手。但要是某個一意孤行的人故意離開正確的道路，離開主流人群，那這只手就會抽回來變成拳頭懲罰他。

其他宗教社會的牧師們也喜歡使用同樣的權力，但是世俗機構的地方長官嫉妒他們的特權，極少允許牧師與法庭和行刑官競爭。喀爾文清楚這個情況，他在自己的轄區建立了一種教會管轄制度，實際上取代了當地的法律。

大戰之後，許多奇怪的歷史誤解廣為流傳，其中最令人吃驚的是說法國人（與他們的鄰居條頓人相比）是個熱愛自由的民族，憎恨所有的嚴格管轄。實際上，幾個世紀以來，法國一直處在官僚統治之下，比戰前普魯士的官僚體制更龐雜，但效率又低了很多。官員們上班經常遲到早退，衣服也不是很乾淨，還抽著劣質香煙。除此以外，他們和東部普魯士的官員一樣，喜歡管閒事，引人反感。而公眾卻很順從地接受了這些官員們的粗魯。在一個習慣反叛的民族中，這令人震驚。

在熱愛集權這一點上，喀爾文是個典型的法國人。他在某些細節上近乎完美，而這正是拿破崙成功的秘訣。但他不像那個法國大帝，他完全沒有個人野心，只是個嚴肅可怕的絲毫沒有幽默感的人，而且他的胃還不太好。

為了尋找適合耶和華的詞句，他翻遍了《舊約》。然後，他讓日內瓦人接受他對猶太歷史的解釋，並將其看成是上帝意願的直接體現。

幾乎在一夜之間，羅納河邊的這座快樂的城市變成了可憐罪人的雲集之地，由六個牧師和十二個長老組成的城市宗教裁判所，日夜監視著市民的私下議論。誰要是被懷疑持有「被禁止的異端觀點」，這個人就會被傳訊到長老法庭。法庭會盤問他所有教義方面的要點，並要他解釋他是在什麼地方用什麼方式，得到了那些灌輸他有害思想讓他誤入歧途的書。被告如果有悔過之意，便可免於刑罰，但必須去主日學校旁聽。如果被告固執己見，那就要在二十四小時內離開日內瓦，永遠都不能在日內瓦城邦管轄的地界出現。

除了缺乏正統思想，很多其他行為一樣會招惹所謂的「宗教法院」。比如，在隔壁村子玩一下午滾木球會被嚴厲警告。無論是惡作劇還是別的玩笑，都會被看成是非常壞的行徑。婚禮上想活躍一下氣氛都足以被判監禁。

這個新耶路撒冷逐漸被法律、法令、規則、命令和政令所控制，生活變成了一件非常複雜的事，失去了昔日的滋味。

跳舞、唱歌、玩撲克牌都是被禁止的，當然更不允許賭博，生日宴會和鄉間集市也被禁止，絲綢和所有外表奢華的東西一樣被禁止。人們只被允許去教堂和學校，因為喀爾文是個思想主張鮮明的人。

「禁止」的招牌可以擋住罪孽，但不能強迫人熱愛美德，遵循美德必須發自內心。因此日內瓦建立了很多好學校和一所一流的大學，鼓勵各種學術活動。還建立了一種有趣的集體生活方式，以此吸引人們剩餘的精力，使普通人忘記各種苦難和限制。喀爾文的制度如果完全沒有人情味，那就不能生存下去，也就不會在近三百年的歷史中扮演決定性的角色。所有這些都屬於思想政治發展史的範疇。現在我們感興趣的是日內瓦為寬容事業做了什麼貢獻，我們得出的結論是，日內瓦這個新教的「羅馬」一點兒也不比天主教的「羅馬」強。

我在前面幾頁已經介紹了可以減輕罪孽的情況。當時的世界對諸如聖巴托羅繆大屠殺[1]和剷除許多荷蘭城市的野蠻行徑無可奈何。在這種背景下，期望一方（而且是

1　一五七二年法國宗教戰爭中，天主教勢力對基督新教的胡格諾派的大屠殺暴行。

弱勢一方）實現無異於自取滅亡的寬容是荒謬的。

但這並不是說喀爾文會成為幫兇，煽動法庭殺害格魯埃特（Jacques Gruet）和塞爾韋特（Sevetes）。

在格魯埃特的案件中，喀爾文還可以找藉口說，雅克·格魯埃特有煽動市民暴動的重大嫌疑，而且他所屬的團體試圖顛覆喀爾文派。但很難說塞爾韋特威脅了日內瓦的安全。

按照現代護照的規定，塞爾韋特只是「過境旅客」，再過二十四小時就離境了。但他誤了船便喪了命，這是樁聳人聽聞的慘事。

米格爾·塞爾韋特是西班牙人，他的父親是個體面的公證人（在歐洲，這是一種半法律性質的職業，不只是拿著圖章機看人簽了字就索要二毛五的年輕人）。麥格爾也準備從事法律工作，他被送到圖盧茲大學。在那個幸福的時代，授課都用拉丁語，老師會講授世界性的知識。只要掌握了拉丁語的五個詞尾變化和幾十個不規則的動詞，全世界智慧的大門就朝你敞開了。

米格爾·塞爾韋特在那所法國大學認識了一個叫胡安·德·昆塔納（Juan de

Quintana）的人，此人不久後成了查理五世的告解神父。

中世紀皇帝的加冕儀式很像現代的國際展覽會。一五三〇年查理在博洛尼亞加冕時，昆塔納讓朋友米格爾做自己的秘書。他帶著這個聰明的西班牙年輕人開闊了眼界。像當時的許多人一樣，米格爾的好奇心永遠得不到滿足。在接下來的十年裡，他接觸了無數學科，有醫學、天文學、占星術、希伯來語、希臘語等，最要命的是，他還接觸了神學。他是個很有潛力的醫生，在研究神學時他突然發明了「血液迴圈」理論。他寫了一些書反對三位一體的教義，在其中一本書的第十五章中，他提到了血液迴圈，當時審查塞爾韋特著作的人竟然沒有看到它。它是有史以來最偉大的發現之一。這充分說明十六世紀的神學思想是多麼的偏執。

如果塞爾韋特一直堅持行醫該有多好啊。他至少可以安度晚年，得個善終。但他放不下當時激烈爭論的熱門問題。在聯繫上里昂的印刷廠後，他便開始就形形色色的問題發表自己的看法。

如今，慷慨的百萬富翁可以花錢讓大學把「三位一體學院」改為流行香煙的品牌，而且還安然無事。媒體會說：「丁古斯先生如此慷慨解囊，這不挺好嗎？」民眾也大喊：「阿門。」

今日的世界對褻瀆神明這種事情似乎不再感到震驚了，在現在這個環境描繪當時的情況是很不容易的。在當時，只要有人懷疑某個公民對三位一體說了不敬之言，那就足以使整個社會陷入恐慌之中。我們要是沒有充分意識到這一點，就無法理解十六世紀上半葉塞爾韋特在虔誠的基督徒世界所引發的恐懼。

但他根本不是激進派。

他是我們現在所稱的「自由派」。

他摒棄了新教徒和天主教徒都承認的「三位一體」的舊信仰，因為他堅信自己的觀點正確（可以說很幼稚）。塞爾韋特犯了一個嚴重錯誤，他給喀爾文寫信，希望能到日內瓦和他私下面談，徹底討論一下整個問題。

喀爾文沒有邀請他。

而且，就算日內瓦方面邀請了他，其實他也不可能接受這個邀請了，里昂的宗教裁判所的大法官已插手此事。塞爾韋特被投入了監獄。對此事好奇的讀者可以在拉伯雷的著作中找到關於這個法官的描述。拉伯雷將他稱為「道理布斯（Doribus）」，這是他的名字「奧里（ory）」的雙關語。這名法官早已從一封信中聽聞了這個西班牙人褻瀆神靈的行為。信是日內瓦的一個居民在喀爾文的默許下寫給他里昂的表親的。

不久，喀爾文秘密提供了幾份塞爾韋特的手稿，增加了對他的不利證據。看起來，喀爾文並不在乎是誰絞死了這個可憐的傢伙，只要絞死他就行。可是宗教法官在神職上怠忽職守，塞爾韋特逃走了。

他先是企圖穿越西班牙邊境，但像他這樣的「名人」，要長途跋涉穿過法國南部是非常危險的，於是他決定繞道日內瓦、米蘭、那不勒斯和地中海。

一五五三年八月，一個星期六的下午，他來到日內瓦。他本來想找船到日內瓦湖對岸去，但在安息日將近的時候船是不開的，他得等到星期一。

第二天是星期日，無論是當地人還是外地人，都必須參加宗教禮拜儀式，否則便是行為不軌，所以塞爾韋特也去了教堂。他被認了出來，隨即被逮捕。從來沒有人能說出他被捕的原因。塞爾韋特是西班牙人，並沒有違反日內瓦的任何法律。但他在教義問題上是自由派，他褻瀆神靈，膽敢對「三位一體」問題發表異端言論。這樣的人要想得到法律的保護簡直荒唐可笑。普通罪犯或許可以，但異端分子卻不行！他被鎖進一間骯髒潮濕的地牢，還被沒收了個人錢財。兩天後他在法庭被要求必須回答清單上的三十八個問題。

審判持續了兩個月零十二天。

最後，他被指控犯有「相信反對基督教基礎的異端邪說」的罪行。在討論他的觀點時，他的回答惹怒了法官。對這類案件的判罰，尤其是對外國人，一般會將其永遠逐出日內瓦城，而塞爾韋特的案子成了例外，他被判處火刑。

與此同時，法國的宗教裁判所也重新開庭審理這個逃犯的案子，裁判所的官員與新教徒達成一致，判處塞爾韋特死刑，並派出一名執行官緊急前往日內瓦，想將罪犯帶回法國。

這個請求被回絕了。

喀爾文也能執行火刑。

前往刑場的時候一路煎熬，一群喋喋不休的牧師跟著這位異教者走完了他人生最後的旅程。讓人極度痛苦的火刑持續了半個多小時，直到人群出於對這個可憐殉道者的同情，向火焰裡添上剛採集的柴火為止。對於喜歡這種事情的人來說，此時讀起來倒是很有趣，不過在此還是略過不談為好。在那個宗教狂熱肆無忌憚的年代，死刑多一次或少一次又有什麼區別？

可是塞爾韋特案不一樣，它的後果是可怕的。因為我們清楚地看到，那些新教徒總是高呼「保留己見的權利」，但他們實際上是偽裝的天主教徒，跟他們的敵人一樣心胸狹隘，對待不同己見者也一樣殘忍。他們只是在等待時機建立自己的恐怖統治。

對新教徒的這個指控是很嚴肅的，不只是聳聳肩說「你以為會怎樣」就算了。

我們有關於這次審判的大量材料，也清楚外界是怎樣看待這次火刑判決的，它們讀起來的確令人痛心。喀爾文曾經確實大發慈悲，建議不燒死塞爾韋特，改為斬首。塞爾韋特對他的仁慈表示感謝，卻提出了另一種解決方法——獲釋。塞爾韋特堅持認為（道理全在他這邊）法庭無權裁判他，他只是個探求真理的老實人，因此他有權利在大庭廣眾之下與對手喀爾文醫生公開辯論。

但喀爾文對此不屑一顧。

他已經起過誓，這個異教徒一旦落到他手中，絕不能讓他活著逃走，他要說到做到。他想讓塞爾韋特的罪名成立，就必須與他的死敵宗教裁判所合作。但這對喀爾文來說無關緊要，如果教皇有材料可以進一步指控這個不幸的西班牙人，他甚至也可以與教皇聯手。

更糟糕的還在後頭。

行刑的那天早上，塞爾韋特要求面見喀爾文。

喀爾文來到那間又黑又髒的牢房。

至少在此時此刻，喀爾文應該大度一些，甚至可以展示出人性的光輝。

但他全然沒有。

他面前的這個人在一小時內就要去見上帝了。喀爾文爭辯著，唾沫四濺，臉色鐵青，大發雷霆。但他沒有說一句同情或開恩的話，一句都沒有。有的只是刻骨的仇恨，他只想說：「活該，頑固的無賴！燒死你這個應該下地獄的人！」

這是發生在很久以前的事。

塞爾韋特死了。

所有的塑像和紀念碑都不能讓他復活。

喀爾文死了。

就算有無數咒罵他的書，也不會驚擾到他那不為人知的墳墓裡的骨灰。狂熱的宗教改革者在審判時一直發抖，生怕褻瀆神靈的無賴逃掉。教會堅定的支持者在行刑後高唱讚美詩，相互寫信道：「日內瓦萬歲！終於採取行動啦！」

這些人全都死了，也許最後他們也被人遺忘了。

只是我們要留心一件事。

寬容就和自由一樣。

只靠乞求是得不到的。只有永遠保持警惕才能保住寬容。

為了子孫後代中的未來的塞爾韋特，讓我們銘記這一點。

第十六章　再洗禮派教徒

每一代人都會出現「怪物」。

我們的祖父輩出了「莫利・馬圭爾社（Molly Maguires）」。

我們的曾祖父輩出了「雅各賓派[1]」。

三百年前我們祖先的日子並不比現在好過多少。

他們出了「再洗禮派[2]」。

十六世紀最流行的《世界史綱》是一本「世界史」或編年史，作者塞巴斯蒂安・弗蘭克（Sebastian Franck）是個肥皂製作的工人，也是禁酒主義者和作家，他住在烏爾姆城。這本書出版於一五四三年。

塞巴斯蒂安瞭解再洗禮派。他和一個再洗禮派家庭的女兒結了婚。他並不贊同他們的信仰，因為他是個堅定的自由思想者。但他是這樣描述的：「他們只宣揚愛、信仰和肉身受難，在任何苦難中都能保持忍耐和謙卑，彼此之間真誠相助，互稱兄弟，並相信大家可以分享一切。」

當時具有這些優良品質的人，一百年以來被人像野獸一樣追殺，在幾個最血腥的世紀裡被處以最殘忍的刑罰，這的確令人奇怪。

其中必定有原因，要弄清楚原因是什麼，就必須清楚宗教改革中的一些情況。宗教改革實際上什麼問題也沒有解決。

在宗教改革之前，世界只有一座監獄，改革給世界帶來了兩座監獄，以前是教皇絕對正確，現在多了一個《聖經》絕對正確；以前由白衣教士統治，現在則增加了黑衣牧師。

經過半個世紀的鬥爭和犧牲只取得這樣微不足道的成績，這的確讓無數人心灰意

1 法國大革命期間，參加雅各賓俱樂部的資產階級激進派政治團體。

2 十六世紀歐洲宗教改革時，新教中衍伸出來主張成人洗禮的激進派別。該派因否認嬰兒洗禮的效力，主張應由能行使自由意志的成人受洗。

冷。他們本來指望能出現一個社會正義和宗教安定的新時代，根本沒有為充滿迫害和經濟奴役的新地獄做任何準備。

改革者本來準備經歷一場大冒險，結果卻出了事。他們滑進碼頭和船的空隙裡，為了不沉沒而拼命掙扎，儘量讓自己露出水面。

他們的處境非常可怕，這些人離開了舊教會，自身的良知又不准他們加入新教會。所以在官方眼裡他們已經不存在了，但他們還活著，還在呼吸。他們堅信自己是上帝心愛的孩子，所以，他們有責任繼續活著，繼續呼吸，以便能將邪惡的世界從愚昧中解救出來。

最後他們活了下來，但請不要問他們是怎樣活下來的。

他們舊有的關係都中斷了。

他們被逼無奈，只能自己建立新的組織，尋找新的領袖。

但頭腦正常的人怎麼會和這群狂熱的瘋子在一起呢？

因此，有預見力的鞋匠和眼中充滿幻覺行為歇斯底里的助產婆就成了先知。他們祈禱、佈道、胡言亂語，直到虔誠信徒的讚美聲讓集會小黑屋的房樑都顫抖起來，村子裡的法警才不得不前來查看這種不得體的混亂狀態。

接著，好幾個人被捕入獄。強權機構，也就是城鎮裡的居民代表們，才開始進行所謂的「調查」。

這些人既不去天主教堂，也不去新教教會，那就要請他們解釋清楚自己到底是什麼人，信仰什麼。

說實在的，那些可憐的居民代表的處境確實尷尬，因為他們的囚犯是所有異教徒中最讓人不舒服的，他們非常嚴肅地看待宗教信仰問題。許多最受敬重的宗教改革家頗為實際，只要能讓生活過得舒適體面，他們也會在宗教問題上做一點妥協。

而真正的再洗禮派卻不是這樣，他們厭惡所有的妥協。耶穌曾對追隨者說，如果敵人打了你的臉，要把另半邊臉也轉過去讓他打。耶穌還說執劍者必將死於劍下。對再洗禮派而言，這分明是在明確規定不許使用暴力。有的人對此不在乎，還玩弄辭藻說時代不同了，說自己當然是反對戰爭的，但這場戰爭不同往常，所以他們覺得扔幾顆炸彈或偶爾射殺幾條魚，上帝是不會介意的。但再洗禮派卻不這麼認為。

上帝的命令就是上帝的命令，沒什麼可說的。

因此，再洗禮派拒絕參軍，拒絕持有武器。如果他們因為主張和平主義被捕，他們總是欣然地接受命運，並背誦〈馬太福音〉第二十六章第五十二節，直到死亡結束他們的苦難。

反對戰爭只是他們怪僻行為裡的一種。耶穌曾教導說，上帝之國和凱撒王國完全是兩回事，彼此不能也不應該調和。非常好，這話說得很明白。因此，所有忠實的再洗禮派都小心地避免參與國家政治，拒絕當官，把別人浪費在政治上的時間用來研讀《聖經》。

耶穌曾告誡他的信徒不要斯文掃地去爭吵，於是，再洗禮派寧可喪失財產的合法所有權，也不願意向法庭提出一點異議。

即使是這樣，如果再洗禮派像浸禮教派（浸信會）以及其他許多觀點不同的人一樣，能保護自己不受朋友的傷害，最後也許能找到與當局和解的辦法。

然而作為一個教派，他們被懷疑犯有許多奇怪的罪，而且還有根有據。首先，他們研讀《聖經》成癖。這當然不是一種罪，先讓我把話說完。再洗禮派研讀《聖經》時不帶任何偏好，但要是有人特別喜歡〈啟示錄〉，那可是很危險的一件事。

直到十五世紀，這本奇怪的書仍然因為「文筆虛假」而遭抵制，但是對處在感情容易衝動的時代的人來說，這本書很受歡迎。當他們無奈的怒火迫使他們沉浸在現代巴比倫歇斯底里的預言中時，所有再洗禮派教徒就齊聲高呼「阿門」，祈禱新天國和新大地加速到來。

這並不是軟弱的頭腦第一次屈從於極度狂熱的壓力。再洗禮派遭遇的每一次迫害，幾乎都發生在宗教的瘋狂爆發之中。男人和女人在大街上赤裸奔走，宣佈世界末日的到來，他們沉浸在怪誕的犧牲方式中，企圖以此平息上帝的怒火。老巫婆跑進其他教派正在舉行的儀式中，打斷集會，刺耳地胡亂號叫說魔鬼就要來了。

當然，這種苦惱（程度要輕一些）總是伴隨著我們。讀讀日報，你會看到在俄亥俄州、艾奧瓦州或佛羅里達州的偏僻村莊裡，有一個女人用切肉刀宰了她的丈夫，因為天使的聲音「讓她這樣做」。或是本來神志正常的父親預見自己會聽到七支號角的聲音，便殺死了妻子和八個孩子。不過，這是罕見的情況。當地員警想抓住他們並不難，他們也不會影響到國家的生活和安全。

一五三四年，在美麗小城明斯特發生的事卻不同往常，嚴格按照再洗禮派的規則來說，那裡的確建立了新的天國。

歐洲北部的人一想到那個恐怖的冬季和春季就不寒而慄。

這次的惡棍是個儀錶堂堂的裁縫，名叫揚．鮑伊克岑（Jan Beukelszoon）。史書上稱他為萊頓的約翰，因為萊頓是他出生的地方。在緩緩而流的老萊茵河畔，他度過了童年。像當年所有學徒一樣，他四處遊歷，學習裁縫這一行的秘訣。

他的讀寫能力一般，沒有受過正規的教育。那些明白自己社會地位卑賤和缺乏知識的人往往有一種自卑的心理，但他沒有。他是個非常英俊的年輕人，臉皮很厚，酷愛虛榮。

他在離開英國和德國很長一段時間之後，又回到故鄉做起了服裝生意。同時他加入宗教，這是他奇特生涯的開始，因為他成了湯瑪斯．閔采爾的信徒。

這個閔采爾是個麵包烘焙師，頗為著名。一五二一年，有三個再洗禮派先知突然出現在威登堡，要向路德指出通往救贖的正道，閔采爾便是三人之一。他們的本意雖好，卻不受對方賞識，被趕出了那座新教徒城堡，並被規定永遠不能在薩克森公爵的管轄範圍內出現。

一五三四年，再洗禮派屢遭失敗，於是他們決定孤注一擲，把一切希望都寄託在一次大膽的大規模行動上。

他們選中威斯特伐利亞（德國）西部的明斯特作為最後的試驗地點，這在意料之中。該城的采邑主教弗朗茲·馮·瓦德克是個魯莽的酒鬼，長年和很多女人公開姘居，從十六歲起就因為品行的墮落得罪了所有的正派人士。當城市興起新教時，他妥協了。但他是個遠近聞名的騙子，所以他簽訂和平協議並沒有讓新教徒覺得安全。明斯特居民的生活很不幸福，於是他們都憋足了勁，等待著下一次選舉。結果出人意料，城市的政權落入再洗禮派手中，新當選的市政官叫伯納德·克尼伯多林克（Bernhard Knipperdollinck），他白天是布商，晚上則成了先知。

主教看了一眼新當選的市政官便出逃了。

這時萊頓的約翰登場。他作為揚·馬希茲的使徒來到明斯特。揚·馬希茲（Jan Matthys）是哈勒姆的一個麵包商，他創建了自己的教派，被推為神聖者。約翰聽說正義事業光輝重現，便留下來慶祝勝利，清除原主教在教區裡留下的壞影響。再洗禮派為了徹底改革，把教堂變成了採石場，為了無家可歸的人沒收了女修道院，焚燒除了

《聖經》之外的所有書籍。更有甚者，他們把所有拒絕接受用再洗禮派儀式進行洗禮的人趕到主教的營地，將他們斬首或淹死，因為他們都是異端分子，即使死了也不會對社會造成什麼損失。

這只是序幕。

這齣戲本身的可怕程度有增無減。

信仰幾十種新教義的上層教士不分遠近，紛紛湧向這個新耶路撒冷。那些自以為對虔誠、正直、向上的自由民有號召力的人加入了他們，但說到政治和權術，他們就像孩子一樣無知。

明斯特被佔領了五個月，在此期間，再洗禮派將所有社會和精神復興的計畫、制度和議程都嘗試了一遍，每一個羽翼未豐的先知都在議堂上顯露身手。

但一個充滿逃犯、瘟疫和饑餓的小城顯然並不適合試驗社會學。不同宗派之間的分歧和爭吵削弱了軍事首領的所有努力。在這危機關頭，裁縫約翰站了出來。

他短暫的榮耀時刻到來了。

在充滿了饑餓人群和受苦孩子的社會中，一切皆有可能。約翰將他在《舊約》裡讀到的舊神權政府的形式付諸實踐，開始建立他的王國。明斯特的自由民被分為以色列的十二個部落，他自己則當國王。他之前已經和先知克尼伯多林克的女兒結了婚，現在又和他的前任導師約翰·馬希茲的遺孀結婚。後來他想起所羅門，便又增加了兩個妃子。至此，一出令人作嘔的鬧劇開場了。

約翰整天坐在市場的大衛寶座上，人們站在一邊，聽宮廷教士宣讀最新的聖旨。一道道聖旨被迅速頒佈，因為城市的狀態每況愈下，人民生活窘迫。

然而約翰是個樂觀派，他完全相信幾道敕令可以無所不能。

人們抱怨食物不足，約翰便許諾解決這個問題。接著他下了一道聖旨，要求城中財產在所有富人和窮人中均分，剷除街道改為菜園，所有的食物共同享用。

到目前為止還算順利。但有人說，城裡富人藏起了一部分財產。約翰讓臣民不要擔心。第二道聖旨規定，誰要是違反了任何一條法律就立即斬首。注意，這條警告可不是隨意的恐嚇，因為這個當國王的裁縫使劍和使剪刀一樣嫻熟，他經常親自充當劊子手。

接著到了幻覺時期，人們都陷入了各式各樣的宗教狂熱之中，成千上萬的人不分日夜地擠在市場上等待天使加百列吹響號角。

接著進入恐怖時期，先知不停地靠獻血來維持子民們積攢起來的勇氣，他甚至將自己的一個王后割喉。

然後到了報應來臨的可怕日子，兩個絕望的自由民為主教的軍隊打開了城門，約翰被鎖在鐵籠裡，在威斯特伐利亞的各個鄉間集市上示眾，最後被折磨至死。

這是一段怪異的時期，對眾多敬畏上帝的淳樸靈魂造成了可怕的後果。

從此，所有再洗禮派都被通緝。躲過明斯特大屠殺的再洗禮派首領也像兔子一樣遭到追捕，一旦落網便會就地處決。在各個講壇上，牧師和教士們都譴責再洗禮派，聲明要將他們逐出教籍，還將他們稱為叛逆者。再洗禮派妄圖顛覆現有的秩序，卻還不如狼和瘋狗值得人們同情。

對異端的圍剿行動很少有如此成功的。再洗禮派作為一個教派從此不復存在。然而發生了一件怪事，他們的很多思想活了下來，被其他教派吸收，融入了各種宗教和哲學體系中，變成了體面的思想，如今成為了每個人精神和智慧財產的一部分。

敘述這樣一個事實倒不難，但要解釋形成的原因卻很難。

幾乎所有的再洗禮派信徒都來自將文化看作無用的奢侈品的階層。

因此，撰寫再洗禮派歷史的人都把這個教派看成特別有害的激進教派。在經過一個世紀的研究後，我們才開始明白，在將基督教發展成一個更理智、更寬容的宗教的過程中，這些身份卑微的農民和工匠的思想扮演了多麼重要的角色。

但是，思想就像閃電，誰也不知道它接下來會劈向哪裡。當錫耶納（義大利）的上空風暴席捲時，明斯特的避雷針又有什麼用呢？

第十七章　索齊尼一家

義大利的宗教改革從未成功過，也不可能成功。首先，南部的人並沒有把宗教問題看得很重，也不需要為它兵戎相見；其次，羅馬近在咫尺，裝備精良，它是宗教裁判所的中心，所以隨便發表見解成了一種代價高昂的危險消遣。

不過，在義大利半島住著成千上萬個人文主義者，他們中間當然會有幾個「害群之馬」，這些人更看重亞里斯多德的精闢觀點，而輕視聖克里索斯托的佈道。但這些傑出人士也有許多機會來發洩他們的精力，比如俱樂部、咖啡館和體面的沙龍，任何人都可以在這些地方釋放自己的求知熱情而不會擾亂帝國。這一切都悠閒宜人，令人非常愉快。其實生活本身不就是妥協嗎？過去不是一直都如此嗎？在世界末日到來之前，生活不依然是妥協嗎？

為什麼要為個人信仰中的微小細節而大動肝火？

在這個介紹性的引子之後，讀者在兩位主人公登場時，就不要指望會有誇誇其談或隆隆炮聲了。因為他們都是說話斯文的紳士，做事情都講究體面。

但是，在推翻世界忍受已久的暴政上，他們的貢獻卻比所有吵吵嚷嚷的宗教改革者還要大。但這種怪事無人能預測。事情發生了，我們心懷感激，但要問是怎麼發生的，啊……這個連我們也不太明白。

在理智的葡萄園裡安靜幹活的兩個人都姓索齊尼。

他們是叔侄倆。

不知為什麼，叔叔雷利歐（Lelio Sozzini）科拼寫名字時有一個「Z」，而侄子福斯圖斯（Fausto Sozzini）有兩個「Z S」。但人們更熟悉他們名字的拉丁化形式「索西尼厄斯（Socinius）」，不熟悉義大利語的「索齊尼（Sozzini）」，我們可以把這個細節留給語法學家和詞源學家。

在他們的影響力上，叔叔遠不如侄子，因此我們先說叔叔，然後再說侄子。

雷利歐．索齊尼是錫耶納人，祖上出過很多銀行家和法官，他從博洛尼亞大學畢業，本來應該從事法律工作，但他卻和許多同代的人一樣，也自行其是地搞起神學，不再讀法律，學起了希臘語、希伯來語和阿拉伯語，最後成了理性的神秘主義者（和大多數同類人一樣）。他很通曉世故，但又不夠圓滑。這聽起來複雜，但對能理解我的人不用多加解釋，不理解我的人，我再多解釋也是徒勞。

然而他的父親還認為兒子會在文壇走紅。他給了兒子一張支票，讓他去開開眼界。於是雷利歐離開了錫耶納，在以後的十年中，他從威尼斯到日內瓦，從日內瓦到蘇黎世，從蘇黎世到威登堡，然後又去了倫敦、布拉格、維也納和克拉科夫，不時在某座城鎮或村莊逗留幾個月或一年半載，希望能發現有趣的夥伴，學到有趣的新東西。在那個年代，人們一談起宗教就沒完沒了，正像今天的人無休止地談生意一樣。雷利歐肯定搜羅了各種奇思異想，他隨時打聽，很快熟悉了從地中海到波羅的海的所有異端論調。

不過當他帶著知識的行李來到日內瓦時，他得到了客氣但毫不熱情的接待。喀爾文淺色的雙眼疑心重重地看著這個義大利來客。雷利歐是個出身良好的傑出年輕人，不像塞爾韋特是個無親無靠的流浪漢。可是據說他有塞爾韋特的宗教傾向，這很令人不快。喀爾文覺得，隨著那個西班牙異端分子被執行火刑，「三位一體」的問題已經有了定論。其實，事實恰恰相反！從馬德里到斯德哥爾摩，塞爾韋特的命運已經成了熱議的話題，世界各地思想嚴肅的人都開始站在反對「三位一體」學說的一邊。而且這還沒完，他們還利用古騰堡的邪惡發明，四處傳播自己的觀點。由於離日內瓦很遠，比較安全，所以他們的言辭常常都很不客氣。

在這之前不久出了一本才學橫溢的冊子，裡面收有歷代教會神父就迫害和懲罰異端分子所說所寫的一切。在喀爾文所說的「仇恨上帝」的人，或他們自己反駁說只是「厭惡喀爾文」的人中，這本書非常暢銷。喀爾文放出風聲，要和這本奇書的作者會一會。不過作者已經預見到了這一邀請，所以他明智地在封面上隱去了姓名。

據說這位作者名叫塞巴斯蒂安．卡斯特利奧，曾經是日內瓦一所中學的教師。他對各種神學「罪行」的溫和看法，引來了喀爾文的憎恨和蒙田的讚賞。不過這無人證明，只是道聽塗說。然而，一有人帶頭，其他人便會跟上來。

因此喀爾文對索齊尼的態度禮貌而又疏遠。他說巴塞爾的溫和空氣比薩伏伊的潮濕氣候，更適合這位來自錫耶納的朋友。於是，索齊尼動身前往伊拉斯謨著名的傳統大本營巴塞爾，喀爾文則衷心祝他一路平安。

讓喀爾文感到慶幸的是，索齊尼不久便引起了宗教裁判所的懷疑，他被沒收了財產，還生病發燒，年僅三十七歲便死在了蘇黎世。

他的早逝在日內瓦引起了歡呼，但好景不長。

因為雷利歐．索齊尼除了留下一個遺孀和幾箱子筆記本外，還有一個侄子。他不僅繼承了叔叔未發表的手稿，而且還很快成為比叔叔更狂熱地支持塞爾韋特的人。福斯圖斯．索齊尼在年輕時幾乎像他叔叔雷利歐一樣四處遊歷。他的祖父給他留下了一處不大的房產。他直到近五十歲才結婚，因此可以把所有時間用在他喜歡的神學上。

他似乎在里昂做過一小段時間的生意。

我不知道他是個怎樣的生意人，但他買賣具體商品（而不是精神財富）所獲得的經驗使他相信，如果對手在生意中占上風，不管是大發雷霆還是殺掉競爭對手都無濟於事。他一直都讓自己保有這種清醒的認識，在帳房裡當然可以隨意找到這種意識，但在神學院的日常教學中卻非常少見。

一五六三年，福斯圖斯回到義大利。在返程中他拜訪了日內瓦。他似乎沒有去向當地主教喀爾文表示敬意。況且喀爾文那時已經臥病在床，索齊尼家族的人拜訪他只會徒增他的煩惱。

在以後的十幾年裡，索齊尼為伊莎貝拉・德・美第奇工作。但一五七六年這位夫人剛過了幾天幸福的新婚生活，就被丈夫保羅・奧希尼殺死了。於是索齊尼辭了職，永遠地離開了義大利。他來到巴塞爾，把舊約《詩篇》譯成義大利白話文，還寫了一本關於耶穌的書。

從他的作品來看，福斯圖斯是個謹慎的人。首先，他的耳朵很聾，而耳聾的人都天性謹慎。

第二，他從阿爾卑斯山另一側的幾塊地產中獲取了收入。托斯坎納當局曾暗示他說，被懷疑支持「路德學說」的人在處理讓宗教裁判所惱火的問題時，最好不要太過分。於是他用了許多化名，每次出版書，他都會請朋友們先看一遍，當他們都覺得比較安全時，他才送去印刷。

這樣一來，他的書從來沒有被列入禁書目錄，他的那本《耶穌傳》一直流傳到特蘭西瓦尼亞（羅馬尼亞），並落到了另一個思想自由的義大利人手裡。這個人給米蘭和佛羅倫斯的一些貴婦當私人醫生，後者與波蘭和特蘭西瓦尼亞的貴族成了親。

特蘭西瓦尼亞是歐洲的「遠東」，直到十二世紀初，它還是一片荒野，一直是德國多餘人口青睞的移居目的地。勤勞的撒克遜農民將這片沃土變成了個繁榮昌盛、秩序井然的小國。這個小國有城市、學校，還有幾所大學，但它依然遠離商旅要道。一些人由於某種原因總想躲避「宗教裁判所」的人，想跟他們相隔幾英里沼澤地和高山。於是，對這些人而言，這個小國家便成了理想的棲身之地。

至於波蘭這個不幸的國家，多少個世紀以來，一直都和反動及沙文主義聯繫在一起。但是我接下來要說的事可能會讓讀者感到意外的高興，在十六世紀上半葉，波蘭是個名符其實的避難所，保護了歐洲其他地方因宗教信仰而飽受折磨的人。

這一出乎意料的局面完全是由典型的波蘭風格造成的。

在當時，波蘭這個共和國很長時間都是歐洲大陸上管理最糟糕的國家，可謂臭名昭著。雖然波蘭的上層教士怠忽職守，但西方各國主教的放蕩和鄉村牧師的放縱酗酒也司空見慣，因此這個現象並沒有像後來那麼明顯。

但在十五世紀後半葉，在德國大學就讀的波蘭學生迅速增多，這引起了威登堡和萊比錫當局的關注。他們詢問其中的原因，發現由波蘭教會管理的位於克拉科夫的波蘭血源已非常衰敗，可憐的波蘭人要麼被迫背井離鄉求學，要麼無學可上。不久，條頓大學受到新教的影響，從華沙、拉杜姆和琴斯托霍瓦來的聰明的波蘭年輕人自然跟風效仿。

等他們學成返鄉，已經是羽翼豐滿的路德派了。

在宗教改革的早期階段，波蘭的國王、貴族和教士要讓流行病一樣的錯誤思想停止傳播還是很容易的。不過，要這樣做，就必須要求共和國的統治者在明確的政策下聯合起來，這當然會引發矛盾，因為在波蘭這個奇怪的國家，有項最神聖的傳統，那就是一張反對票便能推翻一條法律，即便該法律得到議會所有成員的支持也沒用。

不久，那位著名的威登堡教授路德，在宣揚他的信仰時又弄出了一個經濟副產品，那就是沒收所有的教會財產。於是，從波羅的海到黑海之間的肥沃平原上的博萊斯勞斯家族、弗拉迪斯勞斯家族以及其他騎士、伯爵、男爵、公爵和親王，都明顯偏愛新教，因為新教意味著他們又可以賺得盆滿缽滿。

在發現這一點後，就出現了為修道院的財產而進行的不神聖的爭奪，導致了一個著名的「間歇」，自從有記載之時起，波蘭人就利用這種「間歇」拖延思考的時間。在此期間，各方都按兵不動，新教徒則利用這樣的機會，不到一年就在全國各地建起了自己的教會。

當然，新教長們在神學問題上的爭論，最後又將農民趕回了天主教會的懷抱，波蘭再次成為天主教的一個堅固堡壘。但在十六世紀後半葉，波蘭在宗教上變得完全自由。西歐的天主教和新教開始滅絕再洗禮派，倖存者便向東逃亡，最後定居在維斯瓦河畔。就在此時，比安德拉塔醫生拿到了索齊尼的《耶穌傳》，表示想認識作者。

喬爾喬．比安德拉塔是個義大利醫生，頗有才華。他畢業於蒙彼利埃大學，是特別出色的婦科專家。他一直桀驁不馴，但很聰明。他像當時的許多醫生一樣（想想拉伯雷和塞爾韋特），既是神學家又是神經方面的專家，經常要在這兩個角色之間轉換。他成功地治癒了波蘭太后博納．斯福爾扎（Bona Sforza）的「病」，她原來固執地認為凡是懷疑「三位一體」的人都是錯的，在這種思想之「病」痊癒後，她悔恨自己的錯誤，從此只處決相信「三位一體」教義的人。

這個好王后已經死了（是被她其中一位情人殺死的），她的兩個女兒嫁給了當地的貴族，比安德拉塔作為她們的醫療顧問，在政治方面造成了很大的影響。他意識到除非採取行動終止沒完沒了的宗教爭論，否則波蘭內戰一觸即發，於是他盡力想促成對立教派和解。但要達到目的，他需要一個比他更精通錯綜複雜的宗教論戰的人。所以他靈機一動，想起了《耶穌傳》的作者。

他給索齊尼寫了一封信，請他到東方來。

可惜，索齊尼到達特蘭西瓦尼亞時，比安德拉塔的私生活正巧被爆出一大醜聞，這個義大利人被迫辭職，然後去了無人知曉的地方。索齊尼則留在這個遙遠的國度，娶了一個波蘭女子，於一六〇四年在波蘭去世。事實證明，最後二十年是他一生中最有趣的階段，因為在此期間，他具體地表述了自己的寬容思想。

這些思想都可以在《拉科教理問答（Catechism Rakow）》中找到。索齊尼寫這本書是要將其當成一份共同憲章，並把它提供給希望這個世界變好、教派之爭結束的人。

十六世紀後半葉出版了大量的宗教問答手冊。那是一個在信仰、信條和教旨上進行告解的時代，在德國、瑞士、法國、荷蘭和丹麥，到處都有人在寫這些東西。各地草草出版的小冊子都表達了一個可怕的信念，認為只有它們才代表真正的「真理」，所有宣誓信仰這種真理的當權者都要用劍、絞刑架和火刑柱懲處那些固執地信仰另一種虛偽「真理」的人。

索齊尼的信仰則具有截然不同的精神。他開門見山地說，信條的真正意圖絕不是和別人爭吵。

他繼續寫道，「許多虔誠的人都合情合理地抱怨說，現在已經出版的以及各個教會正在出版的各種教義闡釋和教理問答，是基督徒之間紛爭的禍根，因為它們都試圖把某些原則強加在人的良知之上，把持不同觀點者視為異端。」

這樣一來，索齊尼以最正式的方法表明他這一派絕不主張剝奪或壓抑任何人的宗教信仰。在講到廣義上的人性時，他又做了如下的呼籲：

「讓每個人自由地判斷自己的宗教信仰，因為這是《新約》和最初的教會立下的規矩。我們這些可憐人有什麼資格去壓抑、熄滅上帝已經在別人心中點燃的神聖之火。難道我們誰能獨佔解讀《聖經》的權利麼？為什麼不記住我們唯一的主都是耶穌基督，大家都是兄弟，有誰被賦予了控制別人的力量？可能其中某個兄弟比別人更博學，但是在與基督自由聯繫這一點上，我們都是平等的。」

所有這些話都令人驚歎，只是說早了三百年。不管是索齊尼派還是其他任何新教派，在那個動盪的世界裡都無法長期堅持自己的立場。反對宗教改革的運動已經氣勢洶洶地拉開了帷幕。成群的耶穌會教士出現在先前失守的省份中。這些人忙碌時，新教徒在爭吵，很快，東部人又回到了羅馬的控制中。今天，到歐洲文明中心旅遊的人很難想像，曾幾何時這裡曾經是最先進最自由的思想堡壘，誰也不會猜到在立陶宛那些荒涼的群山中有一個小村莊，在那裡出現了世界上第一個支持寬容的明確又實際的思想體系。

出於好奇，我最近在圖書館待了一早晨，流覽了我國青年人中最流行的歷史教科書，但我沒有看到關於索齊尼派或索齊尼叔侄的任何描述。所有的書都從社會民主派跳躍到漢諾威的索菲亞，從波蘭的索別斯基跳到阿拉伯人。在這個被越過的時期中，有很多偉大的宗教革命領袖，其中包括約翰內斯．厄科蘭帕迪烏斯和其他一些次要人物。

只有一本書提到了這兩個錫耶納的人文主義者，但只出現在一份語焉不詳的附錄中，這份附錄羅列了路德和喀爾文的所言所行。

預言的確很危險，但我懷疑，在以後三百年的通俗歷史裡，這一切都會改變，索齊尼叔侄會有專屬的一小章，而宗教改革的傳統主角則會下降到次要的地位。這些傳統主角的名字即使放在註腳裡也是相當醒目的。

第十八章 蒙田

在中世紀，有人說是城市的空氣成就了自由。

確實如此。

躲在高高石牆後面的人盡可以安全地對男爵和教士嗤之以鼻。

過了不久，歐洲大陸的條件大為改善，國際貿易再次成為可能，於是另一種歷史現象出現了。

用一句話總結——商業成就寬容。

你可以在一周內的任何一天，特別是星期天，在我國的任何一個地方證實這個論點。

俄亥俄州的溫斯堡可以支援三Ｋ黨，紐約卻不行。紐約人如果要發起一場運動，驅逐所有猶太人、天主教徒和外國人，華爾街就會亂作一團，勞工運動就會席捲而來，紐約的一切都將化為廢墟，局面變得不可收拾。

中世紀的後半段正是如此，莫斯科在當時是一個小公國的首都，可以對新教徒嚴加管教。但是國際商業中心諾夫哥羅德卻小心謹慎，把前來做生意的瑞典人、挪威人、日耳曼人和佛蘭芒人趕去了維斯比，提前排除了冒犯他們的可能。

如果威尼斯人、熱那亞人和布魯日人在城市中屠殺異教徒，那麼外國商社的代表便會馬上外逃，資金也會立即被撤出，城市陷於破產。

有些國家從來不會在經驗中汲取教訓（如西班牙、教皇統治區和哈布斯堡王朝的某些領地），他們的思想一直被所謂的「對自己的信仰需忠誠」所左右，這種思想無情地把「真正信仰」的敵人驅逐出去。結果，這些國度不是消失就是淪落成了九流國家。

但是商業國家和城市的統治者通常都很尊崇既定事實，知道自己的利益所在。因此，他們在精神世界上保持中立，這樣他們的天主教、新教、猶太人和華人主顧都能照常經商，同時繼續忠於各自的宗教。

為了維持表面的尊嚴，威尼斯通過了一項反對喀爾文教派的法案，但是，威尼斯的十人內閣卻小心地告訴員警，說這條法令不必執行得太認真，除非異教徒要把聖馬可教堂改成自己的聚會場所，在一定的「安全」範圍內，他們信仰什麼都可以。

他們在阿姆斯特丹的好友也這麼做。每個星期天，新教牧師們都在高聲斥責「緋衣婦人（指娼婦）」的罪孽。但是在旁邊的街區，可怕的天主教徒也在某個不顯眼的房子裡默默地做彌撒，外面還有新教的治安總長警戒，提防某個《日內瓦教理問答》的狂熱崇拜者闖入這個「被禁的」集會，嚇跑能給城市帶來利益的法國和義大利遊客。

這並不是說威尼斯和阿姆斯特丹的大多數人已經不再是各自教會的忠實弟子了。他們一如既往，仍然是虔誠的天主教徒或新教徒。不過他們知道，從漢堡、盧貝克或里斯本來經商的異教徒的善意，要比日內瓦或羅馬的寒酸教士的口頭允許更有價值，他們也據此去做了。

蒙田的父親和祖父經營鯡魚生意，母親是個西班牙猶太人的後裔，如果把蒙田的開明思想和自由思想（二者並不總是一回事）跟他的家庭背景相聯繫，未免有些牽強附會。不過據我看，他的商人先輩對蒙田的世界觀有很大的影響。他當過兵，做過政治家，一生都特別厭惡宗教盲信和宗教偏執，他的這種精神起源於離法國波爾多主碼頭不遠的一家小魚鋪。

如果當著蒙田的面這樣說，他恐怕不會感謝我，因為他出生的時候，所有「經商」的痕跡都已經從他們家華麗的紋章上被小心地抹去了。

他的父親獲得了一片名為「蒙田」的地方，因為想讓兒子成為紳士，他捨得大把花錢。蒙田剛會走路，私人教師便已經在他可憐的小腦瓜裡塞滿了拉丁文和希臘文。他六歲的時候被送往高級學校，不到二十歲便成為波爾多市議會中羽翼豐滿的議員。

然後，他參軍，還在法院工作。直到三十八歲時，他的父親去世，之後蒙退出了所有的外部活動，把餘下的二十一年（除去幾次違心的短期政治參與）都花在他的馬、狗和書上，而且從這些東西中學到了不少。

蒙田在當時的確聲名顯赫，但也有不少嚴重的缺點。他從沒有徹底擺脫矯揉造作的風格，這個魚販的孫子以為「矯揉造作」也是真正的紳士風度的一部分。他直到死還一直說自己不是真正的作家，只是個鄉村紳士，只是為了消磨漫長的冬日，才草草記下一點略有哲學內容的隨想。這都是騙人的話。如果說有人把自己的心、自己的靈魂、自己的善惡和一切都獻給了自己的書，那此人就是這位能和不朽的達爾達尼安[1]相媲美的開朗紳士。

因為這顆心、靈魂和美德都屬於這個豁達慷慨、有教養、性格平易近人的人，他的作品似乎不能只算作文學作品，它們已經發展成一種明確的生活哲學，以常識和實際的日常情理為基礎。

蒙田生為天主教徒，死時依然是天主教徒。他年輕的時候還加入過一個天主教徒聯盟。這個組織是法國貴族創建的，目的是把喀爾文主義逐出法國。

一五七二年八月，教皇格列高利（額我略）十三世歡慶三千名法國新教徒被殺，在這決定命運的一天，蒙田永遠離開了天主教會。他從來沒有加入新教一派，而且繼續參加某些重大禮儀，免得被旁人嚼舌頭。然而自聖巴托羅繆屠殺之夜後，他的作品便與馬可．奧里略、伊壁鳩魯等十多位希臘或羅馬哲學家的著作歸為一類。在一篇值得讓人牢記的題為「論良心自由」的隨筆中，他文章中的語氣就好像是伯里克利的同代人，而不是凱薩琳．德．美第奇女王的僕臣，他還認為背教者朱利安[2]的一生是真正寬容的政治家應該學習的典範。

這篇文章很短，只有五頁，你可以在他隨筆的第二卷第十九章中找到。

蒙田已經看夠了新教徒和天主教徒無可救藥的固執，他們提倡的那種自由（在當時環境中）只會導致新的內戰。但當環境允許，新教徒和天主教徒不再枕著武器入睡時，明智的政府就應該儘量避免去干涉別人的思想，應該允許所有臣民，按照能讓自己的心靈感到最幸福的方式去愛上帝。

產生這種想法並將其大膽地公諸於世的法國人不止蒙田一個。早在一五六〇年，凱薩琳・德・美第奇女王的前任大臣米歇爾・德・洛皮塔爾和幾所義大利大學的畢業生（他們因此被懷疑有再洗禮派傾向）就曾經提出，對異端者只來論戰。他這個讓人驚訝的觀點是，從人的本性來說，武力並不能改變良心。兩年以後，他努力促成了王

1 D'Artagnan，法國著名小說家大仲馬根據歷史人物查爾斯・達太安（Charles de Batz-Castelmore d'Artagnan）所刻畫的角色，出現於小說《三劍客》。

2 弗拉維烏斯・克勞狄烏斯・尤利安努斯（拉丁語：Flavius Claudius Julianus，英文譯為朱利安（Julian）），君士坦丁王朝的羅馬皇帝，在位期間因對希臘哲學的熱愛，讓他贏得哲學家尤利安（Julian the Philosopher）的稱號。尤利安出生就受洗，在基督教教育下長大，但後來卻轉向希臘羅馬的傳統多神信仰，支持宗教信仰自由，反對將基督教信仰視為國教，因此被基督教會稱為背教者尤利安（Julian the Apostate）。

室《寬容敕令》的頒佈，該法規定胡格諾教派有權集會，有權舉行宗教會議討論教會的事務，總的來說，胡格諾教徒可以像自由獨立的教派一樣行事，而不用寄人籬下。巴黎律師讓・布丹（Jean Bodin）是個可敬的人（他反對湯瑪斯・摩爾在《烏托邦》裡表達的共產傾向，為私有財產辯護），他也曾表達過類似的觀點，認為君主無權用武力強迫臣民進某個教會。

大臣們的演說和政治哲學家用拉丁語撰寫的論文極少能流行，但只要有識之士聚集在一起，進行智慧的集會，做有益的談話，就有人閱讀、翻譯和討論蒙田，這種情況持續了三百多年。

正因為他的業餘身份，以及他堅持說自己沒有個人企圖只為樂趣而寫作，讓他深受大眾歡迎，否則人們絕不會買也不會借一本被官方歸類為「哲學」的書。

第十九章　阿米尼烏斯

「有組織的社會」總把長治久安看得最重，而才智或精力非凡的人卻認為世界的發展和進步都靠個人努力，而不是靠集體的努力（其實就是「大眾」在本質上不相信所有變革）。因此，個人的權利要比集體的權利重要得多，「有組織的社會」和那些非凡個人之間世代延續的衝突是為了爭取寬容。

我們如果可以接受這個前提，那麼任何一個國家的寬容程度都該與大多數居民個性的自由程度成正比。

在過去，有時會出現某個非常開明的統治者對自己的子民說：「我堅信『待人寬則人亦待己寬』的原則。我希望親愛的子民們能寬容別人，不然會自食其果。」

如果這樣的話，性急的臣民們就會趕忙儲備許多官方徽章，上面驕傲地刻著：「寬容第一」。

但公民這種突然的轉變只是出於對國王劊子手的畏懼，並不會長久。國王只有在威脅的同時，按照日常實用的政治原則建立起一套逐級教育的體系，才能有所收穫。

十六世紀後半葉，荷蘭共和國幸運地出現了由這些因素促成的結果。

首先，荷蘭這個國家由數千個半獨立的城鎮和村莊構成。居民大部分都是漁夫、水手和商人。這三種人習慣了一定程度的獨立行動，他們的職業性質迫使他們必須果斷決定，根據自己的利弊來應對一天中的偶發事件。

我不是說他們比世界其他地方的人更聰明或者更寬容。然而他們憑借吃苦耐勞和不達目的不罷休的幹勁，成為整個北歐和西歐的穀物和魚類搬運者。他們清楚，天主教徒的錢和新教徒的錢一樣好用，他們寧願喜歡付現金的土耳其人，也不喜歡賒帳六個月的長老會教徒。因此，這是個進行寬容小實驗的理想國度，而且正好有個合適的人出現在了這個合適的地方。更為重要的是，這個人來得正當其時。

荷蘭的沉默者威廉是「要統治世界必先瞭解世界」這句古老格言所描述的光輝典範，他一開始是個時髦富有的年輕人，是當時最偉大君主的貼身秘書，有令人羨慕的社會地位。他在晚宴和舞會上揮金如土，接連娶了好幾個頗為知名的女繼承人，生活放蕩，只顧今朝有酒今朝醉。他不是特別好學的人，相比宗教論文，他更喜歡賽馬圖表。

宗教改革引起的社會動盪並沒有引起他的特別注意，他覺得這不過是勞資之間的又一次爭吵，只要稍用手腕，再派出幾個身材彪悍的員警，就可以平息一切。

不過，等他瞭解了君主和臣民之間衝突的本質時，這個和藹的紳士突然變成了一個能力出色的領袖。其實，他當時的生活已經完全衰敗了。他的宮殿、馬匹、金盤和鄉下的房產很快被賣光（或者不經通知就被沒收了）。這個布魯塞爾的花花公子成了哈布斯堡王朝最頑固最成功的敵人。

然而生活的變化並沒有改變他的個性。威廉在生活富足時是個哲學家，住在兩三間出租房裡、在「星期六都不知道如何付洗衣費」的時候他依然是個哲學家。曾經有一個紅衣主教想建造更多的絞架來處死所有的新教徒，威廉竭力挫敗了這位紅衣主教的計畫，現在，他也用同樣的努力，去遏制狂熱的喀爾文教徒想要絞死所有天主教徒的衝動。

他幾乎毫無成功的希望。

二萬至三萬人慘遭屠殺，宗教裁判所的監獄裝滿了新的即將犧牲的人，而遙遠的西班牙已經召集了一支軍隊，準備在叛亂還沒有擴散到歐洲其他地方之前將其粉碎。

跟為生存而戰的人勸說應該愛那些吊死他們兒子、兄弟、叔伯和祖父的人是不可能的。但威廉以身作則，依靠對反對者的溫和態度，向追隨者表明有個性的人應該能超越以牙還牙的舊摩西律法。

在這場涉及公共道德的論戰中，威廉得到了一個傑出人物的支持。在豪德的教堂裡，你至今都能看到一篇極為奇特的簡短墓誌銘，上面每個詞都只有一個音節，內容是記載迪爾克·沃爾克茨祖恩庫恩赫特的美德。這個庫恩赫特是個很有意思的人。他出身富裕家庭，年輕時長年在國外旅行，得到了很多關於德國、西班牙和法國的第一手資料。他一回國，便愛上了一個身無分文的姑娘。他在荷蘭的父親處事謹慎，禁止他們結婚。但兒子充耳不聞，還是結了婚，父親便做了長輩們在這種情況下必然會做的事——他指責兒子不孝並剝奪了他的繼承權。

年輕的庫恩赫特不得不自己養家糊口，這確實有些困難。不過他是個有才華的年輕人，學會了一門手藝，當了銅版畫雕匠。

啊！荷蘭人天生就愛說教。一到晚上，他就急忙扔下雕刻刀，拿起鵝毛筆，記下一天的大事。他的文筆在現代人看來並不「引人入勝」。但是他書裡的內容易於讓人接受，近乎伊拉斯謨作品的特點，這使他交了許多朋友，認識了沉默者威廉。威廉非常賞識他的能力，雇他做機要顧問。

當時威廉正忙於一場奇怪的論戰。西班牙國王菲利浦在教皇的支持下要幹掉人類的大敵（也就是他的敵人威廉），他懸賞兩萬五千金幣，並用貴族頭銜和赦免一切罪行作為獎勵，招人去荷蘭殺死威廉這個頭號異端分子。威廉已經五次死裡逃生，他覺得有必要寫一套小冊子駁倒菲利浦國王。在這件事上，庫恩赫特助了他一臂之力。

論點直指西班牙哈布斯堡王朝，不過要是指望哈布斯堡王朝會就此變得寬容，那才是妄想。全世界都在關注威廉和菲力浦的決鬥，小冊子被譯成了不同語言，人們廣為傳閱，其中有許多過去大家只敢悄聲議論的問題，現在卻都熱烈地討論了起來。

可惜，爭論沒多久就結束了。一五八四年七月九日，一個年輕的法國天主教徒拿到了兩萬五千金幣懸賞金。六年後，庫恩赫特還沒將伊拉斯謨的著作都譯成荷蘭語，也去世了。

在之後的二十年中，狼煙四起，戰爭掩蓋了持不同觀點的神學家之間的爭吵。最後，敵人被逐出了新共和國，但此時卻沒有像威廉這樣的人來主持大局。幾十個因為要對抗西班牙雇傭大軍而暫時結盟的教派，現在又忙著要割斷對方的喉嚨。

他們爭吵當然要有個藉口。

在萊頓大學，有兩個各執一詞的教授。這並不新鮮，但這兩個人爭論的是意志自由的問題，這可是個嚴肅的問題。民眾很快就興奮地參加到討論中去，不到一個月，整個國家便分裂成了兩大敵對陣營。

一方是阿米尼烏斯的朋友。

另一方是高馬魯斯（Gomarius）的追隨者。

高馬魯斯雖然出生在荷蘭，但在德國度過了一生，是德國教育體系的出色產物。他的學識非常淵博，卻又缺乏起碼的常識。他的頭腦精通希伯來韻律學的奧秘，而心裡卻遵循阿拉（亞蘭）米語的句法規則。

他的對手阿米尼烏斯則迥然不同。他生於小城奧德沃特（Oudewater），離伊拉斯謨少年時代苦修的斯泰恩修道院不遠。他幼年時贏得了馬爾堡大學著名數學家、天文學教授魯道夫·斯奈留斯（Rudolph Snellius）的友誼，此人也是他的鄰居。他把阿米尼烏斯帶去了德國，讓他接受良好的教育。可這個孩子在第一次假期回家時，發現家鄉已被西班牙人洗劫一空，親屬們也都遇難。

這似乎表明他的前途已經斷送，幸虧一些好心的富人聽說了這個年幼孤兒的遭遇，慷慨解囊，送他去萊頓大學學習神學。他努力學習，短短六年便學完了所有的課程，之後便開始尋找新的知識來源。

當時，出類拔萃的學生總能找到資助人為他們的前程提供資金。阿米尼烏斯很快拿到阿姆斯特丹的行會開給他的介紹信，並啟程前往南方，尋找接受教育的機會。

作為一個頗受尊敬的未來神學家，他首先去了日內瓦。喀爾文已經死了，繼承人泰多爾·貝扎代替喀爾文，成了新的牧羊人。這個追殺異端邪說的老手鼻子很靈，很快聞出了這個年輕荷蘭人宣揚的教旨中有一股拉米斯主義（Ramism）[1]的味道。於是，阿米尼烏斯的拜訪時間縮短了。

「拉米斯主義」這個詞對現代讀者而言毫無意義。但在三百年前，熟悉《彌爾頓文集》的人都清楚，這種思想被看成是十分危險的宗教新學說。創始人（你願意的話，也可以稱其為發明者）是一個名叫彼得呂斯．拉米斯的法國人。在學生時代，他十分反感老師過時的教學方法，於是在寫博士論文時選了一個相當嚇人的題目——《亞里斯多德的一切教誨都是錯誤的》。

不用說，這個題目得不到老師的好感，幾年後，他在幾本很能彰顯才華的書裡陳述了自己的觀點，這讓他必死無疑，成了聖巴托羅繆大屠殺的第一批受難者。

但他那些可惡的書並不會隨作者一起被殺掉，而是保留了下來。拉米斯奇怪邏輯體系也在西歐和北歐大受歡迎。不過真正虔誠的人卻認為，拉米斯主義是去往地獄的通行證，於是有人建議阿米尼烏斯去巴塞爾，這個不幸的城市自從被受人嘲笑的伊拉斯謨迷惑後，一直把「自由派」當作好公民。

阿米尼烏斯得到警告後，便出發北行。然後，他又做出了一個頗為反常的決定。他大膽地踏上敵人的領土，在義大利帕多瓦大學學習了幾個學期，還去了一趟羅馬。一五八七年回國時，他在國人眼裡已經成了一名危險分子。但他既沒有長角也沒有長

1 法國哲學家彼得呂斯．拉米斯（一五七二）的學說，反對亞里斯多德邏輯學和經院哲學。

尾巴，於是他又逐漸贏得了大家的好感，被允許在阿姆斯特丹擔任新教牧師。

他做了很多有益的事，還在一次瘟疫中博得了英雄的美譽。人們很快就開始真心實意地擁戴他，委託他重建阿姆斯特丹這座大城市的公共教育體系。一六〇三年，當他作為羽翼豐滿的神學教授應邀前往萊頓時，首都的居民都對他依依不捨。

他要是事先知道在萊頓等待他的是什麼，我敢肯定他不會去。他到達的時候，「墮落後預定論者」和「墮落前預定論者」之間的爭鬥已經呈白熱化。

無論從本性還是教育來講，阿米尼烏斯都屬於「墮落後預定論者」。他本想公正地對待同事——「墮落前預定論者」高馬魯斯，但是兩派之間的矛盾不容調和，於是阿米尼烏斯被迫宣佈自己是不折不扣的「墮落後預定論者」。

讀者當然會問我，這兩派指的是什麼，我也不知道，我似乎也無法理解這些東西。但據我看，兩派的爭論由來已久，一方（如阿米尼烏斯）認為，人們在某種程度上具有自由意志，可以決定自己的命運；另一方（如索福克勒斯、喀爾文和高馬魯斯）認為，我們一生中的一切早在出生之前便已註定，因此，我們的命運完全取決於上帝創造世界時擲聖骰的那一下。

一六〇〇年，歐洲北部的大部分人都是「墮落前預定論者」。他們喜歡聽佈道說除了自己以外的大多數人已經註定要下地獄，如果有幾個牧師敢宣傳善意和仁愛的福音，馬上會有人懷疑他們有罪。而這幾個牧師的對手，像心慈手軟的醫生一樣，不能給病人開苦口的良藥，結果原本出於善意，卻害死了病人。

萊頓的許多喜歡嚼舌頭的老婦人一旦發現阿米尼烏斯是「墮落後預定論者」，他就無法再發揮作用。他從前的朋友和支持者大肆攻擊他，把他折磨至死。之後，這兩派都開始介入政治，這在十七世紀似乎是無法避免的。「墮落前預定論者」在選舉中獲勝，「墮落後預定論者」被宣布是公共秩序的敵人和國家的叛徒。

這場荒唐的論戰還沒有結束，奧登．巴奈維特（Oldenbarnevelt）就以腦袋夾在兩腳中間的姿勢死去了。他曾是僅次於沉默者威廉的荷蘭共和國奠基人。哲學家胡果．格勞秀斯的溫和態度使他成為第一個宣揚國際法律公正體系的偉大宣導者，但這時他已經逃到瑞典女王那裡，在宮中過著寄人籬下的生活。沉默者威廉所獻身的事業似乎完全付諸東流。

但是喀爾文主義並未得到預期的成功。

荷蘭共和國只是名義上的共和國。這個國家實際上是商人和銀行家的俱樂部，由幾百個頗有勢力的豪門統治著。這些紳士對平等和博愛根本不感興趣，但他們信仰法律和秩序。他們承認並支持已有的教會。每逢星期天，他們就滿懷熱情地來到四壁潔白的大建築中，這裡曾經是天主教的教堂，現在是新教徒的佈道廳。可到了星期一，當教士帶著一長串清單，拜見市長閣下和市議長閣下，想抱怨這人不行那人不好的時候，這些官員們卻又都在「開會」，無法接見教士先生。如果教士堅持不懈，召集好幾千名忠誠的教民在市政大廳前「示威」（這種事常常發生），官員們也會禮貌地垂顧，接過教士抄寫整齊的訴苦書和建議書。可是，在最後一個黑衫請願者離開，大門關上以後，這些閣下們就會用這張文書來點燃煙斗。

因為他們相信一條金科玉律：「一次足矣，下不為例。」「墮落前預定論者」那幾年掀起的大論戰嚇壞了他們，於是他們堅定地抑制一切狂熱的宗教活動。

後人並不總是誇讚這些貴族。這些貴族毫無疑問地把國家視為私有財產，也並不能持之以恆地將祖國的利益和自己的利益區分清楚。他們缺乏宏觀的看法，因此常常小事精明，大事糊塗。但是他們做了一件值得我們真心稱道的事。他們把國家變成了國際性的中心，讓思想各異的人在這裡獲得最廣泛的自由，可以隨心所欲地說話、思考、寫作、出版。

我並不想將畫面描繪得太樂觀。有時候，因為要避免引發牧師的不滿，市議員也會被迫壓制天主教的秘密集會，或是沒收某本過於囂張的異端分子印發的小冊子。不過總的來說，只要不到集市中央的街頭演講臺上去高聲詆毀宿命論，只要不把天主教的念珠帶到公共餐廳，只要不在哈勒姆的南方衛理公會的地盤上否認上帝的存在，就可以確保一定程度上的平安無事。在差不多兩個世紀的時間裡，對世界其他地方因為思想而受到迫害的許多人來說，荷蘭共和國確實是他們的天堂。

很快，荷蘭這個人間天堂的名氣傳開了。在以後的兩百年裡，荷蘭的印刷作坊和咖啡館裡擠滿了各種各樣的狂熱分子，他們是「精神解放」這支奇特新軍的先鋒。

第二十章　喬爾丹諾・布魯諾

據說第一次世界大戰是沒有軍銜的士兵之間的戰爭，這話頗有道理。將軍、上校和三星戰略家孤獨而光榮地坐在某個廢棄城堡的大廳中盯著作戰地圖，直到想出一點新戰術，能讓他們贏得半平方英里的土地（為此要犧牲三萬人）。與此同時，下級軍官、中士、下士在一些聰明大兵的協助和鼓動下，做著所謂的「髒活」，最終引發了德國防線的崩潰。

為獲得精神獨立而進行的偉大征戰的情況也基本相似。

沒有五十萬士兵參與正面交鋒。

沒有為敵人的炮兵提供廉價靶子的瘋狂衝鋒。

我甚至可以進一步說，大多數人根本不知道有戰爭發生。有時候，在好奇心的驅使下，他們可能會問今天早晨燒死了誰，明天下午又會絞死誰。然後他們也許會發現，有幾個亡命之徒還在繼續為某些自由原則而戰，而這些原則都是天主教徒和基督徒非常不贊成的。但我覺得，大多數人只會稍微輕歎惋惜而已，會說要是自己的叔叔落得如此可怕的下場，他可憐的親戚們一定痛不欲生。

情況大體如此。殉道者為自己的事業犧牲，他們的功績無法用數字公式表示，也不能換算成安培或馬力。

任何一個想得到博士學位而勤奮學習的年輕學生可能都仔細閱讀過喬爾丹諾．布魯諾的文集，他們可以耐心地收集文集中包含此類感情的話語，比如「國家無權告訴人們應該想什麼」、「社會不應該用刀劍懲處不同意教理的人」等，這樣就可以寫出題為「喬爾丹諾．布魯諾（一五四九－一六〇〇）和宗教自由的原則」的論文並得到通過。

但是，我們之中不再研究這些重要語句的人，看問題的角度肯定不同。

我們在最後的分析中說過，有許多虔誠之士，他們對當時的宗教狂熱深感震驚，也對各國百姓頭上的枷鎖感到震驚，於是他們起來反抗。他們都是窮困的人，除了身上的斗篷，幾乎一無所有，連睡覺的地方都沒有保證，但是他們內心燃燒著聖火。他們四處奔走、演講、寫作，把高深學府裡的高深教授拉進高深的爭論中。他們在普通的鄉間酒館與卑微的鄉巴佬辯論，並且總是在宣講彼此之間要有善意、理解和仁愛的福音。他們拿著書和小冊子，衣衫襤褸，周遊四方，最後在波美拉尼亞某個窮鄉僻壤的小村子裡死於肺病，或者在蘇格蘭的小村子裡被喝醉的村民私刑處死，或者在法國的某條省道上被車輪碾死。

所以，如果我提到喬爾丹諾．布魯諾的名字，我並不是說他這樣的人只有一個。但他的生平和思想，還有他為自己認為正確的東西所產生的不息熱情，的確是所有先驅者的典型，因此，他是一個很好的例子。

布魯諾的父母都很窮，在他們眼中，他們的兒子就是個普通的義大利孩子，不會有什麼遠大的前程，只是遵循一般慣例來到修道院，順理成章地成為道明會的修士。但他與道明會格格不入，因為這個團體非常支持各種迫害行為，當時被人們稱為「真正信仰的警犬」。道明會很機警，異端分子就算沒有把自己的觀點亮出來，也會被前去追蹤的道明會密探嗅出來。一個眼神，一個手勢，聳聳肩膀，就足以露餡，接下來他將被迫和宗教裁判所打交道。

布魯諾就是在這種一切都要俯首聽命的環境中成長的，他怎麼會叛逆地摒棄《聖經》而捧起芝諾、阿那克薩哥拉的著作，我也不知道。但這個奇怪的新修士還沒有完成規定的學業，就被趕出了道明會，成為了流浪者。

他翻過了阿爾卑斯山。在他之前，有多少年輕人冒險穿過了這個古老的山口，希望能在羅納河和阿爾瓦河交匯的新教強大堡壘中找到自由。

又有多少人心灰意冷地離開了，他們發現那裡和別的地方一樣，總有人在迷惑人們的心，改變教義並不一定意味著改變了心靈和思想。

布魯諾在日內瓦住了不到三個月。城裡擠滿了義大利難民，他們給這個同鄉弄了一套新衣服，還找了一份校對的工作。到了晚上，他就讀書寫作。他得到了一本彼得呂斯．拉米斯的書，這讓他終於找到了志同道合的人。彼得呂斯．拉米斯也相信，如果中世紀教科書中所宣揚的暴政不被打碎，那麼世界就無法進步。布魯諾不像那位著名的法國老師那樣走得那麼遠，他不認為希臘人的一切教誨都是錯的。但是十六世紀的人為什麼還要受基督出生前四世紀的字句的束縛呢？究竟為什麼？

支持正統信仰的人回答他說：「因為一直都是這樣。」

「我們與祖先有什麼關係，他們與我們又有什麼關係？讓死去的人死去吧。」這個年輕的反傳統觀念者回答道。

很快，員警來找他，建議他最好收拾行李到別的地方碰碰運氣。

此後，布魯諾的生活就是無休止的遊學，四處尋找一個比較自由能安全生活和寫作的地方，但他從未如願。他從日內瓦來到里昂，又到了圖盧茲。那時他已經開始研究天文學，成為哥白尼的熱情擁護者，這在當時可以說是危險的一步，因為在那個時代，人們都在大聲說：「世界圍繞太陽轉？世界只是繞太陽轉動的普通行星？胡說！誰聽說過這種蠢話？」

圖盧茲對他來說已不再是可以久留之地。他橫穿法國，步行到巴黎，然後作為法國大使的私人秘書來到英國。但他再一次失望，英國的神學家並不比歐洲大陸的強。也許他們只是更實際一點，比如在牛津，如果學生犯了錯，反對亞里斯多德的教誨，神學家只是罰他十個先令。

布魯諾變得尖刻起來。他開始撰寫一些文采勃發卻又頗為危險的短篇文章，還有一些以宗教、哲學、政治為內容的對話。在這些東西裡，整個現存的秩序被徹底顛覆，但卻受到了細緻且絕無讚賞的檢查。

他還就他喜愛的天文學發表演說。

但是學院的當權者對學生喜歡教授這種事是極少笑臉相迎的。布魯諾又一次被下了逐客令。他回到法國，又去了馬爾堡。不久前路德和茨溫利曾在虔誠的匈牙利女王伊莉莎白的城堡裡進行過一次關於「化體」[1]實質的辯論。

啊！他的「自由派」大名早已先他而行，當局甚至不允許他授課。事實證明威登堡應該好客一些，但這座路德派的舊堡壘已經被喀爾文的信徒把持，因此布魯諾這種有自由傾向的人再也沒有容身之地。

他向南走，到約翰．胡斯的地方碰運氣。新的失望在等待著他。布拉格已經成了哈布斯堡王朝的首都。哈布斯堡王朝從前門進入，「自由」便從後門離去。布魯諾再次上路，前往遙遠的蘇黎世。

在蘇黎世，他收到一個義大利年輕人喬瓦尼．摩瑟尼戈（Giovanni Mocenigo）寫

1　Transubstantiation，是天主教的理論。在聖餐禮時，儘管基督徒所領的酒和麵餅在形式上沒有改變，但舉行儀式後，基督的血化作酒，基督的肉化作面餅。

的信，邀請他去威尼斯。我不知道布魯諾為什麼接受了邀請。也許這個義大利農民被古老貴族的名字所迷惑，因此感到受寵若驚。

喬瓦尼・摩瑟尼戈的前輩敢於蔑視蘇丹和教皇，但他自己卻不是這樣。摩瑟尼戈意志薄弱，膽小如鼠，當宗教裁判所的官員到他家要把客人抓去羅馬時，他連手指頭都沒有敢動一下。

威尼斯政府一直小心翼翼地保護自己的權力。如果布魯諾是個日耳曼商人或荷蘭船長，他們或許還會強烈抗議，說外國軍隊膽敢在他們的轄區抓人，甚至會發動戰爭。可是何必為了一個流浪漢去惹教皇？這個流浪漢除了思想，並不能給威尼斯帶來任何好處。

布魯諾的確是學者，威尼斯共和國也對此甚感榮幸，但威尼斯的學者已經夠多了。

和布魯諾告別吧，願寫下〈馬可福音〉的聖馬可寬恕他的靈魂。

在宗教裁判所的監獄裡，布魯諾被關了七年之久。

一六〇〇年二月十七日，他被燒死在火刑柱上，骨灰隨風而去。

他是在「百花廣場（Campo dei Fiori）」被執行火刑的，懂義大利語的人大概能從這個短小而又精巧的比喻中獲取某些靈感吧。

第二十一章　斯賓諾莎

歷史上有些事情讓我一直不能理解，其中之一就是過去一些藝術家和文學家的作品數量。

現代寫作的人有打字機、答錄機、秘書和自來水筆，每天能寫三四千字。而莎士比亞有十多份工作讓他分心，還有個愛吵架的老婆，用的又是笨拙的鵝毛筆，他怎麼能寫出三十七個劇本？

「無敵艦隊」的老兵羅培・德・維加一輩子都很忙碌，他從哪兒弄來那麼多墨水和紙，寫下一千八百個喜劇劇本和五百篇文章？

那個奇怪的宮廷音樂家約翰・塞巴斯蒂安・巴哈又是什麼人？他住的小房子裡有二十個孩子吵吵鬧鬧，而他居然有時間譜寫了五個清唱劇、一百九十個教堂大合唱、三個婚禮大合唱、十二首聖歌、六首莊嚴彌撒曲、三部小提琴協奏曲、一部雙小提琴協奏曲(僅這一項就足以讓他的名字永載史冊)、七部鋼琴管弦樂隊協奏曲、三部雙鋼琴協奏曲、兩部三鋼琴協奏曲、三十部管弦樂總譜,還有大量為長笛、大鍵琴、風琴、低音提琴、法國號寫的曲子,足夠讓音樂系的普通學生練一輩子。

還有,林布蘭和魯本斯在三十年中幾乎每個月都能創作四幅畫或四幅蝕刻畫,這得勤奮用功到什麼程度。像安東尼奧·斯特拉迪瓦里這樣的普通公民是怎樣在一生中製作了五百四十把小提琴、五十把大提琴和十二把中提琴?

我要說的不是他們的頭腦怎麼能想出所有的情節,聽出所有的旋律,看出各式各樣的顏色和線條的組合,選擇出需要的木材。我只是奇怪他們怎麼會有這樣的體力?他們不睡覺?他們難道不會抽個幾小時去打撞球嗎?他們不知疲倦嗎?他們聽說過「神經疲勞」嗎?

十七和十八世紀,這樣的人比比皆是。他們無視健康規律,隨便吃喝,根本不知道自己作為光榮的人類所負有的崇高使命,但他們有的是時間,他們的作品多到了驚人的程度。

藝術領域和科學領域的情況也出現在了繁瑣的神學領域中。

如果你去一間有兩百年歷史的圖書館，就會發現，在地窖和閣樓裡塞滿了八開、十二開和十八開的宗教小冊子，佈道書、文集、評論、文摘，它們用皮革、羊皮紙或普通紙張裝幀，上面蒙了厚厚的塵土，早已被人遺忘，但它們都蘊藏著淵博而又無用的學問。

在現代人看來，其中談論的題目和採用的許多詞彙如今早已喪失意義，可是這些發了黴的集子從某個角度來說又很有用。如果說它們毫無貢獻，但它們至少還清潔了空氣。因為它們要麼解決了討論的問題，讓各方滿意，要麼讓讀者相信那些問題並不能通過邏輯推理和辯論解決，乾脆擱置算了。

這聽來好像是諷刺挖苦的假恭維。不過我希望西元三〇〇〇年的批評家們在整理我們今天的文學和科學成就時也能如此寬宏大量。

巴魯克·德·斯賓諾莎是這一章的主人公，就作品數量而言，他並沒有追求當時的時尚。他的全集不過只有三四卷小書和幾捆信札。

但是，如果用正確的數學方法來解決他在倫理學和哲學上探討的深奧問題，需要花的工夫足夠嚇退大多數正常人。也正是因為這樣，身體不好的斯賓諾莎試圖通過乘法表來理解上帝，最後卻不幸過勞死。

斯賓諾莎是猶太人。不過那時的猶太人還沒有受過猶太隔離區那樣的苦難。西班牙半島還是摩爾人的一個省時，他們的祖先就在那裡定居了。西班牙被收復後，引入了「西班牙屬於西班牙人」的政策，這最終導致了該國的崩潰。斯賓諾莎一家被迫離開故土，他們走水路來到荷蘭，在阿姆斯特丹買了座房子。他們辛勤工作，積聚錢財，很快就成了「葡萄牙移民區」中最受尊敬的家族。

他們的兒子斯賓諾莎意識到了自己的猶太血統。這倒不是因為鄰居小孩對他的嘲諷，而更多得歸結於他在猶太小學受的教育。由於荷蘭共和國充斥著階層偏見，種族偏見被放在一邊，所以外來移民在北海和須德海的海岸定居，與荷蘭人和平相處，過著平靜和諧的生活。這是當時荷蘭人生活的一大重要特徵，當時的旅行者在寫「遊記」時都一定會提到這一點，而且也有充足的理由去提。

在歐洲的其他地方，甚至到了相當晚的年代，猶太人和非猶太人之間的關係也非常不理想。二者之間的爭鬥簡直達到無法調解的程度，雙方都據理力爭說自己是對方不寬容和偏見的受害者。這本書已經說過，不寬容只是大眾自我保護的一種方法，按照這個理論，可以看清楚一點，只要基督徒和猶太人忠於各自的宗教，就會將對方當成敵人。首先雙方都堅信自己的上帝是唯一的真神，其他民族的神都是偽神。其次，雙方互為對方的商業死對頭。像最初到巴勒斯坦一樣，猶太人來到西歐也是在尋覓新家園。當時的工會，即「行會」，不讓猶太人進入各行各業，所以他們只好開當鋪和銀行，作為經濟上的權宜之計。這兩種行當在中世紀很相似，在當時的人們眼裡，正派人是不會幹這些的。直到喀爾文時期，教會都一直對金錢（稅收除外）深惡痛絕，把拿利息看成犯罪，這一點讓人很難理解。當然，沒有政府會允許高利貸，早在四千多年以前，古巴比倫人就通過一項嚴厲的法律，懲治企圖從別人錢財中謀利的放貸者。我們從兩千年前寫下的《舊約》中的某些章節裡能讀到，摩西曾經嚴格禁止信徒借錢給別人，然後收取高利息，不過借給外國人則除外。之後，包括亞里斯多德和柏拉圖在內的大希臘哲學家都不贊同用別人的錢生錢的做法，教會的神父們對這個問題的態度更明確。在整個中世紀，放貸人一直被瞧不起。但丁在他描寫的地獄裡還專門為他金融業的朋友們準備了一個小壁龕。

從理論上大概可以證明，開當鋪和開銀行的人都是不受歡迎的公民，要是沒有他們，世界會更好。不過，當世界不再是清一色的農業社會時，人類馬上發現，如果不借助信貸，就連最普通的商業活動都無法開展。於是放貸成了一種不可缺少的惡行。而按照基督徒的看法，猶太人本來就註定是要下地獄的，他們從事這種人們需要的行當也沒什麼關系，因為正派人絕不會參與。

這樣，這些可憐的流放者被迫幹不光彩的行當，他們自然而然地成了富人和窮人的敵人。這些猶太人一旦發跡，對方便翻臉謾罵，把他們限制在城市裡最骯髒的地方，在情緒激動之下還會把他們作為不信教的惡棍絞死，或當成叛教的基督叛徒燒死。

這些行為真是令人害怕的愚蠢。無休止的攻擊和迫害並沒能讓猶太人喜歡基督徒的鄰居們。導致的直接結果是一大批人才退出了公共生活，成千上萬聰明的年輕人本來可以促進商業和科學的發展，卻把智慧和精力浪費在研究那些無用、深奧莫測且瑣碎的古書上，數以百萬計無依無靠的男女青年註定要在發臭的小屋裡過著扭曲的生活，一邊聽老人講他們是上帝選中的人，一定會繼承整個世界和所有的財富，一邊卻又聽到鄰居不停地罵他們是豬，只配上絞架或刑車。

要讓在這種惡劣環境中生活的人（不管是誰）正常地看待生活，那是不可能的。

在基督徒同胞的壓迫下，猶太人一次又一次被迫鋌而走險，在怒火沖天時起來反抗壓迫者。他們被稱為「叛徒」「忘恩負義的惡棍」，之後受到更嚴重的欺侮和限制。但是這種限制只會導致一個結果，它讓心懷怨恨的猶太人變得越來越多，其他人則精神崩潰，最終把猶太聚居區變成了抱負受挫、仇恨積累的可怕之所。

斯賓諾莎生在阿姆斯特丹，所以他躲過了大部分親戚生來就遭受的苦難。他先是被送進猶太教會（被恰當地稱為「生命之樹」）掌管的學校。在學會希伯來文的動詞變位以後，他就被送到學識淵博的法蘭西斯庫斯·阿皮尼厄斯·馮·德·恩德（Dr. Franciscus Appinius van den Ende）博士那兒，學習拉丁文和科學。

正如名字所示，法蘭西斯庫斯博士出身於天主教徒家庭，傳聞他是魯汶大學的畢業生，按照城中消息最靈通的教堂執事的說法，法蘭西斯庫斯其實是偽裝的耶穌會修士，是個很危險的人物。但這不過是胡說。馮·德·恩德年輕時確實在天主教神學院待過幾年，但他對那兒的內容不感興趣。在離開家鄉安特衛普（比利時）以後，他來到阿姆斯特丹，自己辦了一所私立學校。

他的鑒別能力非凡，很會想辦法讓學生們喜歡古典文課，阿姆斯特丹的喀爾文派市民不管他過去與天主教的歷史，情願把孩子交給他。而且家長們都感到很自豪，因為這個學校的孩子學習六韻步詩和名詞變格的成績，一直比當地其他學校的孩子強。

馮．德．恩德教小斯賓諾莎拉丁語，但他熱切地追求科學領域的一切最新發現，對喬爾丹諾．布魯諾也很崇拜，因此馮．德．恩德毫無疑問教給了這些孩子一些正統猶太家庭不會提到的東西。

和當時的習慣不同的是，年輕的斯賓諾莎沒有和其他學生同住，而是住在家裡。他很博學，家人對此印象深刻。親戚們都自豪地叫他小教授，毫不吝嗇地給他零花錢。斯賓諾莎沒有把這些錢浪費在買煙草上，而是用來買與哲學相關的書。

有一個作者特別吸引他。

這就是笛卡爾。

勒內．笛卡爾是法國貴族，出生在圖爾和普瓦捷交界處，一千年前，查理曼的祖父曾在這裡阻擋了穆罕默德征服歐洲。笛卡爾不到十歲就被送去耶穌會接受教育，在之後的十年中，他成了一個讓人「討厭」的人，因為他肯思考，除非他親眼看到，否則拒不接受。可能世界上只有耶穌會會士知道怎樣對付這種難管的孩子，既不打擊他們，又將他們訓練得很成功。要檢驗教育成果就得靠實踐。如果現代教育工作者學會了耶穌會羅耀拉兄弟的方法，我們也會有幾個自己的笛卡爾了。笛卡爾二十歲時參了軍，他到了荷蘭，在那裡，拿騷的毛里茨曾徹底地完善了他的軍事體系，讓他的軍隊成了有志當將軍的年輕人去進修的學校。笛卡爾並不經常去拿騷公爵的司令部。一個虔誠的天主教徒怎能為新教徒的首領做事！這聽上去就像叛國罪。不過笛卡爾感興趣的是數學和火炮，不是宗教和政治。因此，荷蘭剛與西班牙停戰，他便辭職前往慕尼克，去日耳曼巴伐利亞天主教公爵的麾下作戰。

但這場戰役並沒有持續很久，當時唯一一場至關重要的戰鬥是在法國拉羅歇爾附近進行的，那時胡格諾派[1]正在抵禦黎胥留樞機。於是，笛卡爾回到法國，以便學會更高級的攻城術。但軍營的生活很快讓他厭倦。他決定辭去軍職，致力於哲學和科學。

他自己有一筆小收入。他不想結婚，也沒什麼奢望，只想過寧靜、快樂的生活，他如願以償了。

我不知道他為什麼選中荷蘭作為居住地。不過荷蘭到處都有印刷商、出版商和書店，只要不公開攻擊現有的政府和宗教，當時的出版檢查制度就是做做樣子。況且，他從未學會荷蘭語（學荷蘭語對真正的法國人來說並不難），所以避開了不必要的夥伴和無聊的閒談，能把全部時間（每天差不多二十個小時）都用在工作上。

對於當過兵的人來說，這種生活似乎太枯燥。但笛卡爾目的明確，他似乎很滿足於這種自我放逐且背井離鄉的生活。經過多年的觀察，他逐漸相信，世界仍然陷於深不可測的無知泥沼中，當時被稱作「科學」的東西其實與真正的科學毫無關係，只有鏟掉古代的錯誤，才會在總體上取得進步。這可不是個小命題。但笛卡爾很有耐心，到三十歲時，他開始工作，為我們奉獻了一套嶄新的哲學體系。他在工作上的投入越來越多，在最初的體系外加進了幾何學、天文學和物理學。他在工作中一直心懷公正，這讓天主教徒說他是喀爾文派，而喀爾文派又罵他是無神論者。

1 由法國新教徒形成的一個派別，此派深受喀爾文思想的影響是謂其信徒，於十六到十七世紀期間有大批貴族和市民皈依胡格諾派。

這些咒罵傳到了他的耳朵裡，但完全沒有影響他。笛卡爾平靜地繼續研究，在斯德哥爾摩同瑞典女王討論哲學，最後安詳地死在了那裡。

笛卡爾的哲學被稱為笛卡爾主義，在十七世紀的社會掀起軒然大波，這和維多利亞女王時代的達爾文主義很像。在一六八〇年，如果一個人是笛卡爾主義者，那是件很可怕的事，很不光彩。這表明此人是當時社會制度的敵人，是索齊尼派，是下等人。這樣的人因為自己的信仰將自己與正派的鄰居隔絕開。但這並沒能阻止知識界大部分人如饑似渴地接受笛卡爾主義，就像我們的祖父接受達爾文主義一樣。但是在阿姆斯特丹的正統猶太人中，幾乎從來沒有人提起這些問題。在猶太經典《塔木德經》和《律法書》中都沒有提到過笛卡爾主義，因此笛卡爾主義相當於不存在。如果有人能看到巴魯克·德·斯賓諾莎的腦子裡有笛卡爾主義，猶太教會當局一經調查，就會採取官方行動，這個斯賓諾莎也會同樣不復存在。

那時阿姆斯特丹的猶太教會剛剛渡過一場嚴重的危機。小斯賓諾莎十五歲的時候，來了一個名叫烏雷爾·艾考斯塔（Uriel Acosta）的葡萄牙流亡者。此人斷然拋棄了在死亡威脅下被迫接受的天主教，回歸父輩的猶太教。可是這個艾考斯塔不是普通的猶太人，而是個紳士，習慣在帽子上插根羽毛，腰上佩劍。對他而言，那些在日耳曼和波蘭學校受過訓練的荷蘭拉比（猶太智者或師者）所表現出的高傲自大讓他感到驚訝與惱怒，他自己太清高，從來都不屑掩飾自己的觀點。

在這樣的小社會裡，如此公開對抗是不可能被容忍的。於是你死我活的鬥爭開始，一方是清高的夢想家，半先知半西班牙貴族，另一方是鐵面無情的律法衛道士。最後以悲劇收場。

首先，有人將艾考斯塔告到了當地警察局，指控他寫了幾本否認靈魂不朽、褻瀆神明的小冊子。這讓他與喀爾文派教士之間發生了摩擦。不過事實很快澄清，控告也撤銷了。猶太教會開除了這個頑固的叛逆分子的教籍，讓他無法謀生。

這個可憐的人在阿姆斯特丹街頭流浪了好幾個月，最後貧困和孤獨又迫使他回到教會。但他首先要當眾認罪，任教會成員鞭打腳踢，然後才能被批准重新入會。這些屈辱讓他精神失常了。他買了一支手槍，打爆了自己的頭。

這次自殺事件在阿姆斯特丹主要居民區中引起了眾多議論。猶太教會覺得能冒險再惹出另一樁醜聞。當「生命之樹」中最有前途的學生已經被笛卡爾的新異端學說所污染的時候，猶太教會的反應是將事情掩蓋起來。人們找斯賓諾莎談話，說只要他發誓不搗亂，繼續去猶太教堂，不再發表或散佈任何有悖於律法的言論，就可以每年發給他一筆固定的獎金。

斯賓諾莎最厭惡妥協，他乾脆俐落地回絕了。結果，根據著名而古老的《懲處準則》（這個準則不給人思考的餘地，全是照搬古代耶利哥時代的做法，以尋找數量合適的詛咒字眼），他被逐出教會。

面對各種咒罵，斯賓諾莎泰然自若地待在家裡，從第二天的報紙上瞭解到了這件事。甚至當一個狂熱遵循律法的人要殺他時，他都拒絕離開這座城市。

這對猶太拉比們的威信是個沉重的打擊，他們儘管乞靈於《聖經》中的約書亞和以利沙，但都白費了。他們發現在短短不到六年的時間裡，第二次有人敢公開挑戰他們。他們情急之下訴至市議會，要求和市長見面，告訴他這個剛被逐出教會的巴魯克·德·斯賓諾莎的確是個危險分子，是不可知論者，他拒絕信仰上帝，阿姆斯特丹這樣體面的基督教社會容不下這種人。

當局的諸位大人按照自己的好習慣，凡事都不插手，而是踢給了教士們組成的二級委員會。這個委員會研究之後，發現斯賓諾莎並沒有做違反城市法律的事，便如實向當局官員們彙報。不過他們又覺得教派的人最好能統一，便向市長建議，請這個看似特立獨行的年輕人離開阿姆斯特丹幾個月，等風頭過了再回來。

從那以後，斯賓諾莎的生活就像他窗外的景色一樣波瀾不驚。他離開了阿姆斯特丹，在萊頓附近的萊茵斯堡村裡租了一間房子，白天打磨光學儀器的鏡頭，晚上抽煙鬥，興之所至時讀寫一番。他一生未婚。謠傳說他和他的前任拉丁文老師馮·德·恩德的女兒有一段私情，可斯賓諾莎離開阿姆斯特丹時，那個女孩才十歲，所以這個傳言並不可信。

他有幾個摯友，每年至少接濟他兩次，讓他能把全部時間用於研究。他感謝他們的好意，但他更願意獨立，除了每年從一個有錢的笛卡爾主義者那兒領八十元的補貼外，他不再多要一分錢。他的一生是作為一個真正的哲學家，在令人尊敬的貧窮中度過的。

他曾經有機會去德國當教授，但他拒絕了。他聽說著名的普魯士國王給他寫信，願意當他的資助人和保護人，他也拒絕了，一直平靜快活地過著流放的生活。

在萊茵斯堡住了幾年後，他搬到荷蘭海牙。斯賓諾莎的身體一直不好，他沒有做完的鏡頭上的玻璃粉末讓他身患肺病。

一六七七年，他孑然一身地死去。

讓當地教士不滿的是，當時宮廷中的顯赫人物出動了六輛私人馬車來為這個「無神論者」送葬。兩百年後，當紀念他的雕像落成時，員警部門都需要調動預備隊來保護參加這個隆重儀式的人，以免他們遭到狂熱的喀爾文主義信徒襲擊。

這就是斯賓諾莎，他有什麼影響？他只是個勤奮的哲學家，只會把沒完沒了的理論塞進無數的書裡，難道還能使用能讓已逝波斯詩人奧瑪·開儼惱火的語言嗎？

不對。

他取得的成就絕不是因為他的充滿才智或者是他能頭頭是道地闡述自己的理論。他之所以偉大，靠的是他的勇氣和力量。他這樣的人只知道一種法則，這是一套在早已被忘卻的遙遠的黑暗年代就定下的法則，不可更改。這套精神專制的法則是專門為那些自命可以解釋聖言的職業教士所創立的。

在他生活的世界中，知識自由的思想與政治上的無政府主義幾乎是同義詞。

他知道他的邏輯體系肯定不僅僅只是得罪猶太人，也同樣會得罪非猶太人。

但他從來沒有猶豫過。

他把所有的問題都視為普遍問題，將它們都看作一種無所不在的意志的體現，一種終極真理的體現。這個真理適用於創世之初，也適用於世界末日。

就這樣，他為人類的寬容事業做出了巨大的貢獻。

斯賓諾莎和之前的笛卡爾一樣，擯棄了舊宗教設下的狹隘界限，以百萬星辰為基石，大膽地建立起了自己的嶄新思想體系。

這樣一來，他恢復了從希臘和羅馬時代起就被歪曲的人類本質，再次讓人類成為宇宙真正的一員。

第二十二章　新天國

幾乎沒有理由擔心斯賓諾莎的著作會有流行的時候。他的書像三角學教科書一樣枯燥，很少有人能在讀過任何一章開頭兩三句以後還能接著讀下去。要傳播新思想需要另一種人。

法國一旦轉為君主集權制，人們獨立思考和研究調查的熱情便告結束。在德國，三十年戰爭之後是一片貧窮和恐怖，它扼殺個人的進取心的時間至少長達兩百多年。

所以，在十七世紀下半葉，英國是歐洲大陸中唯一在獨立思考方面有進步的國家，國王與議會的長期爭吵增加了不安定的因素，這促進了個人自由的事業。

首先我們要談談英國的君主。多年來，這些不幸的國王一直在陰險的天主教和汪洋大海般的清教徒之間徘徊。

他們的天主教臣民（其中包括許多暗地裡傾向羅馬的聖公會教徒）總是吵著要回到英國國王為教皇當僕從的幸福年代。

而他們的清教徒臣民卻用另一隻眼睛緊盯著日內瓦，夢想英國有一天也沒有國王，英格蘭變成瑞士山脈角落裡的幸福的日內瓦。

但還不只是這樣。

統治英格蘭的國王同時也是蘇格蘭國王，蘇格蘭臣民在宗教方面完全清楚自己要什麼。這些蘇格蘭人堅信自己是正確的，堅決反對宗教信仰自由的理念。他們覺得在新教徒的土地上有其他教派存在，還能自由地信仰是一件邪惡的事。他們不僅堅持認為天主教徒和再洗禮派應該被趕出英倫三島，而且索齊尼主義者、阿米尼烏斯主義者、笛卡爾主義者，所有不認同存在一個活著的上帝的人，都應該被絞死。

但是這種三角衝突產生了出人意料的後果。它讓那些想在對立的教派之間保持中立的人不得不寬容很多，而他們原本不會這麼寬容。

歷史告訴我們，如果斯圖亞特（Stuarts）和克倫威爾（Cromwell）在他們一生中的不同時期都堅持說各教派都有同等權利，絕不是因為他們偏愛長老會教徒和高教會派，或者是他們受到那些教徒的愛戴。他們只是在艱難處境中盡力而為罷了。麻塞諸塞灣殖民地最後由一個教派掌了權，結果發生了可怕的事，這告訴我們，如果英國眾多相互爭鬥的教派中有任何一個建立了全國性的絕對專制，那英格蘭會出現什麼樣的局面。

克倫威爾的地位當然讓他能為所欲為，但是這個護國公很明智。他知道他的統治是靠鐵的軍隊維繫的，因此，他小心謹慎，避免極端行為，以免反對派聯手對付他。不過他的寬容思想也就到此為止了。

至於可怕的「無神論者」，以及前面提到的索齊尼主義者、阿米尼烏斯主義者、笛卡爾主義者以及其他宣揚個體神聖權利的人，他們的性命依然堪憂。

當然，英國的「思想自由主義者」有一個很大的優勢。他們靠近大海，只要忍受三十六個小時的暈船，就能到達安全的港灣——荷蘭城市。荷蘭城市的印刷機構出版了南歐和西歐封禁的大量書籍，所以，穿越北海就意味去出版商那兒走一趟，雄心勃勃的旅客可以有機會拿到自己的版稅，還能看一看知識界思想反抗主題的文學中，最近又出了什麼新東西。

有些人用這個好機會進行寧靜的研究與平和的思索，這些人中最有名的是哲學家約翰．洛克。

他和斯賓諾莎同年出生。他像斯賓諾莎（其實和大部分獨立的思想家一樣），出生於對宗教虔誠的家庭。斯賓諾莎的父母是正統的猶太人，約翰的雙親是正統的基督徒。這些家庭都用各自教派的嚴格教義教育孩子，當然他們的本意是好的。但這樣的教育要麼摧殘孩子的心靈，要麼就將他們變成了叛逆之徒。約翰同斯賓諾莎一樣，都不是容易屈服的人，他咬緊牙關離開了家門，出去自謀生路。

二十歲時，洛克來到牛津，他在那裡第一次聽說了笛卡爾。可是在聖凱薩琳大街佈滿灰塵的書店裡，他發現了其他幾本更對口味的書，比如湯瑪斯．霍布斯的著作。

霍布斯是個有意思的人，他曾在抹大拉學院當過學生，總也不安分，去過義大利跟伽利略談過話，與大名鼎鼎的笛卡爾本人通過信，他為了躲避清教徒的怒火，大半生都住在歐洲大陸。他偶爾寫了一本大部頭，把他想到的，對所有題目的見解都寫了進去，書用了一個引人注目的名字：《利維坦：教會國家或公民國家的性質、形式和權力》。

這本高深的巨著出版時，洛克正就讀大二。這本書一針見血地指出了王公的本質、權力，尤其是他們的責任，就連最徹底的克倫威爾派也不得不贊同他的觀點。許多克倫威爾派都傾向於寬赦這個具有懷疑精神的人。雖然霍布斯是個保皇派，但是卻在這本重量不到五磅的書裡揭露了保皇派的虛偽。當然，並不容易將霍布斯歸類。當時的人稱他是「宗教自由主義者」，這個說法的意思是：他更感興趣的是基督教的倫理學而不是基督教的教義，他主張在不太重要的問題上，應該給人一定程度的「自由」，允許他們在非原則性的問題上保留自己的態度。

洛克與霍布斯想法一樣。他一生在教會中，卻又從心底贊同對生活和信仰應該有一種寬容的態度。他和朋友們認為，國家擺脫一個戴金王冠的暴君，如果只是為了讓另一個戴黑色低垂帽的暴君上位來濫用權力，那又有什麼意義？為什麼要在今天摒棄一幫教士，而第二天又接受另一幫同樣專橫跋扈的教士的統治？從邏輯上講這當然是沒問題，不過有那麼一夥人，對他們來說，如果「自由主義者」成功，把僵化的社會體系變成一個在倫理上辯論不休的社會，他們就會失業。顯然洛克的這種觀點在他們當中是行不通的。

洛克本人似乎是個魅力十足的人，他有幾個頗有勢力的朋友能保護他不受地方長官的騷擾，但是沒過多久，洛克也無法撇清「無神論者」的嫌疑了。

這發生在一六八三年的秋天，洛克來到阿姆斯特丹。斯賓諾莎已去世六年，不過荷蘭首都的學術氣氛還是很自由的，洛克有機會研究、寫作，而不受官方的干涉。他是個很勤奮的人，在外的這四年，他寫下了著名的《關於寬容的一封信》，這讓他成為我們這本寬容小史裡的主角。在信中（為了駁斥反對派，信被拆成了三封），他從根本上否定了國家有權干涉宗教的觀點。洛克認為（這一點源於另一個法國流亡者，此人叫比埃爾．培爾，他當時住在鹿特丹，正獨自編撰一本包羅萬象到驚人程度的百科全書），國家只是一個由一些人創建並維持的保護性的組織，為的是保護這些人之間的利益和安全。洛克和他的信徒不明白，這麼一個組織憑什麼發號施令，要人信仰這個而不允許信仰那個？國家並沒有規定人應該吃什麼喝什麼，那麼為什麼要強迫他們去這個教會，而不能去另一個教會？

新教主義取得的不徹底的勝利，讓十七世紀成為奇特的宗教妥協時代。威斯特伐利亞合約應該終止了所有的宗教戰爭。合約規定了這樣一條原則：「所有臣民都必須服從統治者的宗教。」這樣一來，一個小公國的臣民都是路德教徒（因為公國的大公爵是路德教徒），而在另一個公國裡，臣民又都是天主教徒（因為這個公國的男爵恰好信奉天主教）。

洛克據此推理道：「如果國家有權對臣民靈魂的今後幸福做出規定，那麼一半人都註定要下地獄，因為不可能兩種宗教都是正確的（按照它們各自的《教理問答》第一條的說法），出生在邊界一邊的人註定要進天堂，出生在另一邊的人則註定要下地獄。這樣的話，出生時的地理位置便決定了一個人的靈魂是否會得救。」

洛克沒有把天主教徒列入他的寬容體系中，這的確是件令人遺憾的事，不過也可以理解。在十七世紀普通英國百姓的眼裡，天主教並不是一種宗教形式，而是一個政黨。這個政黨一直在企圖危害英國的安全，它打造了「無敵艦隊」，還準備了大量的炸藥，要摧毀英國這個友善之邦的議會。

所以洛克寧願主張把權力交給殖民地的異教徒，也不願意給天主教徒，而且他還認為，應該繼續在英國驅逐天主教徒。但這樣做只是因為天主教徒危險的政治活動，而不是因為信仰不同。

要聽到這樣的說法，還得回到一千六百年之前。當時一個羅馬皇帝定下了一條著名的原則：宗教是人與所信仰的神之間的事，神如果覺得自己的尊嚴受到損害，完全知道該如何照顧自己。

英國人在不到六十年裡換了四屆政府，所以他們較容易接受這種基於常識的寬容思想所包含的基本真理。

一六八八年，奧蘭治的威廉（三世）渡過北海來到英國，洛克緊跟著乘船而去，同船的還有英格蘭的新女王。他從此過著安定無事的生活，當他七十二歲去世時，已經成了人們尊敬的創造者，而不再是令人恐懼的異端分子了。

內戰是件可怕的事，但有一大好處，那就是可以清潔社會氣氛。

十七世紀英國的紛爭耗盡了該國多餘的精力。其他國家還在為「三位一體」「出生前下地獄」的論點廝殺時，大不列顛的宗教迫害已經結束。偶爾會出現一個過於放肆的批評家抨擊教會，像丹尼爾．笛福，可能會略微觸犯法律。不過這位《魯濱遜漂流記》的作者被戴上頸手枷，不是因為他是業餘神學家，而是因為他作為幽默家犯了法。因為盎格魯．撒克遜民族天生就對「諷刺」存有疑心。假如笛福寫的是一本文風嚴肅、維護「寬容」的書，他最多只會受點斥責。他把對教會暴政的攻擊化為一本半幽默的小冊子，題目是「對付持不同意見者的最簡單的辦法」，當局據此認為他是個惡俗的人，不懂禮法，只配被放到紐蓋特監獄和小偷關在一起。

笛福是幸運的，因為他從沒有離開過不列顛群島。從英國這個母國趕出來的不寬容，在大洋彼岸的殖民地備受歡迎，找到了棲身之地。之所以如此，與其說這歸因於剛剛遷居新大陸的人的性格，不如說是因為新世界比舊世界具有更強的經濟優勢。

英格蘭是人口稠密的小島，大部分人剛好只有立足之地，人們如果不願意再履行古老可敬的「互諒互讓」的原則，那麼一切都將停擺。但是在不知有多大的美國，加上多得難以置信的財富，只住著寥寥幾個農夫和工人，就沒有必要妥協了。

因此，在麻塞諸塞海岸的一個小團體裡，很快出現了一個自詡正確的教派，自從喀爾文在瑞士西部充當員警總長和最高審判長的幸福歲月之後，上述情況還是第一次出現。

在查理斯河冰的天雪地裡，第一個永久性定居入住的人，是一群人稱「朝聖前輩移民」的人。一般「朝聖者」指的是「為表達宗教虔誠而去聖地旅行的人」。按照這個意思講，「五月花號」的旅客並不是朝聖者，他們是英國的瓦匠、裁縫、製靴匠、鐵匠和修車匠，他們為了躲避可恨的「羅馬天主教徒」而離開英國，那些天主教徒當時把持著他們周圍大部分教會組織。

他們首先渡過北海來到荷蘭。當時荷蘭正趕上經濟大蕭條。我們的教科書總是說，他們決心繼續旅行是因為不願意讓孩子們學荷蘭語，否則就會被這個國家同化。這些純樸的人居然不圖報答收留之恩，這聽起來似乎不可能。其實他們大部分時間都被迫住在貧民窟裡，他們發現在荷蘭這個人口已經很稠密的國家謀生的確很難。據說在美洲種煙草的收入遠勝於在萊頓梳羊毛，因此他們起程前往維吉尼亞。但因為遇上逆風，加上糟糕的駕船技術，他們停在了麻塞諸塞岸邊，之後就決定就地住下，不再乘著漏水的船繼續冒險。

他們雖然避開了淹死和暈船的厄運，但處境卻依然危險。他們大多來自英格蘭內地的小城鎮，沒有拓荒的能力。寒冷將他們共產化的想法打得粉碎，不息的狂風吹冷了他們對公共事業的熱情，妻子和孩子由於沒有像樣的食物而死去。最後，只有很少的人熬過了三個冬天，這些人都是習慣了家鄉粗糙而質樸的寬容環境的好人。可隨後數以千計的新殖民者將他們完全淹沒。那些後來的人無一例外全是更嚴苛、更不寬容的清教徒，他們讓麻塞諸塞成為查理斯河畔的日內瓦，持續數世紀之久。

清教徒在彈丸之地上慘澹地謀生，又總是遇到災難，他們比從前任何時候都更想從《舊約》中為他們的思想和行為找到依據。他們與體面的社會生活以及圖書相隔離，悟出了自己的一套奇怪的宗教心理。他們把自己看作是摩西和基甸的後裔，對他們西邊的印第安人來說，他們成了真正的猶太馬加比人。如今他們只靠一個信念來慰藉自己艱苦乏味的生活，那就是相信他們是為了唯一真正的信仰而受難，還由此得出結論說，其他人必定都是錯誤的。如果要是有人含蓄地說清教徒的行為並不完全正確，便會由於觀點與清教徒不一致而被排擠，不是遭到無情的鞭打後被趕到荒野裡，就是被割去耳朵和舌頭。這些被排擠的人要是走運的話，也許還能逃到鄰近的瑞典或荷蘭殖民地。

這塊殖民地對宗教自由和寬容事業毫無貢獻，就算它起了一點作用，那也不是出於本意，而是歪打正著，這在人類進步史中很常見。他們殘暴的宗教專制引起了反抗，這對形成更為自由的政策是有利的。在經過將近兩百年的教士專制以後，新一代人崛起了，他們反對所有形式的教士統治，認為政教分離是很有必要的，厭惡父輩將宗教和政治混為一談。

還好這個發展過程很緩慢，直到大英帝國和它的美洲殖民地即將爆發戰爭之前危機才出現。因此，起草美國憲法的人要麼是自由思想者，要麼私下裡是舊式喀爾文主義的敵人。他們在憲法裡寫入了某些頗為現代的原則，事實證明，這些原則在維持美國的和平穩定上發揮了很大的作用。

可在這以前，新世界在寬容領域曾經經歷過一次出人意料的發展，而且奇怪的是，事情發生在天主教區裡，就是現在美國馬里蘭州的一個地方。

做這次有趣實驗的人是馬里蘭殖民地的建立者卡爾弗特（George Calvert）父子，他們來自弗萊芒，不過父親後來遷居到了英國，為斯圖亞特王朝立下了汗馬功勞。他們起先是新教徒，但是做過英王詹姆斯一世私人秘書和總管的喬治·卡爾弗特對當時人們在神學問題上的爭論很反感，便又回歸到以前的天主教。不管人們說天主教好不好，還是說對它沒有感覺，天主教畢竟黑白分明，而不是把每一個教義問題都交給一群半文盲的教士組成的委員會。

這個喬治．卡爾弗特似乎本事很大，他回歸天主教（這在當時是很嚴重的罪名）並沒有讓他在國王那裡失寵。相反，他被封為巴爾的摩的巴爾的摩男爵，在計畫為受迫害的天主教徒建立一小塊定居點時，各方還許諾要幫他。他先去紐芬蘭試試運氣，但是他派去的手下因為沒有房子住而差點凍死。於是他申請在維吉尼亞要幾千平方英里的土地。誰知維吉尼亞人都是頑固的聖公會教徒，不想與這些危險分子做鄰居。巴爾的摩男爵接著要求得到維吉尼亞、荷蘭以及瑞典殖民地之間的一片荒地，但沒等到特許就去世了。他的兒子塞西爾（Cecil Calvert）繼續做這件事，一六三三年至一六三四年冬天，名為「方舟號」和「鴿子號」的兩條小船在塞西爾的兄弟列奧納多．卡爾弗特（Leonard Calvert）的率領下，穿過大西洋，於一六三四年三月滿載著旅客平安抵達切薩皮克灣。這個新地區被稱為馬里蘭，以法蘭西國王亨利四世的女兒瑪麗命名。亨利四世曾經計畫建立一個歐洲聯盟，但在實施之前，他被一個瘋狂的僧侶用匕首刺殺。瑪麗成了英國國王查理一世的妻子，而沒過多久，查理又在清教徒手裡丟了腦袋。

這個特殊的殖民地與印第安人和平相處，對天主教徒和新教徒也平等相待，度過了好幾個困難的年頭。先移民這裡的有很多新教聖公會教徒，他們是為了逃避麻塞諸塞清教徒的不寬容。後來清教徒也踏足這裡，為的是逃避維吉尼亞聖公會教徒的不寬容。這兩群逃難的人依然保留著以往的傲慢，都想把自己的「正確信仰」引入這個剛剛給他們提供避難的馬里蘭。在馬里蘭，「所有可能引起宗教狂熱的爭論」都是被禁止的，老殖民者有權讓聖公會教徒和清教徒和平相處。但是，英國的保皇黨和圓顱黨之間爆發戰爭，馬里蘭人不禁害怕不管哪一方獲勝，他們都會失去過去的自由。因此，一六四九年四月，就在查理一世被處決的消息傳到馬里蘭不久，在塞西爾·卡爾弗特的直接建議下，馬里蘭通過了著名的《寬容法案》，其中有這樣一段精彩的文字：

「由於宗教對思想的高壓統治，經常在所在地區產生有害的結果，鑒於此，為了本省的管理更安寧，為了更好地保護居民之間的友愛和團結，特此決定，本地區任何人不得以宗教或宗教信仰為理由，干擾、騷擾或迫害本地區所有信仰耶穌基督的人。」

在一個耶穌會教士執掌大權的地方，能夠通過這樣的法案，這顯示了巴爾的摩家族傑出的政治才能和超人的勇氣。這種寬宏大度的精神深受來訪者的讚頌。後來，一夥流亡的清教徒推翻了馬里蘭的政權，廢除了《寬容法案》，用自己的《關於宗教問題法案》取而代之，該法案給予所有自稱是基督徒的人以完全的宗教自由，但天主教徒和聖公會教徒除外。

還好這個逆潮流而動的時期並不長。一六六〇年，斯圖亞特王朝重新當權，巴爾的摩派再次執掌馬里蘭的統治權。

對他們政策的又一次攻擊來自另一方面。聖公會教徒在本國獲得了完全勝利，他們宣稱，從此以後自己的教會是所有殖民地的官方教會。卡爾弗特家族繼續抗爭，但他們發現要吸引新移民者已成妄想。所以，在經過整整一代人的鬥爭之後，這次試驗宣告終止。

新教徒勝利了。

不寬容也占了上風。

第二十三章 太陽王

十八世紀常被指為專制的時代。在今天這樣一個信仰民主的年代，不管是多麼開明的專制，都不會被看成理想的政府。

相信人類的歷史學家總是喜歡指責路易十四，然後讓我們自己去得出結論。這個聰明的國王登基時，他繼承的國家裡天主教和基督徒兩派勢均力敵。這兩派經過一百多年的廝殺（天主教占了大便宜），最終達成了和平協議，雙方許諾，彼此接受對方，雖然互不歡迎對方，但既然是無法避開的鄰居和同胞，就要承認其存在。一五九八年發佈的「不可撤銷且永久有效的」《南特敕令》包含了雙方和解的各項協議。該法令規定，天主教是法國國教，但新教徒享有充分的信仰自由，不得因其信仰而遭受任何迫害。他們還被獲准建造自己的教堂並擔任公職。為了表示誠意，新教徒還被獲准掌管法國境內兩百個要塞城市和村莊。

當然，這是不可能實現的。胡格諾派教徒不是天使，把法國兩百多座繁榮的城市和村莊交給敵視政府的政黨，就如同我們把芝加哥、舊金山和費城交給民主黨人以換取他們接受共和黨人的統治一樣荒唐，反之亦然。

黎胥留是該國最聰明的統治者之一，他看到了這一點。經過長期的鬥爭，他剝奪了基督教徒的政治權利。儘管他本人是大主教，但他謹慎地不干涉新教徒的宗教自由。胡格諾派教徒再也不能跟法國的敵人進行單獨的外交談判了。但除此之外，他們享受的特權還和從前一樣，可以自由地唱讚美詩，聽佈道。

下一個執行類似政策的法國統治者是朱爾・馬薩林樞機，他是真正意義上「統治了」法國的，但是他於一六六一年就去世了。年輕的路易十四開始親政，和平共處的時代終結了。

這個國王很聰明但又頗有爭議，十分不幸的是，他一輩子似乎只有一次被迫與正派人結交，但又落入一個宗教狂熱的女人手裡。這個女人是曼特農夫人，是一個叫保羅・斯卡龍的御用文人的遺孀。她最開始在宮中擔任路易十四和蒙特龐侯爵夫人七個私生子的家庭教師。等這位侯爵夫人魅力不再，國玉偶爾厭煩時，那位女教師便將侯爵夫人取而代之。她與以前所有國王的情婦唯一不同的地方是，在搬入國王寢宮之前，巴黎大主教為他們舉行了隆重的婚禮儀式。

在此後的二十年裡，王位後面的權力就落在了這個女人手中，而她又完全聽憑她的告解神父的擺佈。法國的天主教教士從來沒有原諒過黎胥留或馬薩林對新教徒的妥協態度。現在他們終於有機會毀掉這些精明政治家的成果了，於是他們便動手大幹起來，因為他們不僅是王后的官方顧問，而且掌管著國王的財富。

這又是一個奇怪的故事。

在此之前的八百年裡，修道院聚斂了法國的大部分財富，他們不顧國庫財政的吃緊，從不納稅，因而握有海量過剩的財產。國王陛下（他的榮耀比他的信譽大得多）抓住這個機會充實自己的金庫。為此，他給了支持他的教士某些好處作為報答，而他則被允許隨意向教會借錢，無論多少。

就這樣，「不可撤銷」的《南特敕令》的條款被逐條撤銷。起初還沒有完全禁止新教信仰，但忠實於胡格諾派事業的人總是被弄得無法安寧。龍騎兵進駐了據說新教根基最深的省份。士兵住在民宅中，並收到要從心理上壓制百姓的命令。他們狂吃豪飲，偷走百姓的勺子和叉子，打破傢俱，侮辱本分人家的妻女，就像在被征服的敵人領土上一樣無惡不作。可憐的房主們在絕望之下衝到法庭要求保護，結果卻被嘲弄一番，還說他們這是咎由自取，並告訴他們說自己應該知道怎樣擺脫這些不受歡迎的客人，同時又重新博得政府的歡心。

只有極少的人聽從了勸告，到附近村莊的牧師那裡接受天主教洗禮，而絕大部分淳樸的人還是堅守自小就信仰的思想。最後，他們的教堂被逐漸關閉，教士被送去做勞役，他們這才明白失敗是註定的。他們不想投降，寧願被流放，可剛到邊境，才得知誰也不許離開，一旦抓住就要被絞死，協助逃犯的人也得終身服苦役。

顯然，這個世界永遠無法學會一些東西。

其實從法老的時代到列寧的時代，所有政府都嘗試過「關閉邊境」，但從來沒有成功。

決意要逃走的人只要不惜冒任何危險，總能找到出路的。成千上萬的法國新教徒選擇「秘密路線」，很快就到了倫敦、阿姆斯特丹、柏林和巴塞爾。當然，這樣的外逃者身上錢很少，但他們都是忠誠勤懇的商人和工匠，在各地都有很好的信譽，精力又充沛，沒過幾年便再度興旺發達起來。這種繁榮本來應該屬於法國，但現在卻離法國而去。法國在經濟上的損失無可估量。

如果說《南特敕令》的撤銷是法國大革命的前奏，這種說法並不算誇張。法國一直是個非常富庶的國家，但「商業」和「宗教」從來無法共存。

自從法國的政權落入女人和教士手中的那一天起，法國的命運就注定了。寫下驅逐胡格諾教派法令的那支筆，後來也簽署了路易十六死刑的宣判令。

第二十四章 腓特烈大帝

德意志的霍亨索倫王室從未因喜歡民主制政府而聞名。這個家族的人主要源自頭腦清醒的記帳人和監工。在巴伐利亞的維特爾斯巴哈家族的瘋狂氣質侵蝕他們之前，霍亨索倫王室還為寬容事業做了一些非常有益的貢獻。

從某種角度上說，這是實際需要的結果。霍亨佐倫王室繼承了歐洲最窮的地區，那是漫無邊際的沙地和森林，人口稀少，一片荒涼。三十年戰爭讓那裡的居民家破人亡。他們需要人力和資金才能重整家業，於是四處吸引人口，而不論其種族和信仰，也不管對方之前是否身份卑賤。

腓特烈大帝的父親是個粗人，言談舉止像個採煤工，個人趣味像酒吧夥計。不過，當他會見外國逃亡者的代表時，倒是表現得彬彬有禮。在處理涉及王國的各項重要統計數字的時候，他會強調「多多益善」，他有意識地招攬各國家失去繼承權的人，就像他收集六英尺三英寸高的擲彈兵擔任自己的衛兵一樣。

他的兒子跟他不一樣，很有教養。父親不允許他學習拉丁文和法文，可他偏精通了這兩種語言。他喜歡蒙田的隨筆，討厭路德的詩，喜歡愛比克泰德的智慧，討厭那些先知的小聰明。父親按照《舊約》中的教義對孩子嚴加管教（為了讓孩子學會服從，父親命令把孩子最要好的朋友押到兒子窗前斬首），但這沒有使兒子偏愛那些猶太式的猶太思想，那時的路德派和喀爾文派牧師都對猶太思想大加讚揚。腓特烈逐漸將所有的宗教都看作是史前的恐懼和無知的殘餘。宗教是一種奴性情感，是被一小撮精明而又無恥的傢伙操縱的。這些傢伙知道怎樣充分利用自己的優越地位，靠著犧牲別人來讓自己享樂。腓特烈不僅對基督教義感興趣，對基督本人的興趣更大，但是他從洛克和索齊尼的角度來看待這些問題。因此，至少在宗教問題上，他是個非常寬容大量的人，而且他甚至可以誇口說，在他的國家，「每個人都能按照自己的方法尋求救贖」。

腓特烈把這句充滿智慧的話，當作自己將來進行各種寬容實驗的基礎。譬如他說，只要信仰宗教的人是正直的，過著正派和遵紀守法的生活，那麼所有的宗教就都是好的，因此，所有宗教都必須享有同等權利，政府不應該干涉宗教事務，而是應該充當員警的角色，讓不同教派之間保持和平相處。他自己篤信這一點，所以只要求臣民順從和忠誠，把對他們的思想和行為的最後評判權留給上帝，「只有主才理解人的心靈」，腓特烈從不敢妄議上帝的旨意，以免讓人們以為上帝需要人的說明，而人自以為靠暴力和殘忍就可以推動神的事業。

腓特烈的思想意識比他所處的時代超前了好幾個世紀。國王在首都的中心給天主教的臣民撥出一塊土地，讓他們在這個中心位置修建自己的教堂，當時的人都不禁搖頭。耶穌會的人從大多數信奉天主教的國家中被趕了出來，而腓特烈挺身保護他們，於是人們開始喃喃地說一些惡毒的警告。腓特烈又宣佈說倫理和宗教不相干，只要交納稅款和服兵役，人民可以隨意信奉宗教，這時候人們再也不認為他是基督徒了。

由於當時批評他的人恰好住在普魯士境內，所以都不敢輕舉妄動，因為國王陛下精通警句，他在聖旨邊稍加評論，就可以讓那些惹他心煩的人吃不了兜著走。

不過事實上，他是一個在位三十年，開明而專制的君主，他讓歐洲第一次感受到幾乎完全的宗教自由。

在歐洲這個偏遠的角落，新教徒、天主教、猶太人、土耳其人和不可知論者生平第一次享有了平等的權利和待遇。喜歡穿紅衣服的人不能淩駕於穿綠衣服的人之上，反之亦然。

那些回到尼西亞尋找精神慰藉的人，被迫與那些寧願跟魔鬼一起吃晚餐，也不願意和羅馬主教共進晚餐的人和平相處。

腓特烈真的很滿意他的努力成果嗎？我對這一點很懷疑。他在去世之前，讓人把他忠實的狗叫來。在這個最重要的時刻，狗似乎比「所謂的人類」更像是個好夥伴（腓特烈的文筆很好）。

他去世了，這又是一個生錯時代的馬可．奧里略，像他那位偉大的先輩一樣，他給繼承者留下了過於豐厚的遺產，而後人們完全不配繼承。

第二十五章　伏爾泰

今天，我們常聽人們說起新聞宣傳人員有多無法無天，很多好心人都斥責「宣傳」是現代的一項邪惡發明，是一種新奇而又不正當的，吸引人們關注某人或某事的手段。不過這種譴責實在是老生常談。現代人一般認為「宣傳」是最近才發明的。但是如果不帶偏見地看待歷史事件，就會發現這與事實恰恰相反。

《舊約》中大大小小的先知們都曾是吸引人們注意力的大師。用新聞行業的話來說，希臘史和羅馬史就是一部漫長的「宣傳攻勢史」。有些宣傳很正當，但大部分都是現在連百老匯都不喜歡的露骨、粗俗、卑劣的宣傳。

路德和喀爾文這樣的改革者們，完全知道精心佈置的宣傳活動的巨大價值。這無可厚非。他們可不會像雛菊那樣，只要能卑微地生長在路邊就行。他們都是非常認真的，想讓自己的思想延續下去。如果不吸引一大群人跟隨，又怎麼能取得成功？

宗教作家托瑪斯・肯皮斯在一處修道院安靜的角落生活了整整八十年，這種長期的自願放逐，如果及時宣傳得力（確實得力），就會產生深遠的道德影響，人們會很好奇地去閱讀那本由他一生的祈禱和靜思凝結而成的書。但是亞西西的方濟各或羅耀拉希望能在有生之年看到自己這些工作的成效，那他們一定要不惜一切代價地使用某些手段。現在往往是馬戲團或電影新星在用這些手段做宣傳。

基督教特別看重性格謙虛這種特質，讚美那些精神謙卑的人。但是讚揚這些美德的佈道，之所以現在能成為人們談論的話題，正是因為當初得力的宣傳。

難怪那些被譴責為教會大敵的人在抗爭西方世界的精神專制時，會從《聖經》上找出依據，並採用某種顯而易見的方法進行宣傳。

我之所以這樣略微解釋，是因為善於做大量宣傳的最偉大的學者伏爾泰，經常因為不擇手段地利用公眾意識而遭受譴責。也許他的手法並不總是很高明，但是那些被他救下的人對這些事或許有另一番說法。

而且，就像檢驗布丁好不好吃必須要品嘗後才知道，像伏爾泰這樣的人的成敗，也應該根據他對同胞們做的貢獻來評定，而不是他喜歡的袍子、玩笑或糊牆紙。

這個奇怪的人有一天忽然大發豪情，說：「沒有王權又有什麼關係？我有筆。」他說得沒錯。他有筆，他有許多筆。他是鵝的天敵，因為他用壞的鵝毛筆比二十多個普通作家用壞的還要多。他屬於文學巨匠，孤軍奮戰，在最可怕的逆境中寫的文章，也比作家協會的所有作家寫的還要多。他在骯髒的鄉村酒館伏案疾書。他在冰冷孤獨的鄉下客房裡創作了無數的六韻步詩。他在格林威治寄宿的屋子的破地板上丟滿了稿紙。他把墨水飛濺到普魯士皇家客房的地毯上。他用過大量印有巴士底獄監獄長名字的私人信箋。當他還小的時候，尼農・德・蘭克羅曾(Ninon de Lenclos)給他一大筆零用錢，讓他「買幾本書」。八十年後，還是在巴黎，我們聽見他說要買一本大頁紙和許多散裝咖啡，以便在不可避免的離世來到之前，再寫完一部書。

不過他之所以成為本書的一章，並不是因為他寫的悲劇、故事、詩歌、哲學論文以及物理論文，他的十四行詩並不比同時期的幾十位詩人寫得好。作為歷史學家，他的資料並不可靠，也很枯燥，他在科學領域的探險也並不比我們在星期日報紙上讀到的東西好多少。

但他勇敢堅韌，是一切愚蠢、狹隘、固執和殘忍的敵人，他的影響一直持續到一九一四年的第一次世界大戰。

伏爾泰生活的年代是個極端的年代，一方面，宗教、社會和經濟制度極端自私和腐敗過時；另一方面，大批過分熱忱的青年男女想要創造新的太平盛世，但這個理想的盛世沒有基礎，只是他們一廂情願而已。伏爾泰是個不引人注意的公證員的兒子。他體弱多病，喜歡開玩笑的命運女神把他扔進了鯊魚和蝌蚪的洪流中，他要麼溺死，要麼游出來。伏爾泰長期同逆境鬥爭的方法是值得商榷的。他乞求，諂媚，充當小丑。但這是在他沒有版稅和成為文學作家之前。敢說自己沒有寫過粗製濫造的作品的人，才有資格批評伏爾泰！

再多批評他一些，伏爾泰也不一定在乎。在他長期與愚蠢鬥爭的一生中，他經歷了無數次挫敗，因此不在乎被丟香蕉皮這樣的小事。但他是一個不屈不撓、極其樂觀的人。如果他今天只能在陛下的監獄裡消磨時光，說不定明天就會在放逐他的同一個宮廷裡得到一個顯赫的職位。他一生都得被迫聽憤怒的鄉村牧師咒罵他是基督教的敵人，但有誰知道在塞滿了舊日情書的某個壁櫥裡，說不定放著教皇贈送給他的漂亮勳章，以證明他既遭到神聖教會的反對，也同時得到了教會的贊許。

這並不奇怪。

他盡情享受生活，年復一年、日復一日想將他的時光用最豐富多彩的經歷填滿。

伏爾泰出身中產階級的上層。

他的父親，由於缺少一個合適的叫法，我們可以將他的父親比作開私人信託公司的人。他的父親為許多豪門貴族做事，負責管理他們的法律和財務事宜，因此年輕的阿魯埃（伏爾泰的姓）習慣接觸比自己家境更好的階層，這在他後來的生活中讓他有了超過大多數文學對手的優勢。他的母親是一個叫德·歐瑪爾（Mademoiselle d'Aumard）小姐的人。她曾經是個窮姑娘，沒給丈夫帶來一分錢的嫁妝。但是她的姓前面有一個「德」字，所有法國中產階級（所有歐洲人，特別是一些美國人）都對這個「德」肅然起敬，她丈夫覺得能娶到這樣的妻子，自己是相當幸運的。她的兒子也沉浸在祖輩的貴族身份給他帶來的榮耀裡。伏爾泰一開始寫作就把帶有平民色彩的弗朗索瓦·馬利·阿魯埃改為更具有貴族特色的弗朗索瓦·馬利·德·伏爾泰，但是他怎麼想到這個姓，又是在什麼地方更改的，還是一個不解之謎。他有一個哥哥和一個姐姐。伏爾泰非常喜歡姐姐，因為母親去世後一直是姐姐照料他。他哥哥是天主教詹森教派的虔誠神父，狂熱而正派，但伏爾泰十分討厭他，這是他儘量不在父親名下生活的原因之一。

父親阿魯埃不是傻瓜，他很快就發現小兒子「佐佐」（伏爾泰）是個難以管束的人。為此他把兒子送到耶穌會，希望他成為一個精通拉丁文六步韻詩，並用斯巴達式的紀律管理自己的人。虔誠的神父們在他身上盡了最大的努力，他們讓這個長著長腿的學生，在已經消亡和正在使用的語言上都得到了扎實的基礎訓練。但是他們發現不可能根除這孩子某種「古怪」的才能。從一開始，這個孩子就與眾不同。

伏爾泰十七歲的時候，教士們如釋重負地讓他離開耶穌會。為了讓父親開心，年輕的伏爾泰開始學習法律。但一個人不可能整天閉目塞聽地讀法律。晚上是漫長的空閒時光。為了消磨這些時光，伏爾泰不是為地方報紙撰寫一些幽默風趣的小段子，就是在附近的咖啡店將自己最新的文學作品讀給他親密的朋友們聽。兩個世紀以前，一般認為過這種生活是要下地獄的。父親阿魯埃充分意識到兒子所冒的風險。他有許多有權勢的朋友，於是他找其中一位幫忙，在海牙的法國公使館為伏爾泰謀得一個秘書的職位。當時荷蘭的首都和現在一樣，枯燥無聊得出奇。由於無聊，伏爾泰開始和一個容貌平平的女孩談起了戀愛。女孩的母親是一個社交界的記者，一個令人生畏的女人。她希望自己的女兒能嫁給一個更有前途的人，就趕忙找到法國公使，請求他趁著全城都還不知道這件「醜聞」時趕走這個危險的「羅密歐」。公使自己的麻煩事已經夠多了，不想再找麻煩。他匆忙地把自己的秘書攆上去巴黎的下一輛馬車，伏爾泰就這樣丟了工作，又回到了父親那裡。

在這種緊急時刻，伏爾泰的父親阿魯埃想了一個權宜之計，當時宮中有朋友的法國人經常用這樣的方法。他要求並得到一封「封印密信」嚇唬兒子。他把信放到兒子面前，問他要麼在監獄裡無聊地過日子，要麼去法律學校勤奮用功。伏爾泰說他選擇後者，並保證做勤奮用功的模範。伏爾泰信守諾言，他在創作小冊子的快樂時光上很用功，整個鎮子都在議論他。這當然不符合父親的要求，於是他決定憑藉父親的權威，把兒子從塞納河的花花世界趕走，讓他到鄉下的一位朋友家裡住上一年。

在鄉下，他天天有二十四小時的閒暇時間（包括星期日），伏爾泰開始非常認真地鑽研文學並且創作了他的第一個劇本。在呼吸了十二個月的清新空氣，過了讓他受益匪淺的單調生活後，他被准許回到花天酒地的首都。他馬上寫了一系列諷刺攝政王的文章，以彌補自己浪費的時間。攝政王是個討厭的老傢伙，罵他什麼都不過分，但是他一點也不喜歡伏爾泰這樣讓他公開丟臉。於是後來創作的文章讓伏爾泰再度被流放，最後還不得不在巴士底獄被關上一段時間。但當時的監獄，也就是說為伏爾泰這種在社會上很有名望的年輕紳士準備的監獄，並不是什麼壞地方。監獄只是禁止囚犯擅自離開房間，但可以隨心所欲地做自己的事。這正是伏爾泰所需要的。位於巴黎中心的孤單牢房正好給了他認真工作的機會。他被釋放的時候已經完成了好幾個劇本，上演後都非常成功，其中一個劇本打破了十八世紀的所有紀錄，接連演了四十五個晚上。

這不僅讓他賺了一筆錢（他非常需要錢），也讓他獲得了「會說俏皮話」的名聲。這對於一個還得為事業奮鬥的年輕人來說是不幸的，因為從此以後，人們把在林蔭大道上或是咖啡館裡長時間博得歡迎的俏皮話都歸功於他。順便提一句，這也是他到英國參加自由政治家研究生課程進修的原因。

一七五二年，伏爾泰對古老但無作為的德．羅蘭（de Rohan）家族開了（或沒開）幾句玩笑，德．羅蘭騎士覺得自己的榮譽受到了損害，決心要報復。當然不可能讓布列塔尼古老統治者的後裔和一個公證員的兒子決鬥，這位騎士就把復仇的事交給了他的隨從。

一天晚上，伏爾泰正與父親的一個主顧德．蘇里公爵（Duc de Sully）共進晚餐，有人告訴他說外面有人要找他。他到了門口，就被羅蘭爵士的隨從們狠揍了一頓。這件事第二天在城裡不脛而走。就算打扮得最體面的時候，伏爾泰也活像漫畫裡極為醜陋的小猴子。而他現在鼻青眼腫，頭上纏滿綳帶，成了大眾評論雜誌再好不過的話題。他只有採取一種非常斷然的措施才能挽救自己的名聲不被諷刺報紙毀掉。吃過生牛排後，德．伏爾泰先生就派見證人去了德．羅蘭騎士那裡，自己也開始緊張地練習劍術，準備與對方殊死決鬥。

啊！等到決鬥的那天早晨，伏爾泰再次被送進監獄。羅蘭這個無賴把這場決鬥報告給了員警，於是鬥志高昂的作家被拘留了。釋放後，有人給了他一張去英國的船票，打發伏爾泰朝西北啟程，並且告訴他，除非國王陛下的憲兵讓他回來，否則他就不能回法國。

伏爾泰在倫敦住了整整四年。不列顛王國並不是個真正的樂園，但和法國相比，也算是個小天堂。

國王的斷頭臺給這塊土地灑下了一道陰影。一六四九年一月三十日是所有身居高位的人永遠不會忘記的日子。神聖的國王查理被斬首，他身上發生的這件事也會發生在任何膽敢淩駕於法律之上的人身上。至於英國國教，官方教會當然要享用權力和優厚的待遇，但是喜歡在別的教會做禮拜的人也不會被橫加干涉。與法國相比，英國神職人員對國家事務的直接影響幾乎微乎其微。公開承認是無神論者的人，或者某些不信奉國教的討厭的人，偶爾也會進一下監獄，不過對於伏爾泰這個路易十五的臣民來說，英國的整體生活狀況還是近乎完美的。

一七二九年，伏爾泰回到法國，雖然得到了在巴黎生活的允許，但他很少利用這種特權。他像一隻受驚的動物，願意從朋友們手裡接過糖，但又總是保持警惕，稍有危險的跡象就會準備逃跑。他努力地工作，非常多產。他根本不管時間和事實，從秘魯的利馬到俄國的莫斯科，都是他寫作的題材。伏爾泰寫了一系列內容廣博而又流傳廣泛的歷史劇、悲劇和喜劇。到四十歲時，他已經是當時獨步文壇的大家了。

之後發生了一件事，讓伏爾泰接觸到了一種不同的文明。

在遙遠的普魯士，善良的腓特烈國王在粗陋的宮廷裡被一幫鄉巴佬簇擁著，厭倦地連打呵欠，他非常希望能有幾個讓他快活的人陪伴。他非常仰慕伏爾泰，多年來一直想把伏爾泰請到柏林。但是對於一七五〇年的法國人來說，去柏林就等於去維吉尼亞的荒野，腓特烈一再提高價碼，伏爾泰這才接受了邀請。

他來到柏林，矛盾也就開始了。普魯士國王和這個法國劇作家都是很自負的人，不可能在同一個屋頂下和睦相處。經過兩年的爭執，一場無關緊要的爭吵把伏爾泰趕回了他樂意稱為「文明國度」的法國。

不過伏爾泰學到了一個教訓。也許他是對的，普魯士國王寫的法國詩歌的確很蹩腳。但是國王腓特烈對宗教自由的態度是無可指責的，這一點，當時歐洲的任何君主都無可企及。

差不多六十歲時，伏爾泰回到了故土，他沒有心情去接受法國宮廷對他的嚴酷判決，而法國宮廷想通過這一判決來維護秩序，但又不引起他激烈的抗議。上帝在創世紀的第六天賦予了他最偉大的造物以神聖的智慧之光，而人類卻不願意利用，伏爾泰一生都為此感到憤怒。他痛恨各種形式的愚蠢行為。他把大部分怒火都發洩在那些「邪惡的敵人」身上，像古羅馬的政治家加圖一樣，伏爾泰總是威脅要摧毀這個敵人。這個所謂的「邪惡的敵人」不是別的，就是一群只要有吃有喝，有地方休息就拒絕獨立思考的人們。

從孩提時代起，伏爾泰就覺得自己被一台巨大的機器驅趕著，這台機器似乎是靠惰性的力量驅動，把阿茲克特戰神維齊洛波奇特里的殘忍，和印度神話中世界主宰神的無情以及堅忍結合在了一起。他晚年醉心於摧毀或至少推翻這台機器。法國政府在這件事上實際也出了力，提供了大量的法律醜聞，著實幫了伏爾泰的大忙。

第一個醜聞出現在一七六一年。

在法國南部的圖盧茲住著一個叫讓·卡拉(Jean Calas)的店主，是個新教徒。圖盧茲一直是個對天主教虔誠的城市。那兒的新教徒都不能擔任公職，也不能當醫生、律師、書商或是助產士。任何天主教家庭都不許雇新教徒做傭人。每年八月的二十三日和二十四日，城裡全體居民都要用隆重的讚美和感恩儀式，以紀念屠殺新教徒的聖巴托羅繆慘案。

儘管這樣的環境不妙，卡拉也還是一直與左鄰右舍和睦相處。他的一個兒子改信了天主教，但是父親對兒子仍然很好，而且卡拉還對人們說，就他而言，他完全可以讓孩子們自由選擇喜愛的宗教。

但卡拉家發生了一件不可外揚的醜事，那就是關於他的大兒子馬克・安東尼。馬克是個不幸的傢伙。他想當律師，但這個職業不讓新教徒參與。馬克是虔誠的喀爾文主義者，拒絕改變自己的宗教。他的思想鬥爭讓他患上了憂鬱症，最後似乎摧殘了這位年輕人的思想。他開始為父母背誦哈姆雷特的著名獨白，還長時間地獨自散步，並常常和朋友談論自殺的好處。

就這樣過了一段時間，有一天晚上，當一家人正在招待一個朋友時，這個可憐的孩子悄然溜進了父親的儲藏室，借助一條打包繩索懸樑自盡了。

他的父親幾小時後發現了他，他的外套和襯衣都整整齊齊地疊好放在櫃檯上。

一家人陷入了絕望。那時自殺的人要臉朝下，赤身裸體地被拖著穿過城市的街道，然後綁在門外的絞刑架上餵鳥。

卡拉一家是體面人，不甘心接受這樣的奇恥大辱。他們圍在屍體旁討論應該做什麼，要怎麼做。這時一個鄰居得知了此事，報告了員警。醜聞迅速傳開，這條街上馬上擠滿了憤怒的人群，他們大聲呼喊要求處死卡拉，「因為他為了不讓兒子成為天主教徒，就殺了兒子。」

小城市裡什麼事都可能有，而且在十八世紀法國的鄉下，無聊就像黑色的棺罩，沉重地籠罩著人們，因此最愚蠢、最離奇的事也有人相信，這些事能使人們如釋重負似的鬆口氣。

城裡的高官們完全清楚在這種可疑的情況下自己應該做什麼，於是他們立即逮捕了卡拉全家、客人、傭人及最近去過或接近過卡拉家的人。他們把犯人送到市政廳，給他們戴上鐐銬，扔到專門用來關押最喪心病狂的罪犯的地牢裡。第二天他們審訊了這些人。所有犯人講的都一樣，馬克．安東尼怎樣不露聲色地進了家門，怎樣離開屋子，他們認為他是一個人去散步了，等等。

但這個時候，圖盧茲的教師們已經插手此事。在他們的幫助下，一條可怕的消息傳遍了朗格多克：卡拉這個胡格諾派教徒殺害了自己的兒子，因為他的兒子要回歸真正的信仰天主教，於是卡拉殺死了他。

熟悉現代偵破方法的人，可能以為當局在那天應該調查謀殺現場。人們都知道馬克·安東尼身強力壯，他二十八歲，父親六十三歲。他父親不經任何搏鬥就輕而易舉地把兒子吊在門柱上，這樣的可能性實在是微乎其微。但是沒有一個市員為這樣瑣碎的細節費神，他們忙著處理受害人的屍體，因為自殺的馬克·安東尼被認為應當得到殉教者的待遇。屍體在市政廳停放了三個星期，然後穿白衣的苦修會修士們按最隆重的儀式將其埋葬。出於某種無法解釋的原因，白衣修士將這個已死去的喀爾文教徒看作是自己教派的成員，在他的屍體上塗抹了防腐藥，然後抬到大教堂，這種規格和待遇通常是為主教或當地最富有的教會資助人準備的。

在這三個星期中，城裡每個佈道壇都一再敦促圖盧茲虔誠的人們拿出證據，指控讓·卡拉一家。案件在報刊上經過了徹底的討論，在自殺事件五個月後，審判開始了。

當時一個審判官突然清醒了一下，提出應該去這位老人的店鋪看看，調查一下他所描述的那種自殺是否可能，但他被十二票對一票的結果壓倒性地駁回，卡拉被判接受酷刑，用車輪將其生生撕裂。

他們把卡拉斯帶到刑訊室，將他吊了起來，直到腳離地有一米高，然後使勁拽他的四肢，直到全都拉得「脫臼為止」（這是我抄自官方的報告）。由於他拒不承認自己根本就沒有犯下的罪，就又被放了下來，然後對他灌了大量的水，一會兒他的身體就「鼓到了原來大小的兩倍」。他還是拒不認罪，於是又被抬上死囚押送車，送到劊子手那裡。他的胳膊和腿都被行刑官打斷。在後來的兩個小時裡，他無助地躺在斬首用的鐵砧上，市政官和教士們還在喋喋不休地問他各種問題。這個老人以令人難以置信的勇氣，繼續辯稱自己無罪。最後，大法官被這種固執的謊言激怒，便放棄了繼續審理這個無望的案子，下令將他絞死。

這時大家的憤怒已經釋放完，於是他的家人沒有被殺。卡拉的遺孀被剝奪了一切財產，允許她隱居起來。她在忠心的女傭的陪伴下，忍饑挨餓地度日。而孩子們除了最小的一個，全都送去不同的修道院。最小的那個孩子在哥哥自殺的時候正在尼姆讀書，他明智地逃到了日內瓦。

這個案子引起了極大的關注。居住在費爾內（Ferney）城堡（城堡建在瑞士的邊界附近，只要走幾分鐘就能出境）的伏爾泰聽說了這個案件，但一開始他拒絕探究其中的原委。他與瑞士的喀爾文派的牧師們一直不和，而牧師們也把矗立在他們城裡的伏爾泰私人小劇院視為明目張膽的挑釁，是惡魔的建築。因此，伏爾泰在高傲的情緒下寫道：他對這個所謂的新教殉難者並沒有什麼感覺，因為如果天主教不好的話，那麼那些專橫得可怕的胡格諾教徒要更壞，因為他們拒絕上演他的戲劇！而且，在他看來（很多其他人也是這麼看的），那十二個似乎很受人尊敬的法官，總不會無緣無故就把一個無辜的人判處死刑吧。

但幾天後，伏爾泰，這個費爾內的智者對所有客人敞開了大門，來者不拒。從馬賽來了一個商人，他在審判期間正好在圖盧茲。他向伏爾泰提供了一些第一手的資料。伏爾泰這時才意識到法官犯下了多麼可怕的罪行，從那兒以後，他再也無法放下這個問題。

有許多種勇者，但有一種勇者尤其值得讚頌，他們罕有地敢於獨自對抗現存的整個社會秩序，在最高法院宣判完畢，而且整個社會都認為判決合理公正的時候，這個勇者依然敢於大聲疾呼正義。

伏爾泰很清楚，如果他敢指控圖盧茲法庭合法但不公正地判處了卡拉死刑，就會惹來一場風暴。他像個職業律師一樣，精心地準備自己的案子。他找到卡拉家逃到日內瓦的孩子。他給每個可能知道內情的人寫信。他還雇了辯護人來檢查和修改他的結論，以免自己因為義憤填膺而喪失理智。等他覺得有把握時，他投入了這場戰鬥。

首先，伏爾泰讓他認識的每一個在法國有影響力的人（他認識的人大部分都具有一定影響力）給國務大臣寫信，要求重新審理卡拉案。然後他開始尋找卡拉的遺孀，找到以後，他又解囊將她帶到巴黎，並雇用了一個最有名的律師照看她。這個女人的精神已經完全崩潰。她神志不清地祈禱，說但願在她死之前能把女兒們從修道院裡領出來。除此之外，她不敢有任何奢望。

然後，伏爾泰又和卡拉的另一個信奉天主教的兒子取得了聯繫，幫助他逃出學校，到日內瓦跟伏爾泰會面。最後，他把所有的事實都寫在了題為「關於卡拉一家的原始材料」的小冊子裡並出版，小冊子中全是由悲劇的倖存者們寫的信，卻完全沒有提到伏爾泰。

後來，在案件重審的過程中，伏爾泰還是小心地躲在幕後，但他成功地策劃了這場宣傳戰，卡拉家的這場訴訟很快就成為歐洲各國無數家庭關心的事，各地成千上萬的人（包括英格蘭國王和俄國的沙皇）都為卡拉家捐款。

伏爾泰最終打贏了他這一生中最艱苦的一仗。

當時，聲名狼藉的路易十五剛剛坐上法國王位。幸虧他的情婦非常憎恨耶穌會和他們的一切（包括教會在內），因此她站到了伏爾泰一邊。但是國王喜歡讓享樂高於一切，人們對一個地位低下，已經死了的新教徒如此興師動眾，這使他很惱火。當然國王只要拒絕簽署新的判決，大法官就不敢採取行動。只要大法官不輕舉妄動，圖盧茲法院就安然無事。他們自認為很強大，居然用高壓手段拒絕伏爾泰和他的律師拿到原始資料（圖盧茲法院的判決就是以這些資料為基礎的）。

在這可怕的九個月裡，伏爾泰繼續四處遊說，最後在一七六五年三月，大法官才要求圖盧茲上交所有關於卡拉案的記錄，並提議重審。當這項決定公佈時，讓．卡拉的遺孀和最後回到她身邊的兩個女兒就在凡爾賽。一年以後，受命調查這個上訴案件的特別法庭判決讓．卡拉無罪，他是因為一項莫須有的罪行被處死的。人們總算說服國王給卡拉的遺孀和孩了們捐了一小筆錢。而且，處理卡拉之案的市政官被解職，這間接地向圖盧茲人暗示，這種事情不許再重演。

雖然法國政府對這件事可以採取不溫不火的態度，但是法國人民內心深處的憤怒被挑起了。伏爾泰突然意識到，這並不是唯一一樁記錄在案的冤案，還有許許多多像卡拉一樣無辜的人。

一七六〇年，圖盧茲附近的一個新教鄉紳，在家裡盛情招待了一位來訪的喀爾文教派牧師。由於這是一樁駭人聽聞的罪行，他被剝奪了財產並被判處終身苦役。他的身體必定非常強壯，因為十三年後他居然還活著。別人告訴伏爾泰有關這位鄉紳的困境。伏爾泰又著手處理這件事，把這個不幸的人從苦役中解救了出來，送到瑞士；他的妻子兒女也在那兒靠政府救濟度日。伏爾泰一直照料他們全家，直到國王被說動，退回了他們一部分財產，並允許他們回到荒廢的家園為止。

下一個是紹蒙(Chaumont)案，這個可憐的人在參加新教徒的戶外集會時被捕。由於這個罪名，他被遣送去做終身苦役，但是後來經過伏爾泰的多方調解，他被釋放了。

然而這些案件對於下面這一案件來說，不過是小事一樁罷了。地點還是在長期慘遭蹂躪的法國朗格多克，在阿爾比派和瓦勒度異教徒被消滅之後，那裡就成了一片無知和偏見的荒野。

在靠近圖盧茲附近的一個村莊裡住著一位名叫西爾萬(Sirvern)的老年新教徒,他是個很受人尊敬的人,靠鑽研中世紀的法律謀生。當時的封建司法制度已經變得非常複雜,連一張普通的租契都像個人所得稅申報單一樣麻煩,因此從事法律專業能賺大錢。

西爾萬有三個女兒。最小的是個傻子,經常發愣失神。一七六四年三月她離開了家。父母四處尋找她,但一直沒有找到,幾天之後,該地區的主教告訴西爾萬說,他的女兒拜訪了他,表示想做修女,現在她在一個女修道院裡。

幾百年的迫害已經成功摧毀了法國這個地方的新教徒的意志。西爾萬畢恭畢敬地回答說,在這個最糟糕的世界裡,每件事都會有好報的,他順從地接受了不可避免的命運。但是,那可憐的女孩在修道院的奇怪氛圍中喪失了最後一點理智,等她開始令人生厭時,就被送回了家。那時她的情緒極其低落,總覺得四周有可怕的聲音和魔鬼,以至於她的父母擔心她活不長。沒過多久,她又失蹤了。兩個星期後,人們從一口老井裡打撈出了她的屍體。

當時讓·卡拉的案件正在接受審理,對新教徒的任何不利謠傳都會讓人信以為真。西爾萬一家想起了發生在無辜的讓·卡拉身上的事，不願意遭遇同樣的厄運，於是落荒而逃，在穿過阿爾卑斯山的可怕的旅途中，他的一個外孫凍死了，最後他們到達瑞士。但他們逃得真是時候。幾個月後，父母二人都被判犯有殺害自己孩子的罪（缺席審判），應該處以絞刑。他們的女兒們被判目睹父母的死刑，然後終身流放。

盧梭的一個朋友把這個案件告訴了伏爾泰。伏爾泰一處理完卡拉的案子，就馬上把注意力轉移到西爾萬一家的案件上。這時西爾萬的妻子已經死了，剩下的任務就是證明她的丈夫無罪。伏爾泰用了整整七年的時間做這項工作。圖盧茲法庭再次拒絕提供任何資料，伏爾泰再次開始宣傳，他請求普魯士腓特烈、俄國女王葉卡捷琳娜、波蘭的波尼亞托夫斯基捐款，直到迫使法國國王關注此事為止。最後在伏爾泰七十八歲高齡的時候，也就是這個沒完沒了的案子的第八個年頭，西爾萬一家洗脫罪名，倖存者得到重返家園的允許。

第二個案件就這樣結束。

第三個案子接踵而來。

一七六五年八月，在離法國亞眠不遠的阿布維爾城，有人發現路邊的兩個十字架不知被誰折斷了。三個少年被懷疑犯了這項瀆聖罪，所以當局下令逮捕他們。其中一個逃到了普魯士，剩下的兩個被捕。這兩個人中，大一點的是德．拉．巴爾騎士(Chevalier de la Barre)，人們懷疑他是無神論者。在他的藏書中，有人發現了一本《哲學辭典》，這是一本彙集了所有自由思想大師精華的名著。藏書中有這本書很值得懷疑。法官們決定調查這個年輕人的過去。他們確實不能將他和阿布維爾一案聯繫起來。但有一次，當宗教隊伍路過時，他不是拒絕下跪、脫帽致敬嗎？

巴爾回答說是，但他當時正急著趕乘馬車，並不是有意冒犯。

於是法官便折磨他，他由於年輕，不像老卡拉那麼能忍受痛苦，就招供說毀壞了其中的一個十字架，這樣由於他「不虔誠，故意走在聖體前，不下跪，不脫帽，唱褻瀆神聖的歌，研讀褻瀆神聖的書」以及其他類似表明對教會不敬的罪行而被判處了死刑。

判決非常殘忍(要用燒得通紅的烙鐵將他的舌頭拉出來，右手要被砍掉，並要把他慢慢燒死，而這一切發生的時間只是在一百五十年前)，民眾感到不安。即使他犯了所有寫在羅列詳細的起訴書上的罪行，也不能因為酒後的惡作劇就用這種慘絕人寰的方法來折磨一個年輕人！人們向國王請願，牧師們被請求緩刑的呼聲包圍。但是當時國家動盪不安，必須殺一儆百，於是巴爾受到和卡拉相同的酷刑後，被送上了斷頭臺（這已經是對他的最大開恩）。他的屍體，連同他的《哲學辭典》以及我們的老朋友培爾寫的一些書，都被劊子手們當眾焚毀。

對於那些害怕索齊尼、斯賓諾莎和笛卡爾的影響不斷增長的人來說，這倒是個值得歡慶的日子。這表明那些誤入歧途的年輕人，如果離開是非之間這條狹窄的道路，而去追隨一小撮激進的哲學家，那麼必然會有這樣的下場。

伏爾泰聽說後就接受了挑戰。他快要八十歲了，但他還是在風燭殘年將自己以往的熱情和充滿正直怒火的思想傾注到了這個案件中。巴爾由於「褻瀆神聖」而被處死。伏爾泰首先要找出是否有這樣一條法律，規定犯了所謂「褻瀆神聖」罪的人就應該被處死。他找不到這樣一條法律，接著他又詢問他的律師朋友們。他們也找不到。人們逐漸明白，是法官們在邪惡的宗教狂熱驅使下，捏造了這條根本不存在的法律以便除掉犯人。

在處決巴爾時，到處都是不堪入耳的謠言。現在席捲的這場風暴迫使法官們不得不審時度勢。所以，對第三個年輕罪犯的審判一直都沒有結束。至於巴爾，他也一直都沒能沉冤昭雪。複審工作拖了很多年，直到伏爾泰去世都還沒有結果。但是他打出的這一記重拳已經開始奏效，如果說即使不是為了寬容，至少也是反對不寬容的。

由愛搬弄是非的長舌婦的煽動，和腐朽的法庭判決導致的恐怖行徑到此結束。懷有宗教目的的法庭只有偷偷摸摸地下手才能成功。伏爾泰採取的這種進攻方式是這些法庭無法抵擋的。

伏爾泰點亮了所有的燈，雇用了一支龐大的樂隊，邀請公眾參與，然後對敵人說，儘管放馬過來。

結果，敵人對他只能一籌莫展。

第二十六章 百科全書

有三種不同的政治家。第一種宣揚的學說是這樣的：「我們的星球上擠滿了愚昧無知的可憐人，他們的思想不能獨立，每當要被迫做出決策的時候，就會特別痛苦，會被第一個遊說拉票的人引入歧途。如果這些人被某個瞭解他們思想的人來統治，那對整個世界來說不僅是一件好事，他們自己也會幸福很多，因為他們無需再去為議會和投票箱的事操心，可以把時間都花在自己的作坊、孩子、廉價小汽車和菜園上。」

這類政治家成了皇帝、蘇丹、黨魁、酋長、大主教，他們很少把工會看作是文明社會的一個基本部分。他們努力工作，修築公路、營房、大教堂和監獄。

第二種政治家是這樣認為的：「普通人是上帝高貴的發明，上帝本身就是統治者，他具有無與倫比的智慧、嚴謹和高尚的動機。他完全有能力維護自己的利益，但他想通過一個委員會來統治世界。但眾所周知，這個委員會在處理一些國家的細節問題時效率低得出奇。因此，人們應該把執政的事情交給幾位值得信賴的朋友，這些朋友用不著為生計所累，所以能致力於為人民造福。」

不用說，這種光輝理想的鼓吹者成了寡頭政府、獨裁者、第一執政官和貴族的保護者。

他們努力工作，修築公路和營房，卻把教堂改造成了監獄。

還有第三種人。他們以冷靜科學的眼光觀察人，認清人的本性。他們欣賞人的優點，也瞭解人的侷限性。他們通過對歷史的長期觀察，認為普通人受感情或私心的影響，的確能竭盡全力做正確的事。但他們不對自己抱任何虛假的幻想。他們知道，自然的進步過程非常緩慢，要想讓人類的智慧進步加快，無異於揠苗助長。這種人很少被邀請去參與政府的管理，但每當有機會把他們的思想付諸行動時，他們就開始修築公路、改造監獄，把剩餘的資金都投在學校和大學上。因為他們都是堅定不移的樂觀主義者，他們相信正確的教育將會逐步消除世界上遺留下來的古老罪惡，因此應該不遺餘力地支持教育。

作為實現這個理想的最後一步，他們通常是編著百科全書。

像其他許多需要巨大智慧和極度忍耐力才創作出來的東西一樣，編纂百科全書的習慣也源於中國。中國的康熙皇帝組織人手，努力編纂了五千零二十卷的百科全書，贏得滿朝稱頌。

第一個將百科全書引入西方的是老普林尼，但他只有三十七卷。

西元後的一千五百年中，思想啟蒙沒有產生出任何有價值的東西。聖．奧古斯丁的一個同鄉、來自非洲的烏爾提亞努斯．卡佩拉把一生中的許多時間都浪費在了撰寫一本書上，他自以為它們是彙集了各種知識的寶庫。為了使人們能更容易地記住，他提供了許多有趣的事例，並採用了詩歌的形式。這是一堆可怕的錯誤資訊，但卻被中世紀以後的十八代子孫記住了，被他們當成了文學、音樂和科學方面的權威。

兩百年後，塞維亞的一個叫伊西多祿的主教撰寫了一部嶄新的百科全書，從此，百科全書以每一百年兩本的速度增加。我不清楚這些書最終如何。蛀書蟲（最有用的家養昆蟲）可能擔當了我們的搬運工。如果所有這些書都保存下來，地球上恐怕就沒有地方放其他東西了。

在十八世紀上半葉，歐洲的求知欲大爆發，百科全書的撰寫人簡直像進了天堂。

這些書和現在的一樣，通常是由一貧如洗的學者們編撰的，他們靠一周相當於八美元的水準過活，而且大部分都還花在紙墨上。尤其在英國，這種書特別多，所以生活在巴黎的英國人約翰．米爾斯（John Mills）自然想到要把伊弗雷姆．錢伯斯（Ephraim Chambers）的《普通辭典》譯成法語，以便能向路易國王的臣民們兜售他的作品，以此致富。出於這個目的，他和德國的一位教授合作，然後又說服國王的印刷商萊佈雷頓（Lebreton），讓他做實際的出版工作。長話短說，萊佈雷頓看到了這個發筆小財的機會，就故意敲詐他的合夥人，一旦把米爾斯和那個德國教授打發走，他就繼續盜印。他把即將出版的書稱為《百科全書或藝術與科學總詞典》，還印了一系列頗能招徠顧客的精美書訊，預訂很快火紅起來。

然後，他從法蘭西大學雇了一名哲學教授做總編，買了大量的紙張，接下來就坐享結果。

可惜，編撰百科全書並不像萊佈雷頓想像的那麼簡單。教授寫了些筆記，但沒有詞條，預訂者大吵著要第一卷，事情弄得一團糟。

在這緊急時刻，萊佈雷頓想起了幾個月前出版且熱賣的《醫學總辭典》。他讓人把這本書的總編找來，當場就雇用了他。這樣，一本普通的百科全書就變成了專業領域的《百科全書》。這個新編輯正是丹尼．狄德羅，於是這項本來枯燥無味的工作變成了十八世紀對人類啟蒙做出的最重要的貢獻之一。

狄德羅那時三十七歲，他的生活既不輕鬆，也不快樂。他拒絕像普通的法國年輕人一樣上大學。他一擺脫耶穌會的老師，就到巴黎當了一個文人。在忍饑挨餓一小段時間後，本著兩個人挨餓和一個人挨餓是一樣的想法，他結婚了。而他的妻子後來證明是一個虔誠得可怕的女人，又很彪悍，這種結合並不少見。但狄德羅得養活她，因此被迫幹了各種各樣零碎的活，編撰各種各樣的書，從《美德與優點研究（Inquiry Concerning Virtue and Merit）》到惹來爭議的薄伽丘的《十日談》改編版。然而在他心裡，這個培爾的學生還是忠於他的自由思想。不久政府（艱難時期的政府都一樣）發現這個看起來並不使人討厭的年輕作者，對〈創世記〉第一章記載的創世故事持嚴重的懷疑態度，在別的方面也可以說是個異端分子。結果，狄德羅被送進了溫塞納監獄，監禁了近三個月。

狄德羅是出獄後才為萊佈雷頓工作的。狄德羅是當時最有辯才的人之一。他在自已即將主持的工作上，看到了一個出人頭地的機會。如果只是修改錢伯斯的舊資料簡直是降低他的身價。當時正處於他思想極為活躍的時期。很好！萊佈雷頓的百科全書要包含所有科目的最新結論，讓各個領域的權威人物來撰寫詞條。

狄德羅熱血沸騰，他實際上說服了萊佈雷頓授予他全權，而且不限制時間。然後，他試著列出了合作者的名單，拿出一大遝大頁紙，開始寫道：「A：字母表的第一個字母」，等等。

二十年後，他寫到了Z，工作完成。然而很少有人能在這種條件極為不利的情況下工作。萊佈雷頓雇用狄德羅時，已經在最初的投資額上有所增加，但他每年給編輯的錢從不超過五百。至於那些應該做協助工作的人，唉，我們都知道會是怎樣。他們要不就是當時很忙，要不就是下個月再說，或者得去鄉下探望祖母。結果，狄德羅被迫做了大部分工作，同時還得忍受教會和政府官員們對他的謾罵。

現在他的《百科全書》非常罕見了。這倒不是因為好多人想要它，而是因為好多人都要禁止它。一百五十年前，這部百科全書被當成有害的激進主義的代表，而遭到強烈的壓制，如今讀起來與教人如何餵食嬰兒的文章一樣普通無害。但是，對十八世紀教士們中比較保守的人來說，這部書似乎吹響了走向毀滅、無政府、無神論和混亂的嘹亮號角。

當然，人們的反應是司空見慣的。他們指責總編是社會和宗教的敵人，是既不信上帝和國家，又不相信神聖家庭關係的惡棍。但是，一七七〇年的巴黎只是個大農村，人們彼此之間容易認識。狄德羅不但主張生活的目的應該是「做善事，尋找真理」，而且也實踐了自己的座右銘。他敞開大門款待饑餓的人，每天工作二十個小時，但要求的回報只是一張床、一張書桌和一遝紙。這個樸實、努力工作的人是這些美德的典範，而這正是高級教士和君王們明顯缺乏的，因此要從這個角度攻擊他不容易。於是官方就想方設法找他的麻煩。他們不斷監視他，總在他的辦公室周圍窺探，他們抄狄德羅的家，沒收他的筆記，有時乾脆禁止他工作。

然而這些障礙都不能撲滅他的熱情。工作終於完成了，《百科全書》真的按狄德羅所期望的那樣編好。這本書成了一個集合點，各種人都在這裡感受到了新時代的氣息，知道世界需要全面徹底的大翻修。

可能我有點誇大了這位編輯的真實形象。

這個狄德羅，衣衫襤褸，只要他聰明的朋友德・霍爾巴哈男爵（Baron D'Holbach）請他吃頓飽飯他就高興得不得了。他的書剛銷售了四千冊時，他也會非常高興。他和哲學家盧梭、物理與數學家達朗貝爾、經濟學家杜爾哥、哲學家愛爾維修、哲學家沃爾內、數學家孔多塞，還有其他許多人是同時代的人，這些人的名氣都比他大。但是如果沒有《百科全書》，這些人就無法發揮他們的影響。這不只是一本書，它是社會和經濟的綱領。它告訴我們當時頂尖人物的真實思想。它其中包含的某些思想很快成為領導整個世界的思想。它的出版是人類歷史上的一大關鍵時刻。

沒有閉目塞聽的人都知道，法國已經到了緊要關頭，必須採取某種重大措施避免即將降臨的災難，然而耳聰目明、但視而不見也充耳不聞的人拒絕這樣做。他們全都非常固執地堅持說只有嚴格執行墨洛溫王朝的古老法律才能維持和平和秩序。當時這兩派勢均力敵，一切都停滯不前，這導致了奇怪的複雜局面。法國在保衛自由中起了重大作用，它給美國的喬治・華盛頓先生（共濟會成員）寫了一封讚賞有加的信，並且為公使班傑明・富蘭克林先生安排了愉快的週末宴會（別人稱富蘭克林是「懷疑論者」，我們則稱他為樸素的無神論者）。但大西洋這一側的這個國家，也是所有精神進步的最大敵人。它讓哲學家和農民一樣，都過著辛勞困苦的生活。應該說在這一點上，它才表現出了不帶偏見的民主精神。

最後，這一切都改變了。

然而變化的方式卻是人們始料未及的。因為，為所有非權貴的人掃除精神阻礙，打破社會枷鎖的那場鬥爭並不是奴隸本人發起的，而是由一小群無私的人發起的。新教徒和他們的天主教壓迫者一樣對他們恨之入骨。那些無私的人唯一望的就是所有的誠實人都能進天堂。

在十八世紀，保衛寬容事業的人很少屬於某個特定的派別。為了方便自己，他們有時也在表面上跟教會保持一致，這樣可以讓憲兵遠離他們的工作臺。然而就內心活動來說，你不妨說他們生活在西元前四世紀的雅典或是中國孔子所處的時代。

令人非常遺憾的是，他們對大多數同代人畢恭畢敬的東西往往缺乏敬意，認為這些不過是過去遺留下來的，雖然無害但卻是很幼稚的殘餘。

他們對《聖經》這部古代民族史評價不高（出於某種奇怪的原因，這本書的內容集合了從巴比倫人、亞述人、埃及人、西臺人和迦勒底人的歷史中挑出來的記載，被看作是道德和習俗的指南），但他們作為蘇格拉底大師的真正信徒，只傾聽自己內心的呼喚，根本不管後果如何，在一個早已經變得屈服怯懦的世界上，他們無所畏懼地活著。

第二十七章　革命的不寬容

法蘭西帝國是一座金玉其外、敗絮其中的大廈。一七八九年八月一個令人難忘的晚上，這座大廈終於崩塌。

在崩塌前的一周，國民的怒火不斷高漲。在那個悶熱的夜晚，國民議會沉浸在真正的兄弟博愛的狂歡之中。直到這個群情激昂的時刻，特權階層才放棄了他們花了三百年才獲得的一切舊有權力和特權；廣大民眾宣佈擁護人權理論，此後，這些權利成為民眾自治的基石。

就法國而言，這意味著封建制度的消亡。如果貴族階層確實由「精英」，也就是社會中最上進的因素構成，他們勇敢地承擔起領導責任，決定著這個普通國家的命運，這樣的貴族還有存活的機會。但如果貴族階層們都甘願退出公職，滿足於在政府的各個部門裡做一點冠冕堂皇的教士工作就心滿意足，那這樣的貴族階層只配在紐約第五大道上喝茶，或者在第二大道上開餐館。

所以舊法蘭西死了。

我不知道這到底是福還是禍。

但它確實死了，和它一起死去的還有那看不見的最殘暴的統治。自從黎胥留時代以來，教會一直把這種統治強加在聖·路易王室的子孫身上。

毫無疑問，人類這次得到的機會是歷史上前所未有的。

至於當時人們的心中和靈魂中充滿的熱情就不用說了。

黃金時代近在咫尺，甚至可以說已經到來。

獨裁政府的專橫以及其各種邪惡的不寬容，也應該從這個美好的地球上被永遠清除掉。

前進吧，祖國的孩子們，暴政的時代一去不復返了！

還有很多類似的話。

帷幕落下，社會上的許多不公正被清洗得一乾二淨，一切重新開始。但這一切過去之後，我們又看到面熟的「不寬容」穿上了無產階級的褲子，梳著羅伯斯庇爾式的髮型，與公共檢察官並肩坐在一起，度過它罪惡的晚年。

十年前，如果有人說自詡君權神授的人有時也會出錯，「不寬容」便會送他們上斷頭臺。

現在，誰要是說人民的意願不一定總是上帝的意願，「不寬容」也會讓他們送命。

這是一個多麼可怕的玩笑！

但這個玩笑的代價是無數無辜旁觀者的鮮血（公眾的錯誤總要付出高昂的代價）。不幸的是，我下面要講的話沒有多少新意。人們可以從古人的著作中找到有同樣思想的表達，形式與我的不同，可能說得更好。

在人類的精神生活方面，一直都存在著兩種完全不同的人。過去如此，將來可能也是如此。

少數幾個人沒完沒了地鑽研和思考，對自己的不朽靈魂不斷研究，他們可能會從中悟出某些恰當的哲學結論，這些結論，能讓他們擺脫常人的苦惱。

但是大多數人並不滿足精神上的「淡酒」，他們想找些更刺激的，說出來燙舌頭、喉嚨的東西，能讓他們突然振奮的東西。那「東西」是什麼倒不重要，只要能起到上述作用，能直截了當地無限量供應就行。

歷史學家似乎不太明白這個道理，這讓許多人大失所望。憤怒的民眾剛剛摧毀了過去的堡壘（當地的希羅多德和塔西佗們熱情地充分報導了此事），就馬上讓泥瓦匠把舊堡壘的殘渣運往城市的另一端，重新建一座新地牢，它和舊堡壘一樣邪惡暴虐，用途也是鎮壓和恫嚇。

恰好在這個時候，一些驕傲的民族終於擺脫了「絕對正確的人」強加在他們頭上的枷鎖，但又接受了一本「絕對正確的書」的統治。

的確，就在舊權威偽裝成僕人，騎馬向邊境狂奔出逃的同一天，「自由」進入被遺棄的宮殿，他們穿上被丟下的皇袍，又陷入迫使他們的前任出逃的錯誤和殘忍中。

這一切令人沮喪，但這是我們故事中一個真實的部分，必須說出來。

那些直接引發法國大革命的人本意無疑是好的。《人權宣言》規定任何公民都能依照自己的觀點，「包括宗教觀點」，尋求自己生活方式的自由。只要他的觀點沒有擾亂由各項法令和法律制定的社會秩序，就不得干擾。

然而這並不是說所有的宗教派別都享有同等的權力。從此以後，新教得到容許，他們不會因為不和天主教徒在同一個教堂裡做禮拜就受到天主教鄰居的干涉，但天主教仍然是「占主導地位」的國教。

奧諾雷・米拉波在認識政治生活本質上有一種準確無誤的本能，他知道這個揚名遠近的退讓是不徹底的。他試圖把一場社會大革命變成一個人的革命，但壯志未酬身先死。許多貴族和主教對他們在八月四日那晚的寬宏大量感到後悔，於是開始設置障礙，這對他們的國王主子是致命的。直到兩年以後的一七九一年（整整兩年，這對於貴族和主教想要的實際目的來說太晚了），所有宗教派別，包括新教徒和猶太人在內，才獲得了絕對平等，被宣佈在法律面前享有同等的自由。

從那時開始，各種角色顛倒過來。法國人民的代表終於給這個前途無量的國家制定了憲法。憲法要求教士們無論信仰什麼，都必須宣誓忠於新政體，都必須和學校的教師、郵局雇員、燈塔管理員以及海關官員一樣，將自己嚴格視為國家的公僕。

教皇庇護六世反對這樣做。新憲法對神職人員的規定直接違反了一五一六年法國和羅馬教廷之間簽訂的各項正式協定。但是法國國民大會沒有時間為先例或條約這類小事操心。教士們要麼宣誓效忠憲法，要麼辭職餓死。一些主教和教士接受了這個似乎無法避免的命運。他們把食指和中指交叉，履行了宣誓手續。但是絕大多數教士是誠實的人，他們拒絕發假誓。他們已經迫害了胡格諾教派許多年，現在他們又效仿胡格諾派，在廢棄的馬廄裡做彌撒，在豬圈裡領受聖餐，在鄉下的樹籬後面佈道，並且深更半夜秘密造訪他們以前的教民。

總的來說，他們比新教徒在類似的情況下日子要好過得多，因為法國已經陷入了完全的混亂之中，對憲法的敵人也只能採取敷衍了事的措施。由於他們都沒有上斷頭臺的危險，所以那些優秀的神職人員——人們一般稱他們是拒絕宣誓的頑固分子——很快就壯著膽子要求官方承認自己是「可以被容忍的派別」，並要求應該得到一切特權，而在此前的三百年裡，也正是他們堅決拒絕給喀爾文派的同胞們這些特權。

我們現在是一九二五年，回顧那個年代沒有風險，難免覺得當時又冷酷又滑稽。但是官方當時並沒有就他們的要求採取明確的措施，因為國民大會很快被極端激進派所控制。由於法庭的背信棄義，加上國王陛下愚蠢地與外國勾結，結果在不到一周的時間裡就引起了恐慌，從比利時海岸一直蔓延到地中海海濱，最終導致了從一七九二年九月二日到七日的一系列大屠殺。

從那時起，革命必然要墮落為恐怖統治。

饑餓的民眾開始懷疑自己的領袖正在策劃一場大陰謀，要把國家出賣給敵人，這時哲學家們想徐徐取得成果的打算成了泡影。下面發生的劇變在歷史上不足為奇。在這樣大的危機中，處理事務的領導權很容易落在魯莽無情的人手裡，認真學習歷史的人都很熟悉這種情況。但是這齣戲的主要演員竟是個一本正經的模範公民，一個美德的不折不扣的化身，這的確是出人意料的。

等法國開始意識到新主人的真正本質時，已經為時太晚，被判斬首的人在協和廣場的斷頭臺上徒勞地發出遲來的警告。

到此為止，我們從政治、經濟和社會組織這幾個角度研究了這場革命，但是只有當歷史學家變成了心理學家，或者心理學家變成了歷史學家，我們才能真正地解釋或理解那些在危急時刻改變民族命運的黑暗力量。

有些人認為支配世界的是愛和光明。有些人則認為人類只尊重一樣東西——暴力。從現在起再過幾百年，我們大概會在這二者之間做一個選擇。但有一點似乎是肯定的，在社會學的試驗室裡，法國革命是所有試驗中最大的，它將暴力神聖化了。

有些人想通過理性建立一個更具人性的世界，但他們要麼已經去世，要麼被他們原想讚頌的人民處死。隨著伏爾泰、狄德羅、杜爾哥、孔多塞這些人的離去，新至善論（New Perfection）的自學成才的學生們變成了國家命運的名正言順的主人，他們把自己的崇高使命搞得一團糟。

在他們統治的第一階段，勝利掌握在宗教的敵人手裡，出於某些原因，他們痛恨所有的基督教象徵。以前，在教士專權的時代，他們默默地忍受了很大痛苦，一看到教士穿的黑色長袍就仇恨不已，只要聞到乳香的氣味，就會氣得臉色發白。還有些人認為可以借助數學和化學來證明上帝不存在。這兩種人聯合起來，開始摧毀教會和它的所有業績。這是件毫無希望的事，充其量也是徒勞無功的，但這是革命者的心理特點之一，正常的變成了不正常的，不可能的事成了家常便飯。於是國民大會的一紙公文就廢除了基督的舊曆，廢除了所有的聖人節日，廢除了耶誕節和復活節，廢除了星期和月份，重新將一年劃分為十天一段，每隔十天有一個異教休息日。接著，又發了一張廢除崇拜上帝的聲明，這讓宇宙沒有了主人。

但這些措施並沒有持續多久。

在空蕩蕩的雅各賓派俱樂部裡，無論人們如何滔滔不絕地解釋和辯解，這種宇宙空虛無垠的主張還是很難讓大多數公民接受，大部分人幾周就對此無法忍耐。舊上帝滿足不了人們的要求，那為什麼不效仿摩西和穆罕默德，製造出一個能滿足時代要求的新上帝？

結果，出現了理智女神！

她的確切身份還是後來才弄明白的。在當時，找一個漂亮的女演員，讓她穿上合適的古希臘服裝，就能符合人們的要求。在前任國王的芭蕾舞團中，找到了一位這樣的女演員。在適當的時刻，她被人們隆重地送到了巴黎聖母院的高大神壇上，舊信仰的忠實信徒們當時早已拋棄了這裡。

至於聖母，許多世紀以來，她一直站在神壇上，用善解人意的耐心目光溫柔地注視著靈魂受到創傷的人們。現在她也消失了，被愛她的人匆忙地藏了起來，否則會被送去石灰窯做成灰漿。她的位置被自由女神的塑像取而代之。這是一個業餘雕塑家的得意之作。這個塑像用白色的石膏雕塑而成，做工粗糙。但還不止這些，巴黎聖母院還見識了別的新鮮事。在唱詩班中間有四根柱子和一個屋頂，它們象徵著「哲學聖堂」，在國家的重大日子裡就成為新女神的寶座。當這個可憐的女孩子不主持儀式、不接受忠實的追隨者的崇拜時，「哲學聖堂」就會燃起「真理火炬」，意思是用這啟蒙世界的火焰照亮世界，直到世界的最後一刻。

但不到六個月，「最後一刻」就來臨了。

一七九四年五月七日早晨，法國人民被正式告知說上帝的地位又重新得到了確立，靈魂的不朽又一次成了公認的教義。六月八日，新上帝（那是用已故的讓·雅克·盧梭留下的二手材料匆忙拼湊出來的）正式在對此盼望已久的信徒面前亮相。

羅伯斯庇爾身著一件嶄新的藍色外套，發表了歡迎詞。他已經達到了一生中最高的地位，從一個三流城市裡默默無聞的法律書記員，如今變成了法國大革命的高級教士。更有甚者，一個叫凱薩琳·泰奧特的瘋癲修女竟被千百萬人當成上帝的真正母親來崇拜，她剛剛宣佈救世主即將到來，甚至還透露了救世主的名字，這就是馬克西米連·羅伯斯庇爾。這個馬克西米連穿著自己設計的奇異制服，高談闊論了一番。在演講中，他向上帝保證說從今以後他所掌管的這個小世界一切都會好起來。

為了確保萬無一失，兩天後他又通過了一項法律，規定凡被懷疑犯有叛國罪和異教罪的人（二者再一次被當成同一個罪名，與宗教裁判所時代的情況一樣）將被剝奪一切為自己辯護的權利。這條措施非常奏效，在此後的六個星期內，一千四百多顆人頭在斷頭臺的鍘刀下滾落。

羅伯斯庇爾剩下的故事大家都熟知了。

羅伯斯庇爾認為自己是一切「善」的完美化身，因此，依照他的邏輯和狂熱的本性，他不可能承認其他不夠完美的人有權利和他共存在同一個星球上。隨著時間的推移，他對「惡」的仇恨越來越大，殺得法國血流遍地。

最後，為了保命，「美德」的敵人開始反擊。經過一場短暫的殊死搏鬥，這個「正義」可怕的信徒走向了毀滅。

從這以後，法國革命的聲勢很快減弱了。法國人民當時通過憲法承認不同教派的存在，給予它們平等的權利和特權，至少從共和國官方的角度來講，政府不再插手宗教方面的事情。那些希望成立教會、集會和聯盟的人可以隨心所欲了，但他們必須自己養活教士和牧師，同時，承認國家至高無上的權力以及個人完全自由選擇的權利。

從此以後，法國的天主教徒和新教徒開始和平共處。

天主教會從未承認過自己的失敗，確實如此。教會繼續詆毀政教分離的原則（參見一八六四年十二月八日教皇庇護九世的教令），並且還經常支持那些妄圖顛覆共和國政府，復辟君主制或帝制的政黨，以圖東山再起。但是這些鬥爭一般都發生在某個部長太太的私人會客廳，或是某個退休將軍和野心勃勃的岳母打獵休息時住的山林小屋裡。

這些鬥爭為諷刺報紙提供了極好的素材，事實證明這些都是枉費心機。

第二十八章 萊辛

一七九二年九月二十日，法國的革命軍和前來剿滅這場可怕暴動的歐洲君主聯盟軍之間爆發戰爭。

這是一次戰果輝煌的勝利，但勝者不是歐洲君主聯軍。聯軍的步兵在瓦爾密村滑溜溜的山坡上無法施展身手。戰鬥演變成了連續不停的炮戰，叛軍的火力比皇家軍隊更迅猛，於是後者率先撤離戰場，夜間向北撤退。參加這場戰鬥的有一個名叫約翰·沃爾夫岡·馮·歌德的人，他是魏瑪世襲公爵的副官。

幾年後，這個年輕人出版了他對這一天的回憶錄。當時他站在洛林沒過腳踝的泥漿裡，當了一回先知。他預言經過這場炮戰，世界將不復以往。他說得對。在永遠值得牢記的那天，神授君權被扔進地獄。人權的宣揚者並沒有像人們預想的那樣逃之夭夭。他們堅守在大炮邊，推著那些大炮越過山谷，翻越高山，把「自由、平等、博愛」的思想傳播到歐洲最邊遠的角落，他們的馬蹄踏遍整個大陸的每座城堡和教堂。

寫一番這樣的描述倒是毫不費力。這場革命的領袖已經死去超過一百五十年，我們盡可以拿他們開玩笑。我們甚至還可以感謝他們為這個世界做的貢獻。

但是從那些日子裡熬過來的人，他們曾經在某個早晨聚在自由之樹下歡快地起舞，但在以後的三個月中又像下水道裡的耗子一樣被四處追攆。他們不可能對這場動亂作壁上觀。他們一從地窖和閣樓裡爬出來，就會梳掉假髮上的蜘蛛網，開始想方設法避免這種可怕的災難再次發生。

但是為了做成功的「反動派」，他們首先必須掩蓋過去。這不是廣義歷史上的模糊的過去，而是他們偷偷摸摸地閱讀伏爾泰先生的書，並公開對百科全書派表示敬佩的「過去」。現在他們把伏爾泰先生的書堆放在閣樓，把狄羅德先生的書賣給廢品收購商，把曾經虔誠拜讀過的，被認為揭示真理的小冊子扔進了焚燒的鍋爐。他們想盡一切可能的辦法，煞費苦心地掩蓋可能暴露他們曾在自由主義王國裡逗留過的蛛絲馬跡。

啊，就像經常發生的情況一樣，在所有的文獻被小心毀掉之後，這些痛改前非的人忽視了一件重要的東西，這件東西更能揭露大眾的想法，那就是舞臺。他們曾經是為《費加羅的婚禮》獻過無數鮮花的那代人，現在如果宣佈他們從未相信過人人平等的理想有可能實現，也未免顯得有些幼稚。他們曾為《智者納旦》流過淚，現在怎麼也無法再證明自己一直堅持認為宗教寬容是政府軟弱的表現。

《智者納旦》這齣戲和它的成功正好證明了相反的情況。這齣戲是十八世紀後期，為了迎合民眾心理的著名戲劇。它的作者是德國人，名叫哥特霍爾德·艾夫萊姆·萊辛。他是一名路德派牧師的兒子，在萊比錫大學攻讀過神學。但是他不願意以宗教為業，經常逃學。他父親聽聞此事後，把他叫回家，讓他選擇退學或改為學醫。哥特霍爾德既不願意當醫生，也不願意當牧師。他雖然答應父親，又回到了萊比錫，卻繼續為一些他喜愛的演員朋友們做借貸擔保人。後來這些人從萊比錫逃走，萊辛為了避免因債務而被捕，被迫逃往威登堡。

逃亡途中，他不得不長途步行，忍饑挨餓。他先到柏林，在那待了幾年，為一些劇院的宣傳刊物寫文章，掙很低的稿酬維持生計。後來他又給一個準備做環球旅行的有錢朋友做私人秘書。他們剛起程，七年戰爭就爆發了。這個朋友被迫從軍，坐上第一輛馬車回家。萊辛再次失業，流落在萊比錫街頭。

但萊辛是個善於交際的人，他很快又找到一個新朋友，名叫愛德華・克里斯第安・馮・克萊斯特（Ewald Christian von Kleist）。這位朋友白天是軍官，晚上則是詩人，個性十分敏感，他讓饑餓的前神學家萊辛看到了慢慢步入這個世界的新精神，但是克萊斯特在庫勒斯道夫戰役中陣亡。萊辛在山窮水盡之下，不得不當了一名報刊專欄作者。

在此後的一段時期裡，萊辛又為弗次瓦夫要塞司令當了一段時間的私人秘書。由於駐防生活枯燥乏味，他認真地研讀起斯賓諾莎的著作。斯賓諾莎去世一百年後，他的著作才流傳到國外。

然而這一切還是解決不了日常生活的問題。萊辛這時已經差不多四十歲了，他想成家。他的朋友們建議任命他當皇家圖書館的管理員。但幾年前發生的一點事讓萊辛成了普魯士宮廷中不受歡迎的人。他第一次訪問柏林時就結識了伏爾泰。這個法國哲學家很慷慨，完全沒有架子。他允許這個年輕人借閱自己即將出版的《路易十四時代》的手稿。不幸的是，萊辛匆忙地離開柏林時，把手稿打在了自己的行李中（完全是偶然）。伏爾泰本來就對吝嗇的普魯士宮廷的劣質咖啡和硬板床很惱火，此事一出，他馬上大喊說自己被盜，那個年輕的德國人偷走了他最重要的手稿，警方必須監視邊界等等，完全像個客居外國的普通法國人。幾天之後，郵差把他丟失的手稿還了回來，裡面還附有萊辛的一封信，這個直率的德國青年在信中對敢於懷疑他誠實的人表達了自己的看法。

這場小風波本應該很容易被人遺忘，但在十八世紀，小風波對人們的生活有著很大的影響。直到將近二十年以後，腓特烈國王仍然喜歡他那位暴躁的法國朋友伏爾泰，所以不讓萊辛在宮裡出現。

因此，萊辛告別了柏林，來到漢堡。據說這裡要新建一座國家劇院。但是這項規劃未能實現，萊辛在絕望中接受了一個職位，在爵位世襲的布倫斯威克（Brunswick）大公的圖書館當管理員。沃爾分佈（Wolfenbüttel）特成了他的新家，雖然這裡不算是大城市，但大公的圖書館在德國卻是首屈一指的。裡面存有一萬多部手稿，其中好幾部是歷史上宗教改革史上最重要的文獻。

流言蜚語主要源自無聊。就因為這個原因，一個在沃爾分佈特當過藝術批評家、報刊專欄作者和戲劇散文作者的萊辛成了令人懷疑的人，他不久就再次陷入困境。這倒不是因為他做了什麼事，而是有人說他發表了一系列攻擊路德舊派神學正統觀點的文章。

這些佈道（因為它們是以佈道的形式出現的）實際上是漢堡一位前任牧師所寫，但布倫斯威克大公想到在他的領地爆發宗教戰爭就感到惶恐不安，便命令他的圖書館管理員謹慎行事，避開一切爭論。萊辛按照主人的要求做了，然而當時誰也沒有明確說不能用戲劇的形式來寫，於是萊辛開始工作，用戲劇闡釋了自己的觀點。

於是《智者納旦》這部戲誕生了。主題非常古老，我在前面提到過它。喜歡古典文學的人可以在薄伽丘的《十日談》裡找到它，在《十日談》中，它被稱為《三戒之殤（Sad Story of Three Rings）》。情節如下：

從前有一位穆罕默德王子想從他的一個猶太臣民那兒榨取一大筆錢。但因為他沒有正當理由剝奪這個可憐人的財產，就想出一條詭計。他派人把這個受害者找來，對他的學識和智慧大加讚賞一番，然後問他，在現在流傳最廣的三種宗教——伊斯蘭教、猶太教和基督教——中，他認為哪一個最正確？這個令人尊敬的長者沒有正面回答王子，而是說：「噢，偉大的蘇丹，我給你講個小故事！從前，一個特別富有的人，他有一個非常漂亮的戒指。他立了一個遺囑，說他死後，哪個兒子手上戴著這個戒指，哪個兒子就能繼承所有家業。他的兒子後來也立了同樣的遺囑，孫子也一樣，這樣過了好幾百年，戒指代代相傳，一切順利。但是最後擁有戒指的主人，他有三個兒子，他都很喜愛，無法決定將戒指傳給哪一個。於是他到一個金匠那裡，讓他做了兩個和自己手上的戒指一模一樣的戒指。臨終時，他躺在床上，把孩子都叫來，為每個人祝福，給了他們每人一個戒指，他們也都認為自己是唯一得到戒指的那個人。父親一下葬，三個孩子都宣佈自己是繼承人，因為他們都有那個戒指。這導致了許多爭吵，最後他們將這件事提交給法官。由於這三個戒指一模一樣，連法官也無法斷定真偽，於是這個案件就拖了下來，很可能會拖到世界末日。阿門！」

萊辛用這個古老的民間故事證明他的觀點：沒有哪一種宗教可以壟斷真理。人的內心世界比表面上遵奉某種規定的儀式和教條更有價值，因此人與人之間應該友愛，任何人也無權把自己視為完美無缺的偶像讓別人來崇拜，也無權宣佈「我比其他任何人都好，因為只有我掌握著真理」。

三十年後，這個曾在一七七八年備受歡迎的思想在那些小諸侯國裡卻不得人心。小諸侯們從大革命的洪流中極力打撈各種殘存的東西。為了恢復他們失去的尊嚴，他們把土地拱手交給員警，並希望那些靠他們謀生的教士們能扮演思想民兵，幫助警方這支正規軍重建法律和秩序。

這場不折不扣的反動取得了完全勝利，但試圖按照五十年前的模式重新塑造人們思想的努力卻以失敗而告終。結果只能如此。的確，各個國家的大多數人都厭惡革命、騷亂、議會以及那些毫無意義的演說，還有完全破壞了工商業的各種關稅。他們想要和平，不惜一切代價的和平。他們想做生意，想坐在自己的客廳裡喝咖啡，不再受駐軍的騷擾，不再被迫喝從橡樹裡擠出的噁心汁水。如果能享受到這種幸福愉快的生活，他們寧願容忍一些小小的不便，譬如向每個戴銅紐扣的人行禮，對每個皇家郵筒鞠躬，並用「先生」來稱呼官方的煙囪清理助手。

但是這種謙卑的態度完全是出於需要，完全是因為經過了長期的動亂年代，人們需要短暫喘息的結果。在那些動亂的年代，每天早晨他們都會看到新軍裝、新政治綱領、新政策以及天上和地上的新統治者。但如果只看到這種屈從，看到他們對上天任命的新主人高呼萬歲，就斷定人們在心靈深處已經忘掉了曾經激勵過他們的激昂戰鼓，那可就錯了。

他們的政府具有所有反動獨裁者都固有的思想，只要求表面上循規蹈矩和秩序井然，但對人們的內心卻不管不顧。因此，平民百姓享有了很大程度的自由。星期日他們挾著一大本《聖經》去教堂，一周裡剩餘的時間可以用來隨意思考。但條件是必須保持緘默，不公開宣揚個人的見解，他們在發表言論之前要仔細看一看，保證沙發底下或是爐子後面沒有藏著密探。這個時候，他們才可以興致勃勃地談論時事。當從經過官方審查、反復推敲、消過「毒」的報紙上得知新主人又採取了何種愚蠢的新方法來確保王國的和平，希望能把人們帶回到西元一六〇〇年的好日子時，他們就又會悲哀地搖頭。

主人所做的事，正是有史以來所有類似的主人在類似的情況下，完全不懂人類本質的歷史時所做的。這些主人以為取締嚴厲批評政府的集會場所就能言論自由。只要有集會，他們就把出言不遜的演說家送進監獄，從嚴宣判（四十、五十或一百年的徒刑），結果這些被判刑的可憐人成了烈士。而這些可憐人在許多情況下，不過是比較輕率的蠢人，只讀過幾本書和一些他們根本看不懂的小冊子而已。

受到這種警告，人們都避開公共場所，躲到偏僻的酒館或擁擠不堪的城市旅店裡發牢騷，因為他們確信這裡的聽眾是謹慎的，他們的影響比在公共講臺上更有害。

某人因為信仰上帝而被賦予了一丁點兒權力，而這個人又時刻害怕丟掉特權，世界上沒有什麼事情比這更可悲了。國王也許會失去王位，也許會對某些小插曲一笑了之，因為這打破了他生活中的枯燥無味。但不論他是戴上男僕的褐色圓頂禮帽，還是戴上祖父的王冠，他畢竟還是國王。但是一個三流城市的市長，一旦被剝奪了象徵地位的小木槌和徽章，就什麼也不是，而只不過是一個裝腔作勢的可笑的傢伙。因此，誰要是膽敢接近當時掌權的人，卻不對這樣的人表示尊敬和崇拜，災難就會降臨到他的頭上。

對於那些在市長面前不低頭的人，那些用學術巨著、地質學、人類學、經濟學的著作公開質疑現存秩序的人，他們的處境更糟糕。

他們會立即被屈辱地剝奪賴以生存的東西，然後被從他們傳播「有害」思想的城市流放，妻兒全都要靠鄰居們施捨。

這種反動精神的爆發讓很多人陷入困境。他們原都是些想確實根除許多社會弊病的人。然而時間是偉大的洗衣工，它早就去除了地方員警會在這些善良學者身上發現的「汙跡」。今天普魯士的腓特烈．威廉能夠被人記住，主要是因為他干涉了危險的激進分子伊曼努爾．康德的學說。康德說：我們行動的準則必須要成為普遍的法則。按照員警的記錄，康德的教誨只能取悅那些「嘴上無毛的年輕人和無所事事的傻子」。坎伯蘭公爵之所以臭名遠揚，是因為他作為漢諾威的國王，流放了一位名叫雅各布．格林的人，這個格林在一份《陛下非法廢除國家憲法（His Majesty's unlawful abrogation of the country's constitution）》的抗議書上簽過字。梅特涅的名聲也不好，因為他將監控延伸到了音樂的領域，查禁了舒伯特的音樂。

可憐的舊奧地利（指第一次世界大戰後消失的奧匈帝國）！

舊奧地利不再存在，整個世界就對這個「快樂帝國」產生了好感，忘記這個國家曾經也有過積極的學術生活。這個國家並不只是一個令人愉快、充滿優雅鄉村集會，有物美價廉的酒、粗劣的雪茄和由約翰．施特勞斯本人作曲並指揮的迷人華爾滋。

我們甚至可以進一步說，在整個十八世紀中，舊奧地利在傳播宗教寬容方面起了非常重要的作用。在宗教改革運動之後，新教徒在多瑙河和喀爾巴阡山脈之間找到一塊能讓他們施展手腳的沃土。但魯道夫二世成為皇帝後，這一切就都變了。

這位魯道夫是西班牙腓力一世的化身，在這個統治者眼裡，和異教徒簽訂的條約沒有任何約束力。雖然魯道夫受的是耶穌會的教育，但他懶惰得不可救藥，這倒是讓他的帝國沒有發生太大的政策變動。

等到斐迪南二世繼承王位，政策便發生了巨大的變化。他當君主的主要資格是，因為在所有的哈布斯堡王室中，只有他有好幾個兒子。他在統治初期還參觀了有名的「天使報喜宮」，這個建築是一二九一年被一群天使從拿撒勒搬到了達爾馬提亞，然後再遷到義大利中部的。斐迪南的宗教狂熱爆發，他發誓要把他的國家變成百分之百的天主教國家。

他恪守諾言。一六二九年，天主教再一次被宣佈為奧地利、施蒂利亞、波希米亞和西里西亞的唯一官方宗教。

與此同時，匈牙利與哈布斯堡這個奇怪的家族聯姻，每個新妻子都為這個家族帶來了大片歐洲土地作為嫁妝。於是，祭出的一些措施要將新教徒從馬紮爾聚居區趕出去。但是，由於特蘭西瓦尼亞在「一位論派」和土耳其異教徒的支持下，匈牙利人直到十八世紀的後半葉還保持著獨立。這時奧地利內部發生了巨變。

哈布斯堡王室是教廷的忠實支持者，但由於教皇的不斷干涉，最後就連這些最遲鈍的人也開始感到厭煩，很想冒一次風險，制定一項違反羅馬意願的政策。

在本書的前半部分，我已經講過，有許多中世紀的天主教徒認為教會體制是完全錯誤的。評論者們說，在殉道者的時代，教會實行的是真正的民主，因為它由教民的長老和主教掌管，而這些人又由教區居民推選。這些評論者承認羅馬主教因為是聖彼得的直接繼承人，所以有權在教會委員會裡佔據最重要的位置。但他們堅持認為這種權力只是榮譽性的，因此教皇就不應該認為自己高於其他主教，並且不應該把自己的影響擴大到應有的範圍之外。

教皇利用各種敕令、詛咒、開除教籍等懲罰來對付這種思想，結果幾個勇敢的宗教改革家因為大膽地宣導分散教會權力而丟了性命。

這個問題一直沒有明確地解決過，後來在十八世紀中葉，富裕強大的特里爾主教的代理人再次提出這個思想。此人叫約翰・馮・霍特海姆（John von Hontheim），但他的拉丁文筆名「弗布羅尼烏斯(Febronius)」更出名。他受過自由思想的教育。在魯汶大學學習了幾年以後，他暫時離開家人到萊頓大學學習。他到達時，有人懷疑以喀爾文主義純粹派傳統堡壘聞名的萊頓大學開始混入了自由派。等到一位名叫傑拉德·努特(Gerard Noodt)的法學教授被允許進入神學界，並發表推崇宗教寬容思想的講演時，這種懷疑變得確定無疑。

霍特海姆的推理至少是很有獨創性的。他說：「上帝是萬能的，他可以定下一些在任何時間和任何情況下，對所有人都適用的科學定律。所以，只要上帝願意，就能很容易地引導人們的思想，讓人們在宗教問題上持相同的觀點。我們知道上帝並沒有這麼做。因此，如果我們脅迫別人相信我們自己認為正確的東西，我們就違背了上帝的明確意志。」

很難說霍特海姆是否直接受到了努特的影響。但是從霍特海姆的著作中可以發現伊拉斯謨理性主義思想的痕跡。後來，他在主教權力限制和分散羅馬教皇權力的問題上擴充了自己的觀點，並寫成了著作。

不出所料，他的書立即受到了羅馬教廷(一七六四年二月)的譴責。但這時支持霍特海姆正好符合奧地利女大公瑪麗亞·特蕾西亞的利益。霍特海姆發起的這場運動被稱為弗布羅尼烏斯主義運動或主教統治權運動。這個運動在奧地利繼續發展，最後在一七八一年十月十三日，瑪麗亞·特蕾西亞的兒子約瑟夫二世向臣民頒佈了《寬容特許狀》。

約瑟夫是他母親的大敵、普魯士腓特烈的軟弱翻版，他總是在錯誤的時刻做正確的事，這可謂是他的一大才能。在過去兩百年裡，奧地利的家長讓孩子入睡時總會嚇唬說，要是不睡覺，新教徒就會把他們抓走。這樣一來，要讓孩子們再把新教徒（他們知道這些新教徒都長著角和一條又黑又長的尾巴）當成兄弟姐妹是根本不可能的。一群享受高薪厚祿，當著主教、樞機主教和女執事的伯伯、伯母以及表兄妹包圍著約瑟，他可憐、誠實、勤奮又容易犯錯，但他突如其來的勇氣很值得讚揚。在天主教君主中，他第一個大膽地宣佈寬容是治理國家的實用良方。

三個月後他做的事更令人震驚。西元一七八二年二月二日，他頒佈了關於猶太人的著名法令，把當時只有新教徒和天主教徒才能享有的自由也擴展到了猶太人身上。而此前，猶太人覺得能被允許和基督徒的鄰居們呼吸同樣的空氣已經很幸運了。我們應該就此打住，讓讀者們相信這個事業能無限地耗下去，認為奧地利現在成了思想自由的天堂。

我希望這是真的。約瑟夫和他的幾位大臣可能突然有了一個認識上的飛躍，但是奧地利的農民自古以來就一直被教導敵視猶太人，將新教徒視為反叛者和叛教者，所以這些農民不可能克服敵視猶太人和新教徒這樣根深蒂固的偏見。

神奇的《寬容法令》被頒佈一百五十年後，非天主教人的地位仍然和十六世紀一樣糟糕。從理論上說，猶太人或新教徒也能當上首相或被任命為軍隊總司令。但實際上，連給皇帝擦鞋的人都不願意和他們吃飯。

關於這一紙空文，我就講到這兒吧。

第二十九章 湯瑪斯・潘恩

有一首詩，它的大意是，上帝在創造奇蹟，巧妙又神秘。研究過大西洋兩岸歷史的人，非常清楚這句詩的真實性。十七世紀的前半葉，美洲大陸北部住著一批對《舊約》理想非常崇拜的人，不知內情的訪客還把他們當作摩西的追隨者而不是耶穌的信徒。他們和歐洲之間隔著浩瀚無邊、波濤洶湧的大西洋。這些早期移民在美洲大陸建立了一種恐怖的精神統治，對馬瑟一家發起的狂熱的獵巫行動就是其頂點。

在《美國憲法》，以及英國和其前殖民地爆發戰爭之前的很多檔案中，寬容都是被大力提倡的。乍看之下，似乎很難把這兩位可敬的紳士與對寬容的偏愛相關聯。但實際情況確實如此。由於十七世紀極其可怕的鎮壓註定會導致強烈的反彈，讓人們支持更自由的觀點。

武力或暴力，他又說所有的人都有同等的權利，可以按照自己良知的指引自由地信仰宗教。這時，他只是在重複以前伏爾泰、培爾、斯賓諾莎和伊拉斯謨思考過或寫過的東西罷了。

後來人們又聽到這樣的異端邪說：「在美國謀求任何公職都不需要公開自己的信仰。」或者說：「國會不應用法律來干涉宗教問題，也不能禁止宗教權利的自由行使。」美國的反叛者們默認並接受了這種做法。

就這樣，美國成為第一個政教明確分離的國家，成為第一個公職候選人接受任命時不用出示主日學校畢業證的國家，在法律上成為第一個人民可以自由信仰的國家。

但這裡和奧地利（或者就這個問題來說的其他任何地方）一樣，普通百姓比領袖們要落後得多，領袖們稍微偏離舊道，普通人就跟不上了。許多州不僅繼續對不屬於主流宗教組織的百姓施加限制，而且紐約、波士頓和費城的人對異見者依然不寬容，好像他們從未見過美國憲法一樣。在湯瑪斯．潘恩這件事上，一切問題很快暴露了出來。

湯瑪斯．潘恩為美國的事業做出了巨大的貢獻。

他是美國獨立戰爭的宣傳員。

從血統上講，他是英國人，職業是水手，在本性和所受的訓練上看，他是個反叛者。

他去美國殖民地時已經四十歲了。有一次，他在倫敦遇見了本傑明．佛蘭克林，接受了「西行」的建議。一七七四年，他帶著富蘭克林的親筆介紹信，乘船駛往費城，幫助富蘭克林的女婿理查．巴哈創辦了《費城報》。

湯瑪斯是個老牌的業餘政治家，他很快就發現自己處在了考驗靈魂的重大事件之中。不過他的頭腦特別有條理。他收集了美國人的各種不滿情緒，將其編成小冊子。這本小冊子篇幅不長，但寫得很好看。小冊子通過「常識」，告訴人們要相信美國的事業是正義的，它值得所有忠心的愛國者們誠摯參與。

這本小冊子馬上流傳到了英國和歐洲大陸，許多人有生以來第一次知道有個「美利堅民族」，這個民族完全有理由也具有神聖的職責向宗主國宣戰。

獨立戰爭剛一結束，潘恩就回到歐洲，把英國政府的各種預存行為指給英國人民看。那時塞納河兩岸正發生著可怕的事情，體面的英國人隔著海峽遙望對面的情況，內心已經非常懷疑。

一個叫蒙埃特・伯克的人在恐慌之下，剛剛發表了《對法國大革命的反思》。潘恩馬上用《人權論》義憤填膺地予以回擊，結果英國政府讓法院以叛國罪審判他。

同時，他的法國崇拜者們已經將他選入國民大會。潘恩完全不懂法語，但是個樂觀主義者，他接受了這項榮譽，來到巴黎。在巴黎待了一段時間，受到羅伯斯庇爾的懷疑後，他才離開。潘恩知道自己隨時有可能被捕或砍頭，就趕忙完成了他關於生活哲學的一本書。這本書名為《理性時代》，書的第一部分是在他入獄時發表的，第二部分是他在獄中的十個月裡完成的。

潘恩認為，真正的宗教，也就是他稱之為「人性的宗教」，有兩大敵人，一個是無神論，另一個是宗教狂熱。但他在表達這種思想時，遭到了大家的攻擊。一八〇二年他回到美國，受到了人們極大的仇視。最後，「骯髒可鄙的無神論者」這樣的名聲在他去世後還伴隨了他一個多世紀。

他確實沒有被怎麼樣。既沒有被絞死燒死，也沒有在輪子上被分屍，只是所有的鄰居都排擠他。當他壯著膽子要出門時，大人就慫恿小孩子向他吐舌頭，他去世的時候已經成了被人唾棄遺忘的人。他撰寫了諷刺的文章，反對法國大革命中的其他主要人物，以此發洩自己的憤怒。

這就像有了一個好的開頭，但結局卻十分不幸。

但同樣的事情在近兩十年的歷史中反覆重演。

一旦公眾的不寬容成為強弩之末，個人的不寬容又開始了。

官方死刑剛唱罷，私刑又接著登場。

第三十章　過去一百年

二十年前寫這本書一定很容易。那時在大多數人的頭腦中，「不寬容」這個詞幾乎完全和「宗教不寬容」是同義詞。歷史學家寫道「某人是為寬容而戰的鬥士」，一般人都會認為此人畢生都在反對教會和職業教士的暴政。

然後大戰爆發。

世界發生了很大變化。

本來只有一種不寬容的制度，之後又有了十幾種。

本來人對同類只有一種形式的殘忍，現在有了幾百種。

社會剛開始擺脫宗教偏執的恐怖，又不得不忍受更多更讓人痛苦的種族不寬容、社會不寬容以及許多不足掛齒的不寬容。十年前，人們甚至沒有想過這些不寬容形式的存在。

許多善良的人直到最近還活在快樂的幻覺之中，認為進步是一只自動錶，只要偶爾認可，就不用再上發條，這樣的想法似乎太可怕了。

他們悲傷地搖著頭，喃喃地說：「虛妄，虛妄，所有這一切皆是虛妄！」他們抱怨人類本性令人討厭的頑固，一代又一代的人進入學校，卻總是拒絕汲取教訓。

在完全絕望之下，他們加入了迅速增長的精神失敗主義者的行列，依附於這個或那個宗教制度（這樣能把自己的包袱轉移到別人身上），他們用最令人悲哀的語調宣佈自己失敗了，此後將不再參與他們之後的社會俗事。

我不喜歡這種人。

他們不僅是懦夫。

他們是未來人類的叛徒。

話說到這裡，如果有解決的辦法，那又應該是什麼？

我們對自己要誠實。

沒有任何解決的辦法。

起碼在當今的世界上是沒有的，世人都要求立竿見影，希望借助數學公式或藥的配方或國會的法案，迅速而又輕鬆地解決世上的所有難題。但是我們這些習慣用發展的眼光看待歷史的人，知道文明不會在二十世紀開始或結束的，這樣一想，倒會覺得還略有希望。

現在我們聽到許多人悲哀地談到惡性循環（像「人一向如此」，「人將來也不會變」，「世界從未變過」，「情況和四千年前完全一樣」），都是不符合事實的。

這是個錯覺。

進步的軌跡常常中斷，但是我們如果把感情上的偏見擱置，對過去兩萬年來的歷史做個清醒的判斷（我們對這段時期多少還掌握了一些具體的材料），就會注意到，人從幾乎難以啟齒的野蠻昇華到一種境界，過程雖然緩慢，卻是毋庸置疑的，而且未來應該會更好。這是千真萬確的，即使是第一次世界大戰也不會動搖這堅定的信念。

人類具有難以置信的生命力。

它經受住了神學的考驗。

總有一天，它也會經受住工業主義的考驗。

它經受住了霍亂和瘟疫，殘酷迫害和清教法規。

人類將學會怎樣克服許多困擾這一代人的精神疾病。歷史小心地揭示了自己的秘密，它已經給我們上了偉大的一課。人能繫鈴，也能解鈴。

這首先是勇氣的問題，其次是教育的問題。

當然這聽起來像是老生常談。在過去的一百年中，我們的耳朵被「教育」灌滿，甚至厭惡這個詞，希望回到過去，那時的人既不會讀也不會寫，但能用過剩的精力偶爾進行獨立思考。

但是，我這裡說的「教育」不是指純粹的事實積累，這種積累被看作是現代孩子們必要的精神基礎。我想說的是對現狀的真正理解，這種理解是建立在過去慷慨大度的知識之上的。

在這本書中我已經努力證明，不寬容不過是「缺乏獨立思考的人群」自衛本能的一種表現。

一群狼不會容忍一隻與眾不同的狼（無論強弱），它們一定會除掉這個不受歡迎的夥伴。

在一個食人部落裡，如果某個人的癖性會激怒上帝，給整個村莊帶來災難，部落就不會容忍他，而將此人殘忍地放逐到荒野之中。

在希臘城邦中，誰要是膽敢質疑社會的基石，他就無法在城邦神聖的高牆內久留。在一次不寬容情緒可悲的爆發中，蘇格拉底被仁慈地判處飲鴆自絕。

在古羅馬，如果允許幾個好心的狂熱分子無視某些法律（自從羅慕路斯時代起，這些法律就被認為是不可缺少的），那麼羅馬帝國就不可能生存下去。因而它只得違背自己的意願去做不寬容的事情，而這完全有悖於它的傳統的自由政策。

教會其實是這個古老帝國版圖上的精神繼承人，它要生存，就得要求最恭順的臣民絕對服從。所以教會被迫走向鎮壓與兇殘的極端，致使許多人覺得相比之下，連土耳其人都要比基督教仁慈。

反對教會暴政的著名宗教改革家總是處在重重困難之中，但是他們要想生存，就必須對所有的精神創新或科學實驗不寬容。於是在「宗教改革」的名義下，他們又犯了（或試圖去犯）剛剛讓自己的敵人丟掉權勢的錯誤。

就這樣一直迴圈，生命本來是光榮的冒險，結果變成了可怕的經歷，之所以這樣，是因為迄今為止人類的生存完全被恐懼所籠罩。

我要重複一遍，所有不寬容都源自恐懼。

無論迫害的方法和形式是什麼，都源自恐懼，迫害越兇殘，越表現出施加迫害者的恐懼程度。

我們一旦認清了這個事實，馬上就有了解決這個難題的方法。

人們在沒有受到恐懼籠罩的時候，是很願意傾向正直和正義的。

到現在為止，人們很少有機會實踐這兩個美德。

但不管怎麼說，我覺得自己有生之年看不到這兩個美德得到踐行，也沒有什麼關係。這是人類發展的必經階段。人類畢竟是年輕的，應該說太過年輕，年輕得荒唐可笑。要求一個在幾千年前才開始獨立的哺乳動物，具備這些只有隨著年齡和經驗的增長才能獲得的美德，這既不合理，也不公平。

而且，它會歪曲我們的思想。

當我們本該耐心的時候，它讓我們憤怒。

當我們本該憐憫的時候，它讓我們口出惡言。

在寫這本書的最後幾章時，往往有一種誘惑力，那就是扮演苦難先知的角色，做一點業餘的說教。

老天千萬別讓我這樣！

生命是短暫的，而說教會沒完沒了。

如果一件事無法言簡意賅地說清楚，不如不說。

我們的歷史學家犯了一個大錯。他們高談闊論史前時代，告訴我們希臘和羅馬的黃金時代，對一段所謂的黑暗時代信口評論。他們還歌頌比過去昌盛十倍的現代。

如果這些學識淵博的博士偶然發現，人類的某種情況似乎與他們拼湊的美麗畫面並不吻合時，他們就會喃喃地道歉，說某些不理想的情況是繼承自過去野蠻時代的殘餘，但時機一到，這些情況就會像馬車讓位於火車一樣，早晚會消失的。

聽起來不錯，但事實並非如此。認為我們是時代的繼承人會滿足我們的虛榮心，但如果我們知道自己的本質——我們只是穴居人的當代化身，是叼著香煙、開著福特汽車的新石器時代的人，是坐著電梯回家的穴居人——那對我們精神健康倒更好些。

也只有這樣，我們才能向還隱藏在未來崇山峻嶺之中的目標邁出第一步。

只要這個世界還被恐懼所籠罩，那談論黃金時代，談論現代和進步都是浪費時間。

只要不寬容是我們的自保法則中必不可少的一部分，那麼要求寬容簡直是犯罪。

寬容總有一天會大行其道。那時，不寬容會像屠殺無辜的俘虜、燒死寡婦和盲目崇拜一紙文字那樣成為荒謬之事。

為了這一天的到來我們可能要等一萬年，也可能要等十萬年。

但是，這一天一定會到來，只要人類戰勝自己的恐懼，取得有史以來第一個真正的勝利，那麼這一天就不會遙遠。

康涅狄格州西港（Westport, Connecticut）

一九二五年七月十九日

國家圖書館出版品預行編目 (CIP) 資料

寬容 / 亨德里克 . 威廉 . 房龍 (Hendrik Willem Van Loon) 著 ; 吳奕俊 , 陳麗麗譯 . -- 初版 . -- 新北市 : 遠足文化 , 2017.02
面 ; 公分 . -- (通識課 ; 10)
譯自 : Tolerance
ISBN 978-986-93921-9-8 (平裝)

1. 基督教思想史 2. 寬容

240.9 105024747

通識課

寬容（1925 年英文原譯版）

作者—— 亨德里克 ・ 威廉 ・ 房龍 (Hendrik Willem Van Loon)
翻譯—— 吳奕俊、陳麗麗
總編輯—— 郭昕詠
責任編輯— 賴虹伶
編輯—— 王凱林、徐昉驊、陳柔君
通路行銷— 何冠龍
封面設計— 莊謹銘
排版—— 簡單瑛設
社長—— 郭重興
發行人兼
出版總監— 曾大福
出版者—— 遠足文化事業股份有限公司
地址—— 231 新北市新店區民權路 108-2 號 9 樓
電話—— (02)2218-1417
傳真—— (02)2218-8057
電郵—— service@bookrep.com.tw
郵撥帳號— 19504465
客服專線— 0800-221-029
部落格—— http://777walkers.blogspot.com/
網址—— http://www.bookrep.com.tw
法律顧問— 華洋法律事務所 蘇文生律師
印製—— 呈靖彩藝有限公司
電話—— (02)2265-1491

初版一刷 西元 2017 年 1 月
Printed in Taiwan